建设工程资料管理与填写范例丛书

人民防空工程资料表格填写范例与指南

裴 军　王秉宇　王福松　主　编
袁白云　曲 楠　胡茂泉　副主编
北京筑业志远软件开发有限公司　组织编写

中国建材工业出版社
北　京

图书在版编目（CIP）数据

人民防空工程资料表格填写范例与指南/裴军，王秉宇，王福松主编；北京筑业志远软件开发有限公司组织编写. --北京：中国建材工业出版社，2025.4

（建设工程资料管理与填写范例丛书）

ISBN 978-7-5160-3416-3

Ⅰ.①人… Ⅱ.①裴… ②王… ③王… ④北… Ⅲ.①人防地下建筑物－建筑工程－技术档案－编制－指南 Ⅳ.①G275.3-62

中国版本图书馆 CIP 数据核字（2021）第 254785 号

人民防空工程资料表格填写范例与指南
RENMIN FANGKONG GONGCHENG ZILIAO BIAOGE TIANXIE FANLI YU ZHINAN
裴　军　王秉宇　王福松　主　编
袁白云　曲　楠　胡茂泉　副主编
北京筑业志远软件开发有限公司　组织编写

出版发行：中国建材工业出版社
地　　址：北京市西城区白纸坊东街 2 号院 6 号楼
邮　　编：100054
经　　销：全国各地新华书店
印　　刷：北京联兴盛业印刷股份有限公司
开　　本：787mm×1092mm　1/16
印　　张：20.5
字　　数：400 千字
版　　次：2025 年 4 月第 1 版
印　　次：2025 年 4 月第 1 次
定　　价：86.00 元

本社网址：www.jskjcbs.com，微信公众号：zgjskjcbs
请选用正版图书，采购、销售盗版图书属违法行为
版权专有，盗版必究。本社法律顾问：北京天驰君泰律师事务所，张杰律师
举报信箱：zhangjie@tiantailaw.com　举报电话：（010）63567684
本书如有印装质量问题，由我社事业发展中心负责调换，联系电话：（010）63567692

《人民防空工程资料表格填写范例与指南》
编 委 会

组织编写：北京筑业志远软件开发有限公司
主　 编：裴　军　王秉宇　王福松
副主编：袁白云　曲　楠　胡茂泉
参　 编：李亚正　黄勇辉　徐宝双　汤光伟

前　言

工程资料是在工程项目实施过程中同步形成的反映工程质量的主要载体，是工程竣工验收的必备条件，也是工程项目投入使用后运营、维护、改建和扩建的原始依据，是工程技术质量管理经验的记录、总结与积累。

《建筑与市政工程施工质量控制通用规范》GB 55032—2022 要求工程质量控制资料应准确齐全、真实有效，且具有可追溯性；明确单位工程质量验收合格的前提包括：质量控制资料应完整、真实，所含分部工程中有关安全、节能、环境保护和主要使用功能的检验资料应完整。

人民防空工程因其特定功能，对资料管理的要求尤为严格。为规范人民防空工程资料表格填写，提升人民防空工程技术质量管理水平，形成准确齐全、真实有效的人民防空工程资料，我们组织相关专家编写了本书。

本书包括人防工程分类和组成介绍，人防工程监理资料、施工资料、质量验收资料、质量评价资料、竣工验收及备案资料的填写范例与填写说明。

本书结构清楚，范例内容完整。表格范例加填写说明的形式，可有效指导工程技术、质量管理、资料管理等从业人员的相关业务工作。欢迎广大读者和专家对本书提出宝贵意见，意见和建议可反馈至邮箱：1598552158@qq.com，以便我们修订时参考。

本书编委会

目 录

第1章 人防工程基本概述 … 1
- 1.1 人防工程的作用与基本要求 … 1
- 1.2 人防工程的分类 … 2
- 1.3 人防工程的组成 … 4
- 1.4 范例工程概况 … 6

第2章 人防工程监理资料和施工资料 … 8
- 2.1 监理资料 … 8
- 2.2 施工资料 … 43

第3章 人防工程质量验收 … 93
- 3.1 基本规则 … 93
- 3.2 工程质量验收的划分 … 94
- 3.3 工程质量验收的程序和组织 … 95
- 3.4 工程质量的验收 … 95
- 3.5 结构工程检验批填写示例及说明 … 97
- 3.6 孔口防护工程检验批填写示例及说明 … 133
- 3.7 防水工程检验批填写示例及说明 … 150
- 3.8 建筑装饰装修工程检验批填写示例及说明 … 167
- 3.9 给水排水工程检验批填写示例及说明 … 191
- 3.10 通风与空调工程检验批填写示例及说明 … 218
- 3.11 建筑电气安装工程检验批填写示例及说明 … 247
- 3.12 隐蔽工程质量验收记录填写示例 … 275
- 3.13 单位工程质量竣工验收记录填写示例 … 283

第4章 人防工程质量评价 … 289
- 4.1 一般规则 … 289
- 4.2 评价方法 … 290
- 4.3 工程质量评价报告 … 299

第 5 章 人防工程竣工验收及备案 …… 303
5.1 北京市人民防空工程竣工验收办法 …… 303
5.2 北京市人防工程竣工验收备案管理办法 …… 306
5.3 人防工程竣工验收及备案文件参考示例 …… 307

第1章　人防工程基本概述

1.1　人防工程的作用与基本要求

人防工程（全称人民防空工程）是为保障战时人民防空单独修建的地下防护建筑及其地面附属建（构）筑物，以及结合地面建筑修建的战时可用于防空的地下室。人防工程包括为保障战时人员与物资掩蔽、人民防空指挥、医疗救护等而单独修建的地下防护建筑和地面建筑修建的战时可用于防空的地下室。

《中华人民共和国人民防空法》（以下简称《人民防空法》）第二十二条规定：城市新建民用建筑，按照国家有关规定修建战时可用于防空的地下室。

防空地下室建设是人防工程建设的重要组成部分，目的是战时用来就地就近掩蔽人员，减轻战争灾害；平时用来为人民生产、生活服务。由于战时人民防空的需要，人防工程是由多种类型、多种用途的工程组成的。

1. 一般人防工程的战时基本作用

一般人防工程指除指挥工程以外的平时服务社会，战时用于防空的平战结合人防工程。这些工程战时的基本作用有两个方面：一是战时保护城市居民免受空袭的伤害；二是为空袭后的留城居民提供生存条件。

（1）在敌人实施空袭时，人防工程是城市居民可靠的安全避难场所。人防工程可以保障掩蔽在室内的人员、物资、装备等，免受敌人多种空袭兵器及次生灾害的杀伤与破坏。

（2）在敌人空袭过后，人防工程是留城居民的临时居所。大规模空袭会使城市的地面建筑和公共设施遭到严重破坏，留守城市的居民需要依靠人防工程提供的生存条件，消除空袭后果，重建城市。

2. 对人防工程的基本要求

人防工程是供战时使用的工程，因此必须满足其战时的功能要求。人防工程的战时功能要求包括战时防护要求、战时使用要求和灾后生存需要等三个方面。

（1）保证战时的防护安全：为保证空袭时室内的人员、物资、装备的安全，人防工程在抗力、密闭、防辐射等各方面都应该具有足够的防护能力。不仅要使人防工程本身不会被破坏，还应保证室内的人员不会受到伤害，物资等不会损坏。

（2）满足战时的使用要求：为了在战时的特殊环境（如房屋倒塌、室外空气染毒等）条件下，保证人员、物资、装备的进出，出入口应具备相应的保障设施。而且在工程主体应该为满足预定的使用功能（如医疗救护工程），提供必需的房间及设施。

（3）提供基本的生存条件：空袭过后，在地面建筑和城市公共设施遭到破坏后的

15天内，能为留城的居民在生活空间、通风、给水排水和供电照明等方面提供必要的生存环境。

1.2 人防工程的分类

人防工程可以按照构筑类型、战时功能和防御的武器等三种方法进行分类。

1. 按构筑类型划分的人防工程

（1）暗挖式人防工程

在岩石或土中采用暗挖施工方法构筑的工程称为暗挖式人防工程。暗挖式工程按照其建造形式可划分为两种。

坑道式：建造于山地或丘陵地的，其大部分主体的地面与出入口地面基本呈水平的暗挖式人防工程。由于坑道式工程的上方一般有较厚的自然防护层，故具有较强的防护能力。坑道式工程可以作为城市人防工程中的骨干工程，但因受地形条件的限制，能够修建坑道式工程的城市不多。

地道式：建造于平原地区的，其大部分主体的地面明显低于出入口地面的暗挖式人防工程。地道式工程一般平时使用不太方便，故单独修建的地道式工程多见于早期的人防工程。近些年来根据"城市地下空间建设兼顾人民防空需要"的规定，随着城市的地铁建设，已将地铁车站建设成为战时的人员紧急掩蔽场所。

（2）掘开式人防工程

采用明挖施工方法（即先挖出基坑，工程结构完成后回填）构筑的工程称为掘开式人防工程。掘开式工程按照存在的状态可划分为单建掘开式和附建掘开式两种人防工程。

单建掘开式：其上方没有永久性地面建筑物的掘开式人防工程，亦称单建式或单建掘开式工程。单建掘开式工程通常建在城市的广场、道路、绿地等处的下面，平时可以用作商业、娱乐业或停放车辆等；战时一般具有人员掩蔽或物资储存等用途。

附建掘开式：在永久性地面建筑下面修建的掘开式人防工程，即具有预定防空功能的地下室。《人民防空法》明确规定"城市新建民用建筑，按照国家有关规定修建战时可用于防空的地下室"。因此，目前防空地下室是当前人防工程建设中占有最大数量的工程。附建式人防工程是地面建筑的地下室，因此在平时和战时都具有方便上下结合的特点。而且与单建掘开式工程相比较，防空地下室的上部地面建筑对于常规武器的命中具有明显的遮挡作用。

2. 按战时功能划分的人防工程

根据战时人民防空的需要，按照战时功能划分的人防工程，由指挥工程、医疗救护工程、防空专业队工程、人员掩蔽工程和配套工程等五类工程组成，见表1.2.1。

表1.2.1 按战时功能划分的人防工程

工程类型	工程名称
指挥工程	各级人防指挥所
医疗救护工程	中心医院、急救医院、救护站

续表

工程类型	工程名称
防空专业队工程	防空专业队掩蔽所（由专业队队员掩蔽部、专业队装备掩蔽部两部分组成）
人员掩蔽工程	一等人员掩蔽所、二等人员掩蔽所
配套工程	区域电站、区域供水站、人防物资库、食品站、生产车间、核生化监测中心、警报站、人防交通干（支）道等

（1）指挥工程

指挥工程系指保障人防指挥机关战时能够不间断工作的人防工程，即各级人防指挥所。指挥工程在人防工程中占据核心位置，其防护标准最高，例如要求采取防核电磁脉冲、防震、隔震和防直接命中等措施；其使用要求也很高，包括复杂的指挥系统和通信系统要求。因此，指挥工程设计一般由人防工程专业设计单位依据相关的人防指挥所设计标准完成。

（2）医疗救护工程

医疗救护工程系战时对伤员进行早期救治的人防工程。按照医疗分级和任务，医疗救护工程分为中心医院、急救医院和救护站。战时的医疗救护工作是需要经过分类、诊断、治疗、护理等多个环节完成的。故医疗救护工程设计，还需结合人防行业标准《人民防空医疗救护工程设计标准》（RFJ 005—2011）进行。

（3）防空专业队工程

防空专业队工程系指保障防空专业队掩蔽和执行某些勤务的人防工程。防空专业队是按专业组成的担负防空勤务的组织，在战时担负减少或消除空袭后果的任务。防空专业队按照担负的任务，共有抢险抢修、医疗救护、消防、防化防疫、通信、运输和治安等七种专业队。防空专业队工程系指防空专业队掩蔽所，一般由专业队队员掩蔽部和专业队装备掩蔽部两个部分组成。按照当前建设情况，比较多的是将两部分分别单独建设。

（4）人员掩蔽工程

人员掩蔽工程系指战时专供人员掩蔽使用的人防工程。根据使用对象的不同，人员掩蔽工程分为两个等级。一等人员掩蔽所系指供战时坚持工作的政府机关、城市生活重要保障部门（如电信、供电、供气、供水、食品等）、重要厂矿企业以及其他战时有人员进出要求的人员掩蔽工程。二等人员掩蔽所系指战时留城的普通居民掩蔽所。

（5）配套工程

配套工程系指除上述四类工程以外的其他保障性工程。配套工程主要包括：区域电站、区域供水站、人防物资库、食品站、生产车间、核生化监测中心、警报站和人防交通干（支）道等。

3. 按防御的武器划分的人防工程

虽然未来爆发核大战的可能性已经变小，但是世界上还存在着庞大的核武库，有核国家也在不断地增加，当今世界核威胁依然存在。因此，在我国的一些城市或城市中一些地区的人防工程建设仍须考虑防御核武器。然而，考虑到我国地域辽阔，城市（地区）之间的战略地位差异悬殊，核威胁环境十分不同。因此，国家把人防工程划分为甲、乙两类，其中乙类人防工程不考虑防核武器，战时需要防常规武器和防生化武器；甲类人防工程不仅需要防常规武器、防生化武器，而且需要防核武器。至于哪些人防工程是按甲类修建，还是按乙类修建，应由当地人防行政主管部门根据国家的有关规定，结合该地区战时可能遭受核打击的具体情况确定。

1.3　人防工程的组成

为了满足战时的防护要求，人防工程首先应该做到封闭，因此需要划定人防工程的防护区。防护区是指人防工程中战时不会受到爆炸冲击波伤害的区域。防护区是由承受空气冲击波、土中压缩波直接作用的顶板、外墙、临空墙和底板围合而成的区域。非防护区是指防护密闭门、防爆波活门以外的通道、竖井、楼梯间以及与人防工程相邻的普通地下建筑等，空气冲击波能够自由到达的区域。

人防工程的主体系指能够满足战时防护要求，且能满足其主要功能要求的部分，例如二等人员掩蔽所中的人员休息室以及附属的生活服务房间、设备房间等；专业队装备掩蔽部的停车间及其附属设备用房等。由于主体应该满足防护要求，所以主体必须位于防护区之内。但由于工程主体中在空袭时有的有人员停留（要求防毒），有的无人员停留（允许染毒），防护要求十分不同，因此主体与防护区之间的关系有所不同。

1. 主体

根据战时的需要，大多数人防工程在敌人空袭时，其主体中有人员停留；但也有一些工程，空袭时其主体中无人员停留。按照空袭时有、无人员停留，主体可区分为三种。

（1）有防毒要求的主体

医疗救护工程、专业队队员掩蔽部、人员掩蔽工程以及人防物资库、食品站、生产车间、区域供水站等人防工程，空袭时在其主体内有人员停留，这些主体应该满足防毒、防辐射要求。这些工程的主体应按清洁区设计。清洁区的主体设计不仅应该满足防爆波要求，还需要防毒剂、防辐射，使该区达到集体防护的程度，即战时主体中的掩蔽人员不需要穿戴任何防护服和防毒面具，也不会遭受空袭兵器的伤害。对于空袭时有人员停留的主体，还需满足防毒、防辐射的要求。有人员停留的主体应为清洁区，一般是防护区内的主要部分；防护区之内还应包括必要的允许染毒的口部房间（以便与非防护区的通道、竖井、楼梯间相连通）。

（2）允许染毒的主体

专业队装备掩蔽部、移动电站和人防汽车库等人防工程，空袭时其主体内无人员停留。这些工程的主体可按染毒区设计，其主体仅需满足防爆波要求，不要求防毒剂和防辐射。对于无人员停留的主体，其范围与防护区一致。

（3）一部分为清洁区，另一部分为染毒区的主体

固定电站的主体是由控制室和发电机房两部分组成的，其中的控制室部分空袭时有人员停留，要求防爆波、防毒剂、防辐射（属清洁区）；其发电机房部分按空袭时无人员停留设计，仅要求防爆波，不要求防毒剂和防辐射（属染毒区）。另外，对于由队员

掩蔽部和装备掩蔽部组成的防空专业队掩蔽所与固定电站相似，其队员掩蔽部的主体应按清洁区设计，装备掩蔽部可按染毒区设计。

2. 口部

口部系指人防工程的主体与地表面，或与其他地下建筑的连接部分。口部是人防工程中的薄弱部位，口部防护尤其重要，也是最具"人防"特色的部位。在人防工程的建筑设计中"口部"主要指出入口和通风口。

（1）战时出入口

战时出入口是指战时（人员或车辆进出）使用的出入口。按照其使用时机，战时出入口可划分为主要出入口、次要出入口和备用出入口三种。

① 主要出入口

使用时机：主要出入口是空袭前、空袭后都要使用的出入口，因此该出入口应该进出较为方便，空袭后在地面建筑遭到破坏的情况下，进出也有保障的出入口；与室内出入口相比较，室外出入口遭堵塞的可能性较小，故主要出入口一般设在室外出入口。

基本要求：主要出入口并非是最宽敞的出入口，而是需要重点保证在空袭后不易被破坏，不易被堵塞，满足空袭后能够使用的出入口；其中包括有的工程（如专业队队员掩蔽部、人员掩蔽工程等）要求，空袭后在室外染毒情况下，主要出入口能够进出人员，并要求设置洗消设施等。

设置数量：每个防护单元至少设置一个主要出入口，中心医院、急救医院的室外出入口不宜少于两个。

② 次要出入口

使用时机：主要供空袭前使用，空袭后可不使用的出入口。对该出入口只要求方便进出，在地面建筑遭到破坏或室外染毒的情况下，可不使用。次要出入口一般选用室内出入口，也可以设在通往普通地下室的连通口（该普通地下室应有通往地面的出入口）。

基本要求：依据主体防护要求，做到相应的防护、密闭（如果主体有防毒要求，次要出入口应该做到密闭防毒）。防护密闭门外的结构（如楼梯）可按照平时荷载设计，而且也不需要考虑防堵塞。

设置数量：每个防护单元至少设一个；根据需要和可能，有的防护单元可能设多个次要出入口（如，为满足二等人员掩蔽所的掩蔽入口总宽度要求，设置次要出入口）。

③ 备用出入口

使用时机：空袭前基本不使用，空袭后当其他出入口不能使用时，应急使用的出入口。一般采用井式出入口。

基本要求：出入可以不十分方便，但应满足防倒塌、防堵塞的要求。与次要出入口相同，应依据主体防护要求，做到相应的防护、密闭。

设置数量：规范没有硬性规定备用出入口的设置数量。备用出入口通常与通风竖井相结合设置（对于设有滤毒通风的进风口，当附近没有通往地面的出入口时，可与进风竖井结合设置备用出入口）。

（2）战时通风口

① 按通风性质划分

通风口可划分为进风口、排风口以及柴油机排烟口（亦可称为排烟口）。在机械进风的进风口中，又可区分为设有滤毒通风的和不设滤毒通风的两种。由于进风口的极其重要性，在设计中需要格外重视进风口的位置以及防倒塌、防堵塞等措施的到位。

② 按通风连续性划分

连续通风的通风口：对于空袭警报之后需要继续通风的通风口（如人员密集的二等人员掩蔽所），在空袭时通风口处于开口状态，为了防止空气冲击波的突然到来，在其通风口处需要设置消波设施。消波设施能够明显地削弱空气冲击波的压力，以便保证室内人员、设备的安全。消波设施一般由防爆波活门和扩散室组成。

间断通风的通风口：对于空袭时可以暂停通风的通风口（如室内没有人员停留的专业队装备掩蔽部），空袭时可采用类似出入口的防护做法，设置防护密闭门，以防止冲击波从通风口进入室内。

3. 主体与口部的分界

（1）有防毒要求的人防工程

对于室内有人员停留的人防工程，其主体为清洁区，各出入口不仅要设置防护密闭门，而且要设置密闭门。有的工程（如专业队队员掩蔽部）的主要出入口要求设一道防护密闭门、两道密闭门。因此，其主体与口部的分界应以最里面的一道密闭门为界。在最里面一道密闭门以内的部分为主体；在最里面一道密闭门以外直至室外地面的部分（包括防护密闭门、防爆波活门以外的通道、楼梯间、竖井等）为口部。对于最里面的密闭门以外，防护密闭门和防爆波活门以内的房间、通道可称为口部房间。

（2）主体允许染毒的人防工程

室内无人员停留的人防工程，其主体允许染毒，主体和口部应以防护密闭门和防爆波活门为界，防护密闭门和防爆波活门以内的部分为主体（与防护区一致）；在防护密闭门、防爆波活门以外直至室外地面的部分为口部。

1.4 范例工程概况

1. 工程概况

××大厦人防地下室工程位于××市××路。由××投资发展有限公司投资建设，建筑由××规划设计院设计，平战转换由××规划设计院设计。该人防工程平时作为地下停车库使用，战时作为人员掩蔽部使用。工程总建筑面积约为 50610.2m^2，层高 3m。人防工程建筑面积约为 2453m^2。

本项工程为甲类人防工程，单建掘开式，防核六级、防常规六级、防化等级为丙级。人防总建筑面积约为 2453m^2，划分为 2 个人员防护单元，6 个防爆单元。本工程掩蔽面积 1600m^2，战时可掩蔽 1600 人。按《人民防空工程设计规范》（GB 50225—2005）设计。人防结构顶板厚 250mm，墙厚 300mm，底板厚 450mm。

在战时应做好使用功能的转换，清理场所，疏通各出入口，拆除与人防无关的管线、设备等，检修工程内部设备，确保工程内的通风、用电、给排水能正常使用，并构筑战时干厕、防化值班室、战时水箱等，确保人防工程在预定的时间内达到战时的使用标准。战时应做好防护功能的转换，连通口部的转换，各防护单元之间的连通口部临战封堵；防空地下室的对外连通口部的外部临战封堵。本工程临空墙临战封堵有 4 处，封堵洞口长×宽分别为 2970mm×6000mm、2200mm×2650mm、3070mm×6150mm、2200mm×2450mm；单元间隔墙上封堵共 1 处，尺寸为 2950mm×5700mm，抗爆挡墙长为 68.4m。

人防口部转换：防空地下室各防护单元均设一个进风口部、一个排风口部，进风口部由密闭通道、扩散室、滤毒室、进风机房等组成；排风口部由防毒通道、活门室、简易洗消间、排风机房等组成。进风口部和排风口部都采取了防爆波活门＋活门室（或扩散室）的消波方式。除人防部门批准可以缓装的设备材料以外，其他如电动脚踏两用风机、除尘器、过滤吸收器、手摇泵、手动密闭阀、人防门、音响信号系统、防爆波活门和防护阀门、防爆电缆井等均应施工安装到位。施工质量满足设计图纸和人防施工规范要求。人防区平时功能为停车库，能较好地发挥社会效益、经济效益和战备效益。战时快速转换并达到人防工程的使用要求和防护等级，确保在规定的时间内迅速转入战时使用状态。

2. 建设项目参建单位

建设单位：××投资发展有限公司　　　　监理单位：××建设监理有限公司
勘察单位：××地质工程勘察院　　　　施工单位：××建设集团有限公司
设计单位：××规划设计院　　　　　　防护设备单位：××防护设备有限公司

3. 编制依据

《××大厦平战转换设计图纸》
《人民防空地下室设计规范》GB 50038—2005
《人民防空工程设计规范》GB 50225—2005
《人民防空工程防护功能平战转换设计标准》RFJ 1（98）—1998
《人防工程防护功能平战转换设计图集》
《人民防空工程质量验收与评价标准》RFJ01—2015
《建筑工程资料管理规程》JGJ/T 185—2009
《建设工程监理规范》GB/T 50319—2013

第2章 人防工程监理资料和施工资料

2.1 监理资料

1. 总监理工程师任命书（见表 A.0.1）

（1）总监理工程师任命书应由工程监理单位法定代表人在签订建设工程监理合同后签署，任命合同约定的注册监理工程师担任建设工程项目的总监理工程师。

（2）若总监理工程师确需变更，应征得建设单位书面同意后，重新签发总监理工程师任命书。征求建设单位意见，可使用变更总监理工程师申请。

（3）总监理工程师任命书应由工程监理单位法定代表人亲笔签字，并加盖工程监理单位公章。

2. 工程开工令（见表 A.0.2）

工程开工令应符合下列要求。

（1）项目监理机构按照相关要求，完成对施工单位报送的工程开工报审表及相关资料的审核，确认具备开工条件，报建设单位批准后，总监理工程师签发工程开工令，加盖执业印章和项目监理机构章。

（2）工程开工令须明确开工日期，应及时送达施工单位并要求施工单位签收，同时报送建设单位。

（3）总监理工程师签署审核意见具备下列条件。

① 设计交底和图纸会审已完成；

② 施工组织设计已由总监理工程师签认；

③ 施工单位现场质量、安全生产管理体系已建立，管理及施工人员已到位，施工机械具备使用条件，主要工程材料已落实；

④ 进场道路及水、电、通信等已满足开工要求。

3. 监理通知单（见表 A.0.3）

（1）监理通知单是针对施工单位在施工过程中出现质量、安全、进度等问题时，项目监理机构签发的要求施工单位整改的指令性文件，可由总监理工程师或专业监理工程师签发，并加盖项目监理机构章。

（2）项目监理机构应根据施工现场出现问题的影响程度及时签发监理通知单，必要时可先口头指令，再签发监理通知单。

（3）监理通知单应及时送达施工项目经理部签收，同时应报送建设单位。

（4）项目监理机构应督促施工单位在整改完成并自检合格后，及时向项目监理机构报送监理通知回复单。

（5）表格填写。

事由：简要写明需要签发监理通知单的事件及原因。

内容：一般写明该事件发生的时间、部位、问题及后果，整改要求和回复期限。必要时应附工程问题隐患部位的照片或其他影像资料。在整改要求中，不要仅限于对已指出具体部位或具体问题的整改，应要求施工单位全面自查，发现并解决类似问题。

4. 监理报告（见表 A.0.4）

（1）项目监理机构在实施监理过程中，发现工程存在安全、质量事故隐患时，已签发监理通知单，要求施工单位整改；情况严重时，已签发工程暂停令，并应及时报告建设单位。施工单位拒不整改或不停止施工时，项目监理机构应及时向有关主管部门报送监理报告。

（2）监理报告应由总监理工程师签发，并加盖项目监理机构章。

5. 工程暂停令（见表 A.0.5）

（1）工程暂停令需明确暂停原因、暂停施工的部位、工序和范围，注明开始暂停施工的时间，明确暂停施工后的工作要求。

（2）工程暂停令应由总监理工程师签发，加盖执业印章和项目监理机构章。签发工程暂停令应事先征得建设单位同意；在紧急情况下应事后及时向建设单位报告。

（3）发生下列情况之一时，总监理工程师应及时签发工程暂停令。

① 建设单位要求暂停施工或工程需要暂停施工的；

② 施工单位未经批准擅自施工或拒绝项目监理机构管理的；

③ 施工单位未按审查通过的工程设计文件施工的；

④ 施工单位违反工程建设强制性标准，未按经审批的施工方案、专项施工方案施工且拒不改正的；

⑤ 建筑材料、设备及构配件未经验收或验收不合格擅自用于工程的，项目监理机构提出检查要求的工序未经检查或检查不合格进入下道工序施工的，隐蔽工程未经验收或验收不合格进行隐蔽的；

⑥ 分包单位未经审批进场施工的；

⑦ 施工存在重大质量、安全事故隐患或发生质量、安全事故的。

6. 旁站记录（见表 A.0.6）

（1）项目监理机构应根据工程特点和施工单位报送的施工组织设计，确定旁站的关键部位、关键工序，并书面通知施工单位。

（2）项目监理机构应当按照旁站方案安排监理人员实施旁站，旁站中发现问题应当要求施工单位及时整改。

（3）旁站人员应真实、完整、准确地做好旁站监理记录，并保存好旁站原始资料，必要时应留有影像资料。

（4）旁站监理结束后，旁站监理人员应在旁站监理记录上签字。

（5）表格填写。

旁站的关键部位、关键工序的施工情况：

① 记录施工单位质检人员到岗、特殊工种人员持证上岗情况；

② 记录施工机械设备的名称、型号、数量及完好情况；

③ 记录施工中使用原材料规格、数量或预拌混凝土强度等级、数量、厂家名称及供应时间间隔、现场取样等情况；

④ 记录现场执行施工组织设计或（专项）施工方案、工程建设强制性标准情况；

⑤ 记录施工当日的气象和外部环境对施工有无影响情况。

发现的问题及处理情况：施工中若出现异常情况，旁站监理人员应及时参与处理，问题严重时应及时向总监理工程师报告。问题及处理情况应详细记录，包括对问题的描述、采取的措施等。

7. 工程复工令（见表 A.0.7）

（1）工程复工令应由总监理工程师签发，并加盖执业印章和项目监理机构章。

（2）非施工单位原因引起的工程暂停施工的，具备复工条件时，总监理工程师应签发工程复工令。

（3）工程复工令应及时送达施工单位并要求施工单位签收，同时应报送建设单位。

（4）必要时，可附复工部位影像资料等相关文件进行说明。

8. 工程款支付证书（见表 A.0.8）

（1）工程款支付证书是项目监理机构依据施工合同以及工程款审定结果签发的工程款支付证明文件，工程款支付证书是建设单位拨付工程款的依据。

（2）总监理工程师应根据建设单位对工程款支付报审表的审批意见，签发工程款支付证书。

（3）工程预付款、工程进度款、工程竣工结算款、工程变更费用、索赔费用的支付均可使用工程款支付证书。

（4）工程款支付证书由项目总监理工程师签发，加盖执业印章和项目监理机构章，并抄报建设单位。

9. 施工组织设计/（专项）施工方案报审表（见表 B.0.1）

（1）项目监理机构接受施工单位在建设工程施工合同约定期限内报审的施工组织设计/（专项）施工方案，并在约定期限内确认或提出修改意见。

（2）总监理工程师应及时组织专业监理工程师依据工程勘察设计文件、施工合同、技术标准、规范等，审查施工组织设计/（专项）施工方案的下列内容。

① 承包单位的审批手续是否齐全；

② 施工总平面布置是否合理；

③ 施工布置是否合理，施工方法是否可行，质量保证措施是否可靠并具有针对性；

④ 工期安排是否满足建设工程施工合同要求；

⑤ 进度计划是否保证施工的连续性和均衡性，所需人力、材料、设备的配置与进度计划是否协调；

⑥ 承包单位的质量管理体系是否健全；

⑦ 安全、环保、消防和文明施工措施是否符合有关规定；

⑧ 季节性施工方案和专项施工方案的可行性、合理性和先进性；

⑨ 总监理工程师认为应审核的其他内容。

（3）规模较大、工艺复杂的工程，群体工程或分期出图工程，可分阶段报批施工组织设计。

（4）主要分部分项工程、工程重点部位、技术复杂或采用新技术的关键工序应编制专项施工方案。冬、雨季施工应编制季节性施工专项方案。

（5）已签认的施工组织设计由项目监理机构报送建设单位。

（6）表格填写。

审查意见：应针对上述审查的内容进行客观评价，由负责审查的专业监理工程师签字，报总监理工程师审核。

审核意见：由总监理工程师进行审核。符合要求的，用词如"同意，请按照本施工组织设计（或施工方案）执行（实施）"；需要修改的，用词如"本施工组织设计（或施工方案）不可行，修改后重新申报"，并由总监理工程师签字加盖执业印章和项目监理机构章。

审批意见：对于超过一定规模的危险性较大的分部分项工程专项施工方案，应报建设单位审批签署意见。

10. 工程开工报审表（见表 B.0.2）

（1）项目监理机构收到施工单位申报的工程开工报审表后，应及时对证明文件资料及现场情况进行核查，作出是否满足开工条件的判断。

（2）项目监理机构应核查的主要内容。

① 设计交底和图纸会审是否完成；

② 施工组织设计是否已满足；

③ 施工现场质量管理、安全生产管理体系是否建立，管理及施工人员是否到位，施工机械是否具备使用条件，主要工程材料、设备是否落实；

④ 进场道路及水、电、通信等条件是否满足开工要求；

⑤ 对毗邻建（构）筑物、地下管线的专项保护措施是否落实。

（3）总监理工程师根据上述的内容进行客观审核，并签字加盖执业印章和项目监理机构章。

（4）工程开工报审表须报建设单位审批并签署意见。

11. 工程复工报审表（见表 B.0.3）

当暂停施工原因消失、具备复工条件时，施工单位提出复工申请的，项目监理机构应审查施工单位报送的工程复工报审表及有关材料，符合要求后，总监理工程师应及时签署审查意见，并应报建设单位批准后签发工程复工令；施工单位未提出复工申请的，总监理工程师应根据工程实际情况指令施工单位恢复施工。

项目监理机构应重点审查附件资料中是否包括相关检查记录，整改措施及落实情况、会议纪要、影像图片等资料。必要时应进行现场核查。

工程复工报审表须报建设单位审批并签署意见。

12. 分包单位资格报审表（见表 B.0.4）

（1）分包工程开工前，项目监理机构应审核施工单位报送的"分包单位资格报审表"，分包单位资格审核应包括下列基本内容。

① 营业执照、企业资质等级证书是否有效，是否满足本项目分包工程要求；

② 安全生产许可文件是否真实有效；

③ 类似工程业绩证明资料是否真实；

④ 专职管理人员和特种作业人员的资格是否满足要求；

⑤ 分包单位与施工单位是否签订安全生产管理协议；

⑥ 施工单位对分包单位的管理制度是否完善。

（2）审核的分包单位资格报审表应及时反馈给施工单位，并报送建设单位。

（3）表格填写。

审查意见：对上述资格审查的内容给出客观结论，由负责审查的专业监理工程师签字。

审核意见：总监理工程师审核后签署具有明确结论的结论，如"同意申报，该分包单位可在拟定的施工范围内开展施工""不同意，请施工单位补充材料重新申报或应另行选择分包单位"。总监理工程师应签字并加盖项目监理机构章。

13. 施工控制测量成果报验表（见表 B.0.5）

（1）项目监理机构应检查、复核施工单位报送的施工控制测量成果及保护措施，应包括下列内容。

① 施工控制测量依据资料是否完整；

② 施工单位测量人员的资格证书、测量设备检定证书是否有效；

③ 施工平面控制网、高程控制网和临时水准点的测量成果及控制桩的保护措施是否完整；

④ 应对施工单位在施工过程中报送的施工测量放线成果进行查验，如工程定位测量记录、基槽平面及标高实测记录、楼层平面放线及标高实测记录、楼层平面标高抄测记录、建筑物垂直度、标高观测记录、沉降观测记录等。

（2）项目监理机构可采用抽测等方式复核施工控制测量成果。

（3）专业监理工程师应根据上述内容审查结果签署意见并签字，加盖项目监理机构章。

（4）经审查的施工控制测量成果报验表应及时反馈给施工单位，并报送建设单位。

14. 工程材料、构配件、设备报审表（表 B.0.6）

项目监理机构应审查施工单位报送的用于工程的材料、构配件、设备的质量证明文件，并应按有关规定、建设工程监理合同约定，对用于工程的材料进行见证取样、平行检验。

（1）专业监理工程师应在核查施工单位自检结果的基础上，按照相关验收规范、设计文件及有关施工技术标准要求，对进场的工程材料、构配件、设备进行外观检查。

（2）专业监理工程师应审查进场用于工程的材料、构配件、设备的质量证明文件的真实性、有效性和可追溯性。其种类和形式根据产品标准和产品特性确定。

当施工单位报送的材料、构配件和设备的质量证明文件，不能说明进场材料、构配件和设备的质量合格时，应要求施工单位补充报送相关资料。

（3）项目监理机构应会同相关单位对进场设备进行开箱检查，检查设备出厂合格证质量检验证明、有关图纸、技术说明书、配件清单及技术资料等是否齐全。

（4）由建设单位采购的设备，应由建设单位、施工单位和项目监理机构及其他有关单位共同进行开箱检查，检查情况及结果应形成记录，并由各方代表在开箱记录上签署意见。

（5）对于进口材料、构配件及设备，项目监理机构应要求施工单位报送进口商检证明文件和中文质量证明文件，并会同相关单位按合同约定进行联合检查。

（6）材料、构配件或设备清单应载明工程材料、构配件、设备名称、型号规格、进场数量、进场时间及使用部位。一次申报多类时应分别列明。

（7）当施工单位报送的工程材料、构配件、设备报验表及附件齐全、符合要求后，专业监理工程师应签署明确表示同意该批材料（构配件、设备）进场使用的审查意见。

（8）专业监理工程师对已进场经检验不合格的工程材料、构配件、设备，应签发《监理通知单》，要求施工单位限期将其撤出施工现场，并附材料（构配件或设备）质量检验结果不合格的检验报告。

15. 报审、报验表（见表 B.0.7）

（1）项目监理机构应对施工单位报验的隐蔽工程、检验批、分项工程文件进行审查，并组织相关人员现场验收，对验收合格的应给予签认；对验收不合格的应拒绝签认，同时应要求施工单位在指定的时间内整改并重新报验。

（2）对于隐蔽工程应验收合格后，方可允许进入下道工序施工。

（3）对已同意覆盖的工程隐蔽部位质量有疑问的，或发现施工单位私自覆盖工程隐蔽部位的，项目监理机构应要求施工单位对该隐蔽部位进行钻孔探测、剥离或以其他方法进行重新检验。

（4）验收意见应说明对质量资料审查情况、现场检验抽检情况、是否满足设计及规范要求，验收是否合格，是否同意隐蔽。验收意见应出负责验收的专业监理师签字并加盖项目监理机构章。

（5）签署验收意见的报审、报验资料应及时反馈施工单位。

16. 分部工程报验表（见表 B.0.8）

（1）项目监理机构应核对分部（子分部）的划分及所含验收的范围和内容。

（2）总监理工程师应根据相关的验收规范要求，在施工合同约定的时限内组织分部工程质量验收。在分部工程正式验收前，项目监理机构可根据需要对工程质量出具书面评估报告。

（3）专业监理工程师负责检查本专业工程实体质量、质量控制资料、安全和功能检验结果，并签署验收意见。专业监理工程师的验收意见应为对各项验收内容的客观评价，不作是否同意验收的结论。总监理工程师的验收意见应明确表示是否同意验收。

（4）验收合格的分部（子分部）工程报验表应及时反馈施工单位，并报建设单位。

17. 监理通知回复单（见表 B.0.9）

施工单位在收到监理通知单后，根据监理通知单所发出的指令和提出的要求在规定的时间内进行整改，整改自检合格后，向项目监理机构报送回复意见。

监理通知回复单应附相关文件资料，如整改工作记录、整改工作达到的标准、相关影像资料等作为整改事实的依据。

项目监理工程师应根据监理工程师通知单提出要求的事项进行复查，并签署复查意见。

18. 单位工程竣工验收报审表（见表 B.0.10）

（1）项目监理机构收到施工单位自检合格报送的单位工程竣工验收报审表及竣工资料后，应在施工合同约定的期限内完成资料审查和工程竣工预验收，并签署预验收意见。

（2）项目监理机构应审查单位工程质量验收资料。质量验收资料包括：单位工程质量控制资料，有关安全、节能、环境保护和使用功能的检测资料，主要使用功能项目的抽查结果等。对需要进行功能试验的工程（包括单机试车、无负荷试车和联动调试）应包括试验报告。

（3）总监理工程师应组织各专业监理工程师对单位工程质量进行竣工预验收。预验收基本内容应包括分部工程验收情况，工程实体质量实测实量情况，试验检测报告统计分析，观感评定。

（4）预验收意见由总监理工程师根据工程竣工预验收情况给出综合结论意见，签字加盖执业印章和项目监理机构章，并报建设单位，及时反馈施工单位。

（5）若预验收不合格，项目监理机构应签发监理通知单，要求施工单位限期整改预验收中发现的施工质量问题，整改结果复查合格后，施工单位须重新提交单位工程竣工验收报审表。

19. 工程款支付报审表（见表 B.0.11）

（1）项目监理机构应严格按照合同约定的期限和合同条款审查施工单位报送的工程款支付报审表及附件，工程款支付报审表须经施工单位项目经理签字并加盖施工项目经理部章。

（2）项目监理机构审查工程款支付报审表时，应重点审查各类支持性资料，如：已完合格工程的工程量报表或工程量清单、工程竣工结算证明材料、涉及工程经济的补充合同条款、材料（设备）询价定价协议、合同约定的各类调价文件等。

（3）项目监理机构审查工程进度款时，应依据施工合同约定或工程量清单对施工单位申报的工程量和支付金额进行复核，确定实际完成的合格工程量及应支付的进度款金额。

（4）项目监理机构审查竣工结算款时，应重点审查开工报告、支付保函、履约保函等资料；工程变更、洽商、索赔费用批复资料等证明材料，并提出审查意见。

（5）专业监理工程师负责审查工程款支付报审表并签署审查意见。审查意见应明确施工单位应得款、本期应扣款和本期应付款。其依据与计算值的相应支持性材料应作为附件。

（6）总监理工程师应明确审核意见并签字，加盖执业印章和项目监理机构章。

（7）审核通过的工程款支付报审表应及时报建设单位审批，并反馈施工单位。

20. 施工进度计划报审表（见表 B.0.12）

（1）项目监理机构收到施工单位在建设工程施工合同约定的期限内报送的施工进度计划报审表及所附进度计划后，应在期限内确认或提出修改意见。

（2）在群体工程中，单位工程分期进行施工的，项目监理机构可要求施工单位按照建设单位提供图纸及有关资料的时间节点，分别编制各单位工程的进度计划。

（3）项目监理机构对施工进度计划的审查应包括以下主要内容。

① 施工进度计划是否符合施工合同中工期的约定；

② 施工进度计划中主要工程项目有无遗漏，是否满足分批投入试运、分批动用的需要；

③ 施工顺序的安排是否符合施工工艺要求；

④ 施工人员、工程材料、施工机械等资源供应计划是否满足施工进度计划的需要；

⑤ 施工进度计划是否符合建设单位提供的资金、施工图纸、施工场地、物资等施工条件；

⑥ 阶段性施工进度计划是否满足总进度控制目标的要求。

（4）项目监理机构应审查施工总进度计划是否经其企业技术负责人审批，编制、审核、批准人签字及单位公章是否齐全。

（5）项目监理机构应对施工总进度计划或阶段性进度计划进行审查后签署审查意见。审查意见应为对各审查内容的客观评价而非结论性意见。审查意见由负责审查的专业监理工程师签字。

（6）总监理工程师对专业监理工程师的意见进行审核，签署是否同意按此进度计划执行的明确结论，并签字和加盖项目监理机构章。

（7）签署审核意见的施工进度计划报审表应及时反馈施工单位，并报建设单位。

21. 费用索赔报审表（见表 B.0.13）

（1）项目监理机构应以法律法规、勘察设计文件、施工合同文件、工程建设标准、索赔事件的证据为主要依据处理费用索赔。

（2）项目监理机构应审查索赔意向通知书和费用索赔报审表是否在施工合同约定的期限内发出，签字盖章是否齐全，是否符合相关合同条款，并应在施工合同约定的时限内完成审核工作。

（3）项目监理机构处理索赔时，应遵循"谁索赔，谁举证"原则，首先审查索赔理由是否正当，证据是否有效，并及时收集与索赔有关的资料。

（4）总监理工程师审核同意施工单位费用索赔应同时满足以下条件。

① 施工单位应在施工合同约定的期限内提出费用索赔；

② 索赔事件是非施工单位原因引起的，且符合施工合同约定；

③ 索赔事件造成施工单位直接经济损失。

（5）涉及费用索赔的有关施工和监理文件资料包括施工合同、采购合同、工程变更单、施工组织设计、专项施工方案、施工进度计划、建设单位和施工单位的有关文件、会议纪要、监理记录、监理工作联系单、监理通知单、监理月报及相关监理文件资料等。

（6）总监理工程师在签发费用索赔报审表时，可附索赔审查报告，其内容包括受理索赔的日期，索赔要求，索赔过程，确认的索赔理由及合同依据，批准的索赔额及其计算方法等。

（7）审核意见应明确是否同意索赔，同意索赔时明确索赔金额，同时应扼要阐明同意或不同意索赔的理由。详细依据应形成索赔审查报告作为审核意见的附件。审批意见由总监理工程师签字并加盖执业印章和项目监理机构章。

（8）费用索赔报审表须报建设单位审批，建设单位签署审批意见后，应及时反馈施工单位。

22. 工程临时/最终延期报审表（见表 B.0.14）

（1）项目监理机构处理工程延期应严格遵循在施工合同约定的期限和相关合同条款，应充分与建设单位和施工单位协商。

（2）项目监理机构应审查施工单位是否在合同约定期限内向项目监理机构提交了工

程延期索赔意向通知书；是否在合同约定的期限内提交了工程临时/最终延期报审表，签字盖章是否齐全，是否附有反映工程延期事件的详细资料和证明材料。

（3）项目监理机构在审查工程临时/最终延期报审表时，应审查工程延期依据、工期计算方式与结果，并与相关证明材料进行核对。

（4）审核意见应明确是否延期，同意延期时，应明确延期后的竣工日期。审批意见由总监理工程师签字并加盖执业印章和项目监理机构章。

（5）工程临时/最终延期报审表须经建设单位签署审批意见后，及时反馈施工单位。

23. 工作联系单（见表 C.0.1）

（1）工作联系单是项目监理机构与工程建设各方相互日常工作联系的一种书面形式，包括告知、督促、建议等事项。

如在某项分项或分部工程即将开工前，项目监理机构可用工作联系单形式告知施工单位该分项或分部工程施工时的注意事项，可能出现的质量问题或安全问题，做到事前控制。

（2）工程联系单应由项目监理机构负责该事项的专业监理工程师签字，涉及重要告知内容的工作联系单应由总监理工程师签署。

（3）工作联系单应写明收文单位、事由、抄送单位和发文日期。

24. 工程变更单（见表 C.0.2）

（1）项目监理机构可按下列程序处理施工单位提出的工程变更。

① 总监理工程师组织专业监理工程师审查施工单位提出的工程变更申请，提出审查意见。对涉及工程设计文件修改的工程变更，应由建设单位转交原设计单位修改工程设计文件。必要时，项目监理机构应建议建设单位组织设计、施工等单位召开论证工程设计文件的修改方案的专题会议。

② 总监理工程师组织专业监理工程师对工程变更费用及工期影响作出评估。

③ 总监理工程师组织建设单位、施工单位等协商确定工程变更费用及工期变化，会签工程变更单。

④ 项目监理机构根据批准的工程变更文件监督施工单位实施工程变更。

（2）项目监理机构可在工程变更实施前与建设单位、施工单位等协商确定工程变更的计价原则、计价方法或价款。

（3）建设单位与施工单位未能就工程变更费用达成协议时，项目监理机构可提出一个暂定价格并经建设单位同意，作为临时支付工程款的依据。工程变更款项最终结算时，应以建设单位与施工单位达成的协议为依据。

（4）工程变更单应由变更提出单位填写，写明工程变更原因及变更内容，并附必要附件。工程变更文件资料附件一般包括以下内容。

① 变更内容说明及其他说明；
② 有关会议纪要及其他依据；
③ 变更引起的工程量变化分析；
④ 变更引起的合同价款的估算；
⑤ 必要的附图及计算资料；
⑥ 所影响的图纸名称、编号。

25. 索赔意向通知书（见表 C.0.3）

费用索赔是指根据承包合同的约定，合同一方因另一方原因造成本方经济损失，通过监理机构向对方索取费用的活动。

（1）施工单位在承包合同规定的期限内向监理机构提交费用索赔报审表，附索赔意向通知书及有关证明材料报项目监理机构审核。

（2）项目监理机构可按下列程序处理施工单位提出的费用索赔：

① 受理施工单位在施工合同约定的期限内提交的费用索赔意向通知书。

② 收集与索赔有关的资料。

③ 受理施工单位在施工合同约定的期限内提交的费用索赔报审表。

④ 审查费用索赔报审表。需要施工单位进一步提交详细资料时，应在施工合同约定的期限内发出通知。

⑤ 与建设单位和施工单位协商一致后，在施工合同约定的期限内签发费用索赔报审表，并报建设单位。

表 A.0.1　总监理工程师任命书

工程名称：××大厦地下室人防工程　　　　　　　　　　　　　　　　　编号：001

致：　××投资发展有限公司　（建设单位） 　　兹任命　×××　（注册监理工程师注册号：　××　）为我单位　×××大厦地下室人防工程　项目总监理工程师。负责履行建设工程监理合同、主持项目监理机构工作。   　　　　　　　　　　　　　　　　　　　　　　　　　工程监理单位（盖章） 　　　　　　　　　　　　　　　　　　　　　　　　　法定代表人（签字） 　　　　　　　　　　　　　　　　　　　　　　　　　××××年××月××日

注：本表一式三份，项目监理机构、建设单位、施工单位各一份。

表 A.0.2　工程开工令

工程名称：××大厦地下室人防工程　　　　　　　　　　　　　　　　　编号：001

致：　××建设集团有限公司　（施工单位）

　　经审查，本工程已具备施工合同约定的开工条件，现同意你方开始施工，开工日期为：××××年 ×× 月 ×× 日。

　　附件：工程开工报审表

项目监理机构（盖章）　××建设监理有限公司
　　　　　　　　　　　××大厦地下室人防工程项目监理部

总监理工程师（签字、加盖执业印章）　　×××

××××年××月××日

注：本表一式三份，项目监理机构、建设单位、施工单位各一份。

表 A.0.3 监理通知单

工程名称：××大厦地下室人防工程　　　　　　　　　　　　　　　　　编号：001

致：　××建设集团有限公司××大厦地下室人防工程项目经理部　（施工项目经理部）

事由：
关于防水材料复验未完成已使用事宜

内容：
我监理人员在现场巡视过程中发现，××××年××月××日进场的防水材料见证取样复试未完成，贵方已开始进行地下室底板防水工程施工，为了保证工程的施工质量，要求贵部立即停止地下室底板防水工程施工，待材料复验合格后报我部审查同意后再进行施工。如复验不合格，则应拆除已施工的防水卷材。

　　　　　　　　　　　　　　　　　　　　　项目监理机构（盖章）　××建设监理有限公司
　　　　　　　　　　　　　　　　　　　　　　　　　　　　　　　　××大厦地下室人防工程项目监理部
　　　　　　　　　　　　　　　　　　　　　总/专业监理工程师（签字）　×××
　　　　　　　　　　　　　　　　　　　　　　　　　　　　　　　　　××××年××月××日

注：本表一式三份，项目监理机构、建设单位、施工单位各一份。

表 A.0.4 监理报告

工程名称：××大厦地下室人防工程　　　　　　　　　　　　　　　　　　　　编号：001

致：　××质量安全监督管理站　（主管部门）

　　由　××建设集团有限公司　（施工单位）施工的　　基坑工程　　（工程部位），存在安全事故隐患。我方已于　××××　年　××　月　××　日发出编号为　　001　　的《监理通知单》/《工程暂停令》，但施工单位未整改/停工。
　　特此报告。

　　附件：☑监理通知单
　　　　　□工程暂停令
　　　　　□其他

项目监理机构（盖章）　××建设监理有限公司
　　　　　　　　　　　××大厦地下室人防工程项目监理部
总监理工程师（签字）　×××
　　　　　　　　　　　××××年××月××日

注：本表一式四份，主管部门、建设单位、工程监理单位、项目监理机构各一份。

表 A.0.5 工程暂停令

工程名称：××大厦地下室人防工程　　　　　　　　　　　　　　　　　　　　　　　编号：001

致：　××建设集团有限公司××大厦地下室人防工程项目经理部　（施工项目经理部）

由于　基坑开挖导致基坑南侧管线竖向位移从××××年××月××日起连续3天超过设计预警值　原因，现通知你方于　××××　年　××　月　××　日　××　时起，暂停　基坑开挖　部位（工序）施工，并按下述要求做好后续工作。

要求：

暂停基坑开挖，采取有效措施控制因基坑变形而导致的基坑南侧管线位移，待管线位移得到有效控制后再报工程复工报审表申请复工。

项目监理机构（盖章）
总监理工程师（签字、加盖执业印章）
××××年××月××日

注：本表一式三份，项目监理机构、建设单位、施工单位各一份。

表 A.0.6 旁站记录

工程名称：××大厦地下室人防工程　　　　　　　　　　　　　　　　编号：001

旁站的关键部位、关键工序	地下一层～/～轴防护单元三梁板混凝土浇筑	施工单位	××建设集团有限公司
旁站开始时间	××××年××月××日××时××分	旁站结束时间	××××年××月××日××时××分

旁站的关键部位、关键工序施工情况：

　　施工采用商品混凝土，混凝土供应单位为××混凝土有限公司。本次浇筑混凝土数量共计185m³，混凝土强度等级C30，混凝土坍落度设计值（180±20）mm。

　　拟浇筑混凝土部位的钢筋工程、模板工程、水电预留预埋已验收合格。

　　检查施工单位技术管理人员到岗情况，现场有施工员1名，质检员1名，试验员1名，班组长2名，施工作业人员12名。检查施工机械设备及机具情况，混凝土振捣棒2根，混凝土布料机1台，均运转正常。

　　现场核查了进场混凝土浇灌申请、预拌混凝土运输单，资料齐全，符合设计施工图纸、规范和开盘鉴定的配合比要求。现场共留置混凝土试块4组，其中2组标养试块、2组同条件试块，均已标记编号。

　　现场抽测混凝土坍落度6次，分别为170mm、170mm、190mm、190mm、170mm、190mm，符合要求。施工方法和浇筑顺序与经审批的施工方案一致，施工情况正常。

发现的问题及处理情况：

　　楼板浇筑混凝土期间，个别楼板负筋（上铁）有踩踏变形，旁站监理人员已当即要求施工单位整改，合格后方继续进行浇筑。

　　　　　　　　　　　　　　　　　　　　　　　　　　　旁站监理人员（签字）　×××

　　　　　　　　　　　　　　　　　　　　　　　　　　　　　　××××年××月××日

注：本表一式一份，项目监理机构留存。

表 A.0.7 工程复工令

工程名称：××大厦地下室人防工程　　　　　　　　　　　　　　　　　　　　编号：001

致：　××建设集团有限公司××大厦地下室人防工程项目经理部　（施工项目经理部）

　　我方发出的编号为　001　《工程暂停令》，要求暂停施工的　基坑开挖　部位（工序），经查已具备复工条件。经建设单位同意，现通知你方于　××××　年　××　月　××　日　××　时起恢复施工。

附件：工程复工报审表

项目监理机构（盖章）
总监理工程师（签字、加盖执业印章）

××建设监理有限公司
××大厦地下室人防工程项目监理部

××××年××月××日

注：本表一式三份，项目监理机构、建设单位、施工单位各一份。

表 A.0.8　工程款支付证书

工程名称：××大厦地下室人防工程　　　　　　　　　　　　　　　　　　编号：001

致：　××建设集团有限公司　（施工单位）

　　根据施工合同约定，经审核编号为　002　工程款支付报审表，扣除有关款项后，同意支付工程款共计（大写）　壹仟玖佰贰拾万贰仟捌佰零贰元整　（小写：　19202802元　）。

其中：

1. 施工单位申报款为：19937257.00元
2. 经审核施工单位应得款为：19611038.00元
3. 本期应扣款为：408236.00元
4. 本期应付款为：19202802.00元

附件：工程款支付报审表及附件

项目监理机构（盖章）
总监理工程师（签字、加盖执业印章）

××建设监理有限公司
××大厦地下室人防工程项目监理部

××××年××月××日

注：本表一式三份，项目监理机构、建设单位、施工单位各一份。

第2章 人防工程监理资料和施工资料

表 B.0.1 施工组织设计/（专项）施工方案报审表

工程名称：××大厦地下室人防工程　　　　　　　　　　　　　　　　　　　　　编号：001

致：__××建设监理有限公司××大厦地下室人防工程项目监理部__ （项目监理机构）

　　我方已完成 __××大厦地下室人防__ 工程施工组织设计/（专项）施工方案的编制和审批，请予以审查。

　　附：☑施工组织设计
　　　　□专项施工方案
　　　　□施工方案

　　　　　　　　　　　　　　　　　　　　　　　　　施工项目经理部（盖章）
　　　　　　　　　　　　　　　　　　　　　　　　　项目经理（签字）　×××
　　　　　　　　　　　　　　　　　　　　　　　　　××××年××月××日

审查意见：
1. 施工组织设计的编制、审核、批准签署齐全有效。
2. 施工组织设计的内容符合工程建设强制性标准。
3. 施工进度、施工方案及工程质量保证措施符合建设工程施工合同要求。
4. 资金、劳动力、材料、设备等资源供应计划满足工程施工需要。
5. 安全技术措施符合工程建设强制性标准。
6. 施工总平面布置基本合理。

拟同意施工单位按该施工组织设计组织施工，请总监理工程师审核。

　　　　　　　　　　　　　　　　　　　　　　　　　专业监理工程师（签字）×××
　　　　　　　　　　　　　　　　　　　　　　　　　××××年××月××日

审核意见：
　　同意申报，可按照本施工组织设计执行。

　　　　　　　　　　　　　　　　　　　　　　　　　项目监理机构（盖章）
　　　　　　　　　　　　　　　　　　　　　　　　　总监理工程师（签字、加盖执业印章）　×××
　　　　　　　　　　　　　　　　　　　　　　　　　××××年××月××日

审批意见（仅对超过一定规模的危险性较大的分部分项工程专项施工方案）：

　　　　　　　　　　　　　　　　　　　　　　　　　建设单位（盖章）
　　　　　　　　　　　　　　　　　　　　　　　　　建设单位代表（签字）
　　　　　　　　　　　　　　　　　　　　　　　　　　　年　月　日

注：本表一式三份，项目监理机构、建设单位、施工单位各一份。

表 B.0.1 施工组织设计/（专项）施工方案报审表

工程名称：××大厦地下室人防工程　　　　　　　　　　　　　　　　　编号：002

致：　××建设监理有限公司××大厦地下室人防工程项目监理部　（项目监理机构）

我方已完成　××大厦地下室人防　工程施工组织设计/（专项）施工方案的编制和审批，请予以审查。

附：□施工组织设计
　　□专项施工方案
　　☑施工方案

　　　　　　　　　　　　　　　　　　　　　　　施工项目经理部（盖章）　××建设集团有限公司
　　　　　　　　　　　　　　　　　　　　　　　　　　　　　　　　　　　××大厦地下室人防工程项目经理部
　　　　　　　　　　　　　　　　　　　　　　　项目经理（签字）　×××
　　　　　　　　　　　　　　　　　　　　　　　××××年××月××日

审查意见：

1. 施工方案编审程序符合相关规定。
2. 施工方案中工程质量保证措施符合相关标准的规定。
3. 施工方案符合施工组织设计要求。

拟同意施工单位按该施工方案组织施工，请总监理工程师审核。

　　　　　　　　　　　　　　　　　　　　　　　专业监理工程师（签字）　×××
　　　　　　　　　　　　　　　　　　　　　　　××××年××月××日

审核意见：

同意申报，可按照本施工方案执行。

　　　　　　　　　　　　　　　　　　　　　　　项目监理机构（盖章）　××建设监理有限公司
　　　　　　　　　　　　　　　　　　　　　　　　　　　　　　　　　　　××大厦地下室人防工程项目监理部
　　　　　　　　　　　　　　　　　　　　　　　总监理工程师（签字、加盖执业印章）　×××
　　　　　　　　　　　　　　　　　　　　　　　××××年××月××日

审批意见（仅对超过一定规模的危险性较大的分部分项工程专项施工方案）：

　　　　　　　　　　　　　　　　　　　　　　　建设单位（盖章）
　　　　　　　　　　　　　　　　　　　　　　　建设单位代表（签字）
　　　　　　　　　　　　　　　　　　　　　　　　年　月　日

注：本表一式三份，项目监理机构、建设单位、施工单位各一份。

第2章 人防工程监理资料和施工资料

表 B.0.2 工程开工报审表

工程名称：××大厦地下室人防工程　　　　　　　　　　　　　　　　　编号：001

致：　××投资发展有限公司　（建设单位）
　　　××建设监理有限公司××大厦地下室人防工程项目监理部　（项目监理机构）

　　我方承担的　××大厦地下室人防　工程，已完成相关准备工作，具备开工条件，申请于 ×××× 年 ××月 ×× 日开工，请予以审批。

　　附件：证明文件资料

施工单位（盖章）
项目经理（签字）
××××年××月××日

审核意见：
1. 本项目已进行设计交底及图纸会审，图纸会审中的相关意见已经落实。
2. 施工组织设计已经项目监理机构审核同意。
3. 施工单位已建立相应的现场质量、安全生产管理体系。
4. 相关管理人员及特种施工人员资质已审查并已到位，主要施工机械已进场并验收完成，主要工程材料已落实。
5. 现场施工道路及水、电、通信及临时设施等已按施工组织设计落实。经审核，本工程现场准备工作满足开工条件，请建设单位审批。

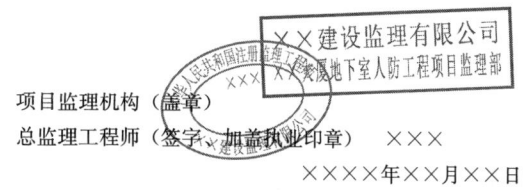

项目监理机构（盖章）
总监理工程师（签字、加盖执业印章）　×××
××××年××月××日

审批意见：
本工程已取得施工许可证，相应资金已落实并按合同约定拨付施工单位，同意开工。

建设单位（盖章）
建设单位代表（签字）
××××年××月××日

注：本表一式三份，项目监理机构、建设单位、施工单位各一份。

表 B.0.3　工程复工报审表

工程名称：××大厦地下室人防工程　　　　　　　　　　　　　　　　　编号：001

致：　××建设监理有限公司××大厦地下室人防工程项目监理部　（项目监理机构）

　　编号为　001　《工程暂停令》所停工的　　　基坑　　　部位（工序）已满足复工条件，我方申请于　××××　年　××　月　××　日复工，请予以审批。

附件：证明文件资料

施工项目经理部（盖章）　××建设集团有限公司××大厦地下室人防工程项目经理部

项目经理（签字）　×××

××××年××月××日

审核意见：

　　施工单位采取了有效措施控制基坑变形，通过基坑监测数据分析，基坑南侧市政管线竖向位移已得到有效控制，具备复工条件，同意复工要求。

项目监理机构（盖章）　××建设监理有限公司××大厦地下室人防工程项目监理部

总监理工程师（签字）　×××

××××年××月××日

审批意见：

　　经核查，具备复工条件，同意复工要求。

建设单位（盖章）　××投资发展有限公司

建设单位代表（签字）　×××

××××年××月××日

注：本表一式三份，项目监理机构、建设单位、施工单位各一份。

表 B.0.4 分包单位资格报审表

工程名称：××大厦地下室人防工程　　　　　　　　　　　　　　　　　　　　编号：001

致：　××建设监理有限公司××大厦地下室人防工程项目监理部　（项目监理机构）

　　经考察，我方认为拟选择的　××机电安装工程有限公司　（分包单位）具有承担下列工程的施工或安装资质和能力，可以保证本工程按施工合同第　3.5.22　条款的约定进行施工或安装。请予以审查。

分包工程名称（部位）	分包工程量	分包工程合同额
消防报警及联动系统	布线、模块安装等全部工程	2500.00万元
合计		2500.00万元

附件：1. 分包单位资质材料
　　　2. 分包单位业绩材料
　　　3. 分包单位专职管理人员和特种作业人员的资格证书
　　　4. 施工单位对分包单位的管理制度

　　　　　　　　　　　　　　　　　　　　　　　　施工项目经理部（盖章）
　　　　　　　　　　　　　　　　　　　　　　　　项目经理（签字）　　×××
　　　　　　　　　　　　　　　　　　　　　　　　××××年××月××日

审查意见：
　　经核查，××机电安装工程有限公司具备智能建筑专业施工资质，未超资质范围承担业务；已取得全国安全生产许可证，且在有效期内；各类人员资格均符合要求，人员配置满足工程施工要求；具有同类施工资历，且无不良记录。

　　　　　　　　　　　　　　　　　　　　　　　　专业监理工程师（签字）　　×××
　　　　　　　　　　　　　　　　　　　　　　　　××××年××月××日

审核意见：
　　同意××机电安装工程有限公司进场施工。

　　　　　　　　　　　　　　　　　　　　　　　　项目监理机构（盖章）
　　　　　　　　　　　　　　　　　　　　　　　　总监理工程师（签字）　　×××
　　　　　　　　　　　　　　　　　　　　　　　　××××年××月××日

注：本表一式三份，项目监理机构、建设单位、施工单位各一份。

表 B.0.5　施工控制测量成果报验表

工程名称：××大厦地下室人防工程　　　　　　　　　　　　　　　　编号：001

致：　××建设监理有限公司××大厦地下室人防工程项目监理部　（项目监理机构）

　　我方已完成　××大厦地下室人防工程定位放线　的施工控制测量，经自检合格，请予以查验。

　　附件：1. 施工控制测量依据资料
　　　　　2. 施工控制测量成果表

施工项目经理部（盖章）　××建设集团有限公司
　　　　　　　　　　　　××大厦地下室人防工程项目经理部
项目技术负责人（签字）　×××
　　　　　　　　××××年××月××日

审查意见：
　　经复核，控制网复核方位角传递均联系两个方向，水平角观测误差均在原来的度盘上两次复核无误；距离测量复核符合要求。

项目监理机构（盖章）　××建设监理有限公司
　　　　　　　　　　　××大厦地下室人防工程项目监理部
专业监理工程师（签字）　×××
　　　　　　　　××××年××月××日

注：本表一式三份，项目监理机构、建设单位、施工单位各一份。

表 B.0.6 工程材料、构配件、设备报审表

工程名称：××大厦地下室人防工程 编号：001

致：××建设监理有限公司××大厦地下室人防工程项目监理部 （项目监理机构）

于 ×××× 年 ×× 月 ×× 日进场的拟用于工程 基础地板 部位的 HRB400 22 钢筋 ，经我方检验合格，现将相关资料报上，请予以审查。

附件：1. 工程材料、构配件或设备清单
    2. 质量证明文件
    3. 自检结果

施工项目经理部（盖章） ××建设集团有限公司 ××大厦地下室人防工程项目经理部
项目经理（签字）   ×××
                ××××年××月××日

审查意见：
经复查上述工程材料，符合设计文件和规范的要求，同意进场并使用于拟定部位。

项目监理机构（盖章） ××建设监理有限公司 ××大厦地下室人防工程项目监理部
专业监理工程师（签字） ×××
                ××××年××月××日

注：本表一式二份，项目监理机构、施工单位各一份。

表 B.0.7 报审、报验表

工程名称：××大厦地下室人防工程　　　　　　　　　　　　　　　　　　　　编号：001

致：　××建设监理有限公司××大厦地下室人防工程项目监理部　（项目监理机构）

我方已完成　地下一层～/～轴防护单元三，梁板钢筋安装　工作，经自检合格，请予以审查或验收。

附件：☑隐蔽工程质量检验资料
　　　☑检验批质量检验资料
　　　☐分项工程质量检验资料
　　　☐施工试验室证明资料
　　　☐其他

　　　　　　　　　　　　　　　　　　　　　　　（××建设集团有限公司
　　　　　　　　　　　　　　　　　　　　　　　　××大厦地下室人防工程项目经理部）
　　　　　　　　　施工项目经理部（盖章）
　　　　　　　　　项目经理或项目技术负责人（签字）　×××
　　　　　　　　　　　　　　　　　　　　　　　　××××年××月××日

审查或验收意见：
　　经现场验收检查，钢筋安装质量符合设计及规范要求，同意进行下一道工序施工。

　　　　　　　　　　　　　　　　　　　　　　　（××建设监理有限公司
　　　　　　　　　　　　　　　　　　　　　　　　××大厦地下室人防工程项目监理部）
　　　　　　　　　项目监理机构（盖章）
　　　　　　　　　专业监理工程师（签字）　×××
　　　　　　　　　　　　　　　　　　　　　　　　××××年××月××日

注：本表一式二份，项目监理机构、施工单位各一份。

表 B.0.8 分部工程报验表

工程名称：××大厦地下室人防工程　　　　　　　　　　　　　　　　　　　编号：001

致：　××建设监理有限公司××大厦地下室人防工程项目监理部　（项目监理机构）

　　我方已完成　孔口防护　（分部工程），经自检合格，请予以验收。

　　附件：分部工程质量资料

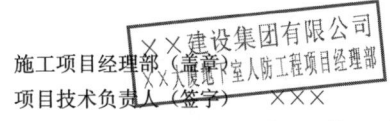

　　　　　　　　　　　　　　　　　　　　　　　　施工项目经理部（盖章）
　　　　　　　　　　　　　　　　　　　　　　　　项目技术负责人（签字）　×××
　　　　　　　　　　　　　　　　　　　　　　　　××××年××月××日

验收意见：
1. 所含分项工程的质量验收合格；
2. 质量控制资料完整；
3. 功能检测项目抽样检验结果符合《人民防空工程质量验收与评价标准》（RFJ01—2015）相应规定；
4. 观感质量符合要求。

　　　　　　　　　　　　　　　　　　　　　　　　专业监理工程师（签字）　×××
　　　　　　　　　　　　　　　　　　　　　　　　××××年××月××日

验收意见：
　　同意验收。

　　　　　　　　　　　　　　　　　　　　　　　　项目监理机构（盖章）
　　　　　　　　　　　　　　　　　　　　　　　　总监理工程师（签字）　×××
　　　　　　　　　　　　　　　　　　　　　　　　××××年××月××日

注：本表一式三份，项目监理机构、建设单位、施工单位各一份。

表 B.0.9 监理通知回复单

工程名称：××大厦地下室人防工程　　　　　　　　　　　　　　　　　　　　　编号：001

致：　××建设监理有限公司××大厦地下室人防工程项目监理部　（项目监理机构）

我方接到编号为　001　的监理通知单后，已按要求完成相关工作，请予以复查。

附件：需要说明的情况

施工项目经理部（盖章）××建设集团有限公司 ××大厦地下室人防工程项目经理部

项目经理（签字）　×××

××××年××月××日

复查意见：
已按监理通知要求整改到位，同意进行下道工序施工。

项目监理机构（盖章）××建设监理有限公司 ××大厦地下室人防工程项目监理部

总监理工程师/专业监理工程师（签字）　×××

××××年××月××日

注：本表一式三份，项目监理机构、建设单位、施工单位各一份。

表 B.0.10 单位工程竣工验收报审表

工程名称：××大厦地下室人防工程　　　　　　　　　　　　　　　　　　　　编号：001

致：　××建设监理有限公司××大厦地下室人防工程项目监理部　（项目监理机构） 　　我方已按施工合同要求完成　××大厦地下室人防　工程，经自检合格，现将有关资料报上，请予以验收。 　　附件：1. 工程质量验收报告 　　　　　2. 工程功能检验资料   　　　　　　　　　　　　　　　　　　　　　施工单位（盖章） 　　　　　　　　　　　　　　　　　　　　　项目经理（签字） 　　　　　　　　　　　　　　　　　　　　　　　××××年××月××日
预验收意见： 　　经预验收，该工程合格/不合格，可以/不可以组织正式验收。   　　　　　　　　　　　　　　　　　　　　　项目监理机构（盖章） 　　　　　　　　　　　　　　　　　　　　　总监理工程师（签字、加盖执业印章） 　　　　　　　　　　　　　　　　　　　　　　　××××年××月××日

注：本表一式三份，项目监理机构、建设单位、施工单位各一份。

表 B.0.11 工程款支付报审表

工程名称：××大厦地下室人防工程　　　　　　　　　　　　　　　编号：001

致：　××建设监理有限公司××大厦地下室人防工程项目监理部（项目监理机构）

　　根据施工合同约定，我方已完成 结构工程分部工程验收 工作，建设单位应在于 ×××× 年 ×× 月 ×× 日前支付工程款共计（大写） 壹仟玖佰玖拾叁万柒仟贰佰伍拾柒元整 （小写： 19937257 元 ），请予以审核。

附件：☑已完成工程量报表
　　　□工程竣工结算证明材料
　　　☑相应支持性证明文件

　　　　　　　　　　　　　　　　　施工项目经理部（盖章）
　　　　　　　　　　　　　　　　　项目经理（签字）　×××
　　　　　　　　　　　　　　　　　××××年××月××日

审查意见：
1. 施工单位应得款为：19611038.00 元
2. 本期应扣款为：408236.00 元
3. 本期应付款为：19202802.00 元

附件：相应支持性材料

　　　　　　　　　　　　　　　　　专业监理工程师（签字）×××
　　　　　　　　　　　　　　　　　××××年××月××日

审核意见：
经审核，专业监理工程师审查结果正确，请建设单位审批。

　　　　　　　　　　　　　　　　　项目监理机构（盖章）
　　　　　　　　　　　　　　　　　总监理工程师（签字、加盖执业印章）
　　　　　　　　　　　　　　　　　××××年××月××日

审批意见：
同意监理单位意见。

　　　　　　　　　　　　　　　　　建设单位（盖章）
　　　　　　　　　　　　　　　　　建设单位代表（签字）
　　　　　　　　　　　　　　　　　××××年××月××日

注：本表一式三份，项目监理机构、建设单位、施工单位各一份；工程竣工结算报审时本表一式四份，项目监理机构、建设单位各一份、施工单位二份。

表 B.0.12 施工进度计划报审表

工程名称：××大厦地下室人防工程　　　　　　　　　　　　　　　　　　　　编号：001

致：　××建设监理有限公司××大厦地下室人防工程项目监理部　（项目监理机构）

　　根据施工合同约定，我方已完成　××大厦地下室人防　工程施工进度计划的编制和批准，请予以审查。

　　附件：☑施工总进度计划
　　　　　□阶段性进度计划

　　　　　　　　　　　　　　　　　　　　　　　　　　　　　　施工项目经理部（盖章）（××建设集团有限公司
　　　　　　　　　　　　　　　　　　　　　　　　　　　　　　××大厦地下室人防工程项目经理部）
　　　　　　　　　　　　　　　　　　　　　　　　　　　　　　项目经理（签字）　×××
　　　　　　　　　　　　　　　　　　　　　　　　　　　　　　××××年××月××日

审查意见：
　　经审查，本工程总进度计划施工内容完整，总工期满足建设工程合同要求，符合国家相关工期管理规定，请总监理工程师审核。

　　　　　　　　　　　　　　　　　　　　　　　　　　　　　　专业监理工程师（签字）　×××
　　　　　　　　　　　　　　　　　　　　　　　　　　　　　　××××年××月××日

审核意见：
　　同意按此施工计划组织施工。

　　　　　　　　　　　　　　　　　　　　　　　　　　　　　　项目监理机构（盖章）（××建设监理有限公司
　　　　　　　　　　　　　　　　　　　　　　　　　　　　　　××大厦地下室人防工程项目监理部）
　　　　　　　　　　　　　　　　　　　　　　　　　　　　　　总监理工程师（签字）　×××
　　　　　　　　　　　　　　　　　　　　　　　　　　　　　　××××年××月××日

注：本表一式三份，项目监理机构、建设单位、施工单位各一份。

表 B.0.13 费用索赔报审表

工程名称：××大厦地下室人防工程　　　　　　　　　　　　　　编号：001

致：　××建设监理有限公司××大厦地下室人防工程项目监理部　（项目监理机构）

　　根据施工合同　专项合同条款第16.1.2第（4）、（5）　条款，由于　甲供材料未及时进场，致使工程工期延误　的原因，我方申请索赔金额（大写）　壹万伍仟元整　请予批准。

　　索赔理由：因甲供大理石石材未及时到货，造成我司现场人员窝工及其他后续工序无法进行。

　　附件：☑索赔金额计算
　　　　　☑证明材料

施工项目经理部（盖章）
项目经理（签字）　×××
××××年××月××日

审查意见：
　　☐不同意此项索赔。
　　☑同意此项索赔，索赔金额为（大写）　壹万叁仟伍佰元整　。

　　同意/不同意索赔的理由：由于停工10天中有3天为施工单应承担的责任，另外有2天虽为建设单位应承担的责任，但不影响机械使用及人员可另做其他的工种工作，此两天仅赔付人工降效费，只有5天需要赔付机械租赁费及人员窝工费。

　　根据协议，机械租赁费每天按1000元，人员窝工费每天按100元、人工降效费每天按50元计算。5×（1000+15×100）+2×10×50＝13500元。

　　附件：☐索赔审查报告

项目监理机构（盖章）
总监理工程师（签字、加盖执业印章）　×××
××××年××月××日

审批意见：
　　同意项目监理机构意见。

建设单位（盖章）
建设单位代表（签字）　×××
××××年××月××日

注：本表一式三份，项目监理机构、建设单位、施工单位各一份。

表 B.0.14 工程临时/最终延期报审表

工程名称：××大厦地下室人防工程　　　　　　　　　　　　　　　　　　　编号：001

致：　××建设监理有限公司××大厦地下室人防工程项目监理部　（项目监理机构）

根据施工合同　第2.4.2条、第7.5.5条　（条款），由于　非我方原因停水停电　原因，我方申请工程临时/最终延期　2　日历天，请予批准。

附件：1. 工程延期依据及工期计算
　　　2. 证明材料

施工项目经理部（盖章）
项目经理（签字）　×××
××××年××月××日

审查意见：

√ 同意工程临时/最终延期　2　日历天。工程竣工日期从施工合同约定的于　2021　年　12　月　10　日延迟到　2021　年　12　月　12　日。

□ 不同意延期，请按约定竣工日期组织施工。

项目监理机构（盖章）
总监理工程师（签字、加盖执业印章）　×××
××××年××月××日

审批意见：

同意临时延长工期2天。

建设单位（盖章）
建设单位代表（签字）　×××
××××年××月××日

注：本表一式三份，项目监理机构、建设单位、施工单位各一份。

表 C.0.1　工作联系单

工程名称：××大厦地下室人防工程　　　　　　　　　　　　　　　　　　　编号：001

致：　××建设集团有限公司××大厦地下室人防工程项目经理部
我方已与建设单位、设计单位商定于××××年××月××日上午××时进行本工程设计交底和图纸会审工作，请贵方做好有关准备工作。   　　　　　　　　　　　　　　　发文单位　　××建设监理有限公司 　　　　　　　　　　　　　　　负责人（签字）　　××× 　　　　　　　　　　　　　　　　　　　　　　××××年××月××日

表C.0.2 工程变更单

工程名称：××大厦地下室人防工程　　　　　　　　　　　　　　　　编号：001

致：__××建设监理有限公司__

由于 __HRB365 12钢筋不能及时供货__ 原因，兹提出 __地下一层～/～轴防护单元三顶板钢筋改用HRB400 12钢筋代替，钢筋间距做相应调整__ 工程变更，请予以审批。

附件：☑变更内容
　　　☑变更设计图
　　　☑相关会议纪要
　　　☐其他

变更提出单位：××建设集团有限公司
负责人：　×××
××××年××月××日

工程量增/减	无
费用增/减	无
工期变化	无

同意。	同意。
施工项目经理部（盖章）××建设集团有限公司××大厦地下室人防工程项目经理部 项目经理（签字）　×××	设计单位（盖章）××规划设计研究院 设计负责人（签字）　×××
同意。	同意。
项目监理机构（盖章）××建设监理有限公司××大厦地下室人防工程项目监理部 总监理工程师（签字）　×××	建设单位（盖章）××投资发展有限公司 负责人（签字）　×××

注：本表一式四份，建设单位、项目监理机构、设计单位、施工单位各一份。

表 C.0.3 索赔意向通知书

工程名称：××大厦地下室人防工程　　　　　　　　　　　　　　　　　　　　编号：001

致：　××建设监理有限公司　

　　根据施工合同　专用合同条款第16.1.2第（4）、（5）　（条款）约定，由于发生了　甲供材料未及时进场，致使工程工期延误，且造成我单位现场施工人员窝工　事件，且该事件的发生非我方原因所致。为此，我方向　××投资发展有限公司　（单位）提出索赔要求。

　　附件：索赔事件资料

提出单位（盖章）
负责人（签字）　××
　　　　　　　××××年××月××日

2.2 施工资料

表 2.2.1 施工现场质量管理检查记录表

开工日期：××××年××月××日

工程名称	××大厦地下室人防工程	施工许可证（开工证）	××		
建设单位	××投资发展有限公司	项目负责人	×××		
设计单位	××规划设计研究院	项目负责人	×××		
监理单位	××建设监理有限公司	总监理工程师	×××		
施工单位	××建设集团有限公司	项目负责人	×××	项目技术负责人	×××

序号	项目	主要内容
1	项目部质量管理体系	①质量例会制度；②月评比及奖罚制度；③三检及交接检制度；④质量与经济挂钩制度
2	现场质量责任制	①岗位责任制；②设计交底制度；③技术交底制度；④挂牌制度
3	主要专业工种操作岗位证书	测量工、钢筋工、混凝土工、起重工、电焊工、架子工等主要专业工种操作上岗证书齐全，符合要求
4	分包单位管理制度	对分包方资质审查，满足施工要求，总包单位对分包单位制定的管理制度可行
5	图纸会审记录	施工图经设计交底，施工方已确认
6	地质勘察资料	勘察设计院提供地质勘察报告齐全
7	施工组织设计、施工方案编制及审批	施工组织设计编制、审核、批准齐全
8	施工技术标准	企业自定标准4项，其余采用国家、行业标准
9	物资采购管理制度	已制定完善的物资采购制度，满足施工要求
10	施工设施和机械设备管理制度	已制定完善的施工设施和机械设备管理制度，满足施工要求
11	计量设备配置	计量设备配备齐全，已检测备案
12	检测试验管理制度	有原材料及施工检验制度；抽测项目的检测计划；分项工程管理制
13	工程质量检查验收制度	质量验收制度完善，符合要求

自检结果：符合要求。 施工单位项目负责人：××× ××××年××月××日	检查结论：检查合格。 总监理工程师：××× ××××年××月××日

表 2.2.2 建设工程质量事故调（勘）查记录

工程名称	××大厦地下室人防工程	编号	×××
		日期	××××年××月××日
调（勘）查时间	××××年××月××日 9时30分至12时30分		
调（勘）查地点	××大厦地下室人防工程施工现场		
参加人员	单位	姓名	职务	电话
被调查人	××投资发展有限公司	×××	项目经理	158××
陪同调（勘）查人员	××建设工程质量安全监督站	×××	副站长	153××
	××建设工程质量安全监督站	×××	安全总监	138××
调（勘）查笔录	××××年××月××日在基坑土方开挖过程中，造成边坡塌方，经初步调查，主要原因如下： 1. 局部深基坑位于大底板底4m以下，相对标高近-9.000m； 2. 局部降水工作不能满足深基坑降水要求。			
现场证物照片	☑有 □无 共×页 共×页			
事故证据资料	☑有 □无 共×页 共×页			
被调查人签字	×××	调（勘）查人签字	×××	

表 2.2.3 施工日志

工程名称	××大厦地下室人防工程	编号	×××
		日期	××××年××月××日
施工单位	××建设集团有限公司		
天气状况	风力	最高/最低温度	
晴	微风	22℃/12℃	

施工情况记录：（施工部位、施工内容、机械使用情况、劳动力情况，施工中存在问题等）

1. ～/～轴防护单元三地下一层顶板钢筋绑扎，埋件固定，塔吊作业，钢筋班组 15 人；
2. ～/～轴防护单元四地下一层顶板开始钢筋绑扎，塔吊作业，钢筋班组 18 人；
3. 发现问题：～/～轴防护单元三地下一层顶板钢筋保护层厚度不够，马凳筋间距未按要求设置。

技术、质量、安全工作记录：（技术、质量安全活动、检查验收、技术质量安全问题等）

记录人（签字）	×××

表 2.2.4 技术交底记录

工程名称	××大厦地下室人防工程	编号	×××
		交底日期	××××年××月××日
施工单位	××建设集团有限公司	分项工程名称	/
交底摘要	地下室人防工程技术交底	页数	共12页，第1页

交底内容

一、工程项目概况

本工程位于××市××路，总建筑面积约50610.2m²，其中人防部分约2453m²。人防地下室工程为附建式乙类人防地下室，位于地下一层。平时为小汽车停车库，战时为防空专业队员掩蔽部1000m²，防空专业队装备掩蔽部1200m²，二等人员掩蔽部1100m²。

地下室共分为四个防护单元。防护单元一和防护单元二有三个出入口，一个主要出入口和两个次要出入口，四个抗暴单元；防护单元三有两个出入口，一个主要出入口，一个次要出入口，两个抗暴单元；防护单元四有两个出入口，一个主要出入口，一个次要出入口，两个防爆单元。

消防耐火等级为一级，共划分为六个防火分区，六个防烟分区（人防区）。

地下室防水等级为二级，混凝土抗渗等级为P6，防水材料为聚乙烯丙纶防水卷材。

防护密闭门、密闭门和防爆波活门竣工前必须安装完毕。

二、人防防护设施的要求

1. 防护密闭门、密闭门以及防爆活门应选用有资质的厂家产品，门框应与主体混凝土一次浇筑，并满足相应的施工规范要求，人防设备专业预留预埋应与土建专业协调施工，在主体浇筑时一次性预留预埋到位，不得遗漏。所有的穿越防护墙的设备管孔均按防密防爆要求进行施工。

2. 施工按平时平面图施工，但必须做好战时图的土建和设备专业预留预埋，不得在防护隔墙及混凝土墙上打洞穿管，平战转换部分临战时按战时图施工。

三、平战结合人防工程的下列项目，不得实施预留设计和二次施工

1. 战时使用以及平战两用的通风口和排烟口的防护密闭设施。

2. 现浇钢筋混凝土，混凝土的结构与构件。

3. 防爆波防毒地漏，防爆波清扫口。

四、平战结合的人防工程可平战功能转换，但应当满足以下要求

1. 凡预埋在混凝土中的各类封堵柜和各种穿墙管应与工程同步施工到位。

2. 人防工程专供平时使用的出入口，原则上采用防护密闭门方式。

3. 平时使用各类人防工程的通风采光窗、进风口、排风口和排烟口，防护单元间连通口以及其他孔口，战时封堵构件应在工程施工前备置到位，当采用混凝土或钢筋混凝土封堵构件时，构件应与工程施工同步制备，并妥善存放在专用储藏室。

4. 主要出入口现浇式防倒塌棚架应一次性施工安装到位，与工程同步验收。

签字栏	交底人	×××	审核人	×××
	接受交底人	××× ××× ××× ××× ×××		

续表

工程名称	××大厦地下室人防工程	编号	×××
		交底日期	××××年××月××日
施工单位	××建设集团有限公司	分项工程名称	/
交底摘要	地下室人防工程技术交底	页数	共12页，第2页

5. 战时排风机至扩散室以及设置在洗消间、防毒通道等染毒区域内的排风管道和防爆超压排气活门或超压自动排气阀门应一次性施工安装到位。

6. 各类人防工程口部气密测量管，滤毒通风工程战时测压装置，超压自动排气阀门应一次性施工安装到位。

7. 人防工程口部染毒区域供墙面、地面冲洗用的冲洗栓应一次性安装到位。

8. 战时主入口最外一道防护密闭门或防火门外侧，有防护能力的音响信号按钮安装到位，接到值班室的管线应预埋到位。

人防工程中的预埋工作特别重要，由于人防各大工种中均有大量的预埋件工作量，这项工作也是人防施工中的重点、难点，要求施工单位施工前认真熟悉人防图纸，对图纸中各种预埋要做到、做好，建议各工种在进行技术交底的同时编制各工程预埋件，预埋件计划表，计划中列出预埋件规格、数量及安装部位，在工程检查验收，逐个核对验收，防止漏埋、错埋。

五、六级人防工程质量控制

(一) 建筑与结构部分

1. 人民防空地下室的防护单元的防护设施和内部设备应自成系统，同一防护单元不得设置伸缩缝、沉降缝。在染毒区与清洁区钢筋混凝土密闭隔墙应整体浇筑，与人防无关（战时和平时）的管线不得随意穿越人防围护结构，凡进入防空地下室的管道及其穿过人防围护结构的均应采取相应的防护密闭措施。

2. 防空地下室出入口人防门的设置应符合下列规定：人防门的设置数量应符合规定，并按由外到内的顺序，设置防护密闭门、密闭门；防护密闭应向外开启，密闭门宜向外开启。

战时作为主要出入口的室外出入口通道出地面段应在地面建筑的倒塌范围以外，在地面建筑倒塌范围以内的应设置防倒塌棚架。防倒塌棚架应与防空地下室同步施工，装配式防倒塌棚架试安装验收合格后构件方可拆卸存放，对存放的构件应定期检查。

3. 当防护密闭门沿通道侧墙设置时，防护密闭门门窗应嵌入墙内设置，且门扇外表面不得突出通道的内墙面；当防护密闭门设置于竖井时，防护密闭门门窗应嵌入墙内设置，且门窗外表面不得突出竖井的内墙面。

4. 进风口、排风口、排烟口的防爆波悬板活门应嵌入墙内，嵌入墙内的深度必须满足规范规定（受正向冲击波时嵌入深度≮200mm；受侧向冲击波时，HK600嵌入深度≮400mm，HK800、HK1000嵌入深度≮450mm，其他活门嵌入深度≮300mm）。

签字栏	交底人	×××	审核人	×××
	接受交底人	××× ××× ××× ××× ×××		

续表

工程名称	××大厦地下室人防工程	编号	×××
		交底日期	××××年××月××日
施工单位	××建设集团有限公司	分项工程名称	/
交底摘要	地下室人防工程技术交底	页数	共12页，第3页

5. 防空地下室战时主要出入口的防护密闭门外通道内以及进风口的竖井或通道内，应设置洗消污水集水坑；扩散室内应设地漏或集水坑。

6. 防空地下室双面配筋的钢筋混凝土底板、板、墙体应设置梅花形排列的拉结筋，拉结筋长度应能拉住最外层受力钢筋，拉结筋直径≥φ6mm、间距≤500mm；防护密闭门的门框墙及门槛截面厚度≮300mm，门框墙的箍筋应放在竖向或水平钢筋的外侧，箍筋不小于φ12mm，人防门洞四角内外侧应配2φ16斜向螺纹钢筋，长度≮1000mm，墙厚≥500mm时，应配3φ16斜向螺纹钢筋。

7. 钢筋混凝土外墙，在洞口两侧应设置钢筋混凝土柱，柱主筋应伸入顶、底板，并满足锚固长度要求，且洞口四角各设2φ12斜向构造螺纹钢筋，长度≮800mm。

8. 人防门的门扇安装吊钩应钩住顶板上层钢筋，吊钩位置应放置在门扇宽度的中心以门轴为圆心转过45度。

9. 临空墙、密闭墙不得随意开洞，支模时不得采用套管式穿墙螺杆，应使用中间设止水片的穿墙螺杆，两端用限位片固定。

10. 防空地下室的积水、消防、热水等引入管、排水的排出管以及通气管，在穿越围护结构时，应在穿越处的内侧设置防爆波阀或防护阀门，其公称压力不小于1.0MPa。在穿越围护结构处应做密闭套管，必须严格按照设计文件或防空地下室标准图集施工。

11. 平战结合的防空地下室，采用的转换措施应能满足战时的各项防护要求，并应在规定的转换时限内完成；当转换措施中采用预制构件时，预埋件、预留孔（槽）等应在工程施工中一次到位，预制构件应与工程同步做好，并应设置构件的存放位置。

12. 施工部分
1）模板与支架工程的质量控制
（1）底板模板的检查。
①在组装集水井内侧模板时，应注意模板的锁固，既要防止无底模混凝土浇捣时易造成冒高将模板埋入底板混凝土中造成拆模困难，又要防止有底模在浇捣混凝土时易浮起现象。
②底板四周模板安装完毕后，应注意模板面标高的复核。
③墙底板施工缝处的反口模板。
（2）墙顶板模板的检查。
①墙板钢筋及预埋套管、预埋角框安装完毕后，均应经人防质监站核查同意后方可进行墙模板封堵及支撑钢架搭设。

签字栏	交底人	×××	审核人	×××
	接受交底人	××× ××× ××× ××× ×××		

第2章 人防工程监理资料和施工资料

续表

工程名称	××大厦地下室人防工程	编号	×××
		交底日期	××××年××月××日
施工单位	××建设集团有限公司	分项工程名称	/
交底摘要	地下室人防工程技术交底	页数	共12页，第4页

②支撑钢架搭设中要求竖向钢管间距不得大于 80mm。第一道水平杆距地面不得大于 1700mm，贴地应搭设扫地杆。竖杆顶部连接顶部水平杆处的卡扣不得少于两道，防止顶模板的承受荷载后出现坍塌现象。墙模板锁紧后，其管件应与支撑钢架作以连固。外墙外侧须采用斜支撑，上下不少于三道，间距可放至 2000mm，以免整个排架位移。

③根据《人民防空工程施工及验收规范》(GB 50134—2004)强制性条文，所有外墙、临空墙、密闭墙、防护单元隔墙等固定模板的对拉螺栓上，严禁采用塑料套管、混凝土预制件等。

④墙模板封堵锁紧后，要求施工单位专职质量员对墙板垂直度进行量测复查，其误差均应不大于 3mm，一般平整度由于使用多层夹板基本能够达到规范要求。

⑤墙模板在组装锁紧施工中，应注意大孔的预留洞下面混凝土浇捣质量，应采取相应措施避免预留孔洞下部墙板混凝土无法振捣密实。

⑥三防门下槛梁在封堵梁上部模板时，不应采取全封闭，应在其中部预留孔洞，一方面便于检查此处混凝土浇捣是否到位，另一方面便于振捣。

⑦沉降缝处埋入式橡胶止水带安装完毕后，在橡胶止水带上下左右部位采用模板将橡胶板夹固好，以便保证橡胶板的位置正确，保证止水效果。

⑧可卸式橡胶止水角框安装中，应注意标高、位置，一般在进行底板钢筋绑扎后即须将角框安装好，浇筑底板混凝土时将角框锚筋埋入底板内。

⑨为防止柱炸模，造成断面尺寸鼓出、漏浆，混凝土不密实或蜂窝麻面，要求柱模卡箍间距适当，不得松扣。

⑩为防止柱身墙偏位或扭曲，要求在支柱模前，应先在底部弹出中线，将柱子位置兜方找中；校正钢筋位置；在柱底部焊外包框；柱子的支撑应牢固。

⑪要求墙模板的对拉螺栓间距、横箍间距要适当，阴角及阳角处横箍应交圈，不得松扣。

⑫墙与柱封模前，要求将底部杂物必须清理干净，模板下口的缝隙必须堵实。

⑬模板在下列情况要开门子洞：一次支模过高，浇捣困难；有大的预留孔洞，洞口下难以浇捣；有暗梁或梁穿过，钢筋密集，下部不易浇捣。

⑭检查梁、板底模应按规范要求起拱。

⑮梁的侧模支撑要求牢固，防止跑模、胀模，造成漏浆。

⑯复核预埋件、预留孔洞的位置、标高、尺寸，预埋件固定要求可靠，防止其移位。

⑰在混凝土浇捣过程中，监理工程师应督促承包人指派专人检查，如果发现跑模、胀模、漏浆，及时采取措施补救。

签字栏	交底人	×××	审核人	×××
	接受交底人	××× ××× ××× ×××		

续表

工程名称	××大厦地下室人防工程	编号	×××
		交底日期	××××年××月××日
施工单位	××建设集团有限公司	分项工程名称	/
交底摘要	地下室人防工程技术交底	页数	共12页，第5页

⑱检查底板及其支架拆除时混凝土强度是否符合设计要求，当设计无具体要求时，应符合规范规定。
⑲侧模拆除时要求混凝土强度能保证其表面及棱角不受损伤。
2）钢筋工程质量控制
（1）熟悉结构施工图，明确设计钢筋的品种、规格、绑扎要求以及结构某些部位配筋的特殊处理。有关配筋变化的图纸会审记录符合设计变更通知单，及时标注在相应的结构图上，避免遗忘，造成失误。掌握《混凝土结构设计规范》（GB 50010—2010）《建筑抗震设计规范》（GB 50011—2010）有关钢筋构造措施的规定，具体工作如下。
①钢筋的品种要符合设计要求，进场的钢筋应有出厂质量证明书或试验报告单，钢筋表面或每捆钢筋应有标志。
②钢筋的性能要符合规范要求。进场的钢筋应按炉罐批号及直径分批检验。检验内容包括对标志、外观的检查，并按有关标准的规定试样，做物理力学性能试验，同一炉号、质量60t为一检验批，任取两根。
③督促施工单位及时将验收合格的钢筋运进钢筋堆场，堆放整齐，挂上标签，并采取有效措施，避免钢筋锈蚀或油污。
④钢筋的下料、加工，应要求施工单位的技术人员根据图纸及规范进行钢筋翻样，并将钢筋下料、加工，对钢筋工进行详细的技术交底。为避免返工，监理工程师应深入钢筋加工场，对成型的钢筋进行检查，发现问题，及时通知施工单位改正。
⑤钢筋的焊接，监理工程师首先应审查焊工的资质，检查焊工岗位证书，在正式焊接前，必须监督焊工根据施工条件进行试焊，检验合格后，方可批准上岗。钢筋焊接接头应符合规范要求，并根据《钢筋焊接接头试验方法标准》（JGJ/T 27—2014）的有关规定，抽取焊接接头试样进行检验。
（2）底板钢筋的检查。
①口部防护密闭门、密守门、防爆活门下槛绑扎；
②临空墙、密闭墙、防护单元隔墙的插筋（位置、弯锚朝向正确）；
③连通口、通风竖井处钢筋插筋；
④车道口部、防护单元隔墙处临战封堵下槛钢筋绑扎；
⑤外墙转角、丁字墙交接处定位插筋；
⑥墙底板、附墙柱施工缝处钢板处钢板止水带处墙板水平筋的结构处理；
⑦底板主筋、次梁、底板面筋相互之间的结构搭接；

签字栏	交底人	×××	审核人	×××
	接受交底人	××× ××× ××× ××× ×××		

续表

工程名称	××大厦地下室人防工程	编号	×××
		交底日期	××××年××月××日
施工单位	××建设集团有限公司	分项工程名称	/
交底摘要	地下室人防工程技术交底	页数	共12页，第6页

⑧底板梁、板受力钢筋接头位置及搭接、焊接质量；

⑨底梁受力钢筋的接头位置要求。底层筋接头设置在梁跨中1/3范围内，上部筋接头位置在靠近端部1/3范围内，相邻接头错开1个搭接长度。板筋接头可按25％排列；

⑩由于地板钢筋未双向配筋，根据施工规范要求，地板钢筋交叉点应满扎。

(3) 墙顶板钢筋的检查。

①口部防护密闭门、密闭门、防爆活门门框墙钢筋绑扎；

②临空墙、密闭墙、防护单元隔墙板钢筋绑扎；

③连通口处门框墙钢筋绑扎；

④车道口部、防护单元隔墙、临空墙处临战封堵角框安装；

⑤外墙转角、丁字墙交接处墙板钢筋结构处理；

⑥墙底板、附墙柱施工缝处钢板止水带处墙板水平筋的结构处理；

⑦各个口部密闭门（即第二道门）两侧的尺寸应注意，即门轴侧宽度≥350mm，另一侧为≥150mm，否则门窗安装后难以开启到位；

⑧各个口部防护密闭门（即第一道门）两侧箍筋为闭口箍，密守门（即第二道门）两侧可按墙板水平筋绑扎；

⑨在进行三防门框墙钢筋绑扎时，应先将门框钢筋绑扎好，然后安装三防门门框，再绑扎门框上部墙板梁。只有在门框上部墙板梁钢筋绑扎完成后，才能进行电气管预埋；

⑩三防门角框安装后进行各个面垂直调整，并采用钢支架将门框支撑牢固，严禁将角框与门框墙钢筋焊接在一起；

⑪在进行顶板隐蔽工程检查中，勿忘三防门吊装安装的检查，吊钩规格化、形状、安装位置按施工图和规范检查；

⑫在口部工程的隐蔽工程检查中，勿忘侧压管的检查；

⑬建议业主对各个三防门侧安装4根战时穿管线，要求标高、位置一致，竖向摆放应垂直，连通口处可横放，要求平直。

3) 混凝土的质量控制

(1) 混凝土浇筑前应对已验收的墙体钢筋、楼梯钢筋、电缆井插筋等部位绑扎牢固或采取电焊牢固，防止混凝土浇筑时钢筋产生移位现象。

(2) 根据计算，本工程人防工程底板混凝土方量及底板设计厚度，现场应采用泵车进行泵送混凝土，采取分层浇筑的方法进行施工，分层混凝土的交接时间控制在级配单的初凝时间内。

签字栏	交底人	×××	审核人	×××
	接受交底人	××× ××× ××× ××× ×××		

续表

工程名称	××大厦地下室人防工程	编号	×××
		交底日期	××××年××月××日
施工单位	××建设集团有限公司	分项工程名称	/
交底摘要	地下室人防工程技术交底	页数	共12页，第7页

(3) 混凝土泵站到现场的运送组织方案，泵送混凝土施工，应符合以下规定。
① 混凝土的供应，必须保证输送混凝土泵能连续工作；
② 输送管线宜直，转弯宜缓，接头应严密；
③ 泵送前应先用适量的与混凝土内成分相同的水泥浆或水泥砂浆润滑输送管内壁，当泵送间歇时间超过45分钟或混凝土出现离析现象时，应立即用压力水或其他方法冲洗管内残留的混凝土；
④ 在泵送过程中，受料斗内应有足够的混凝土，防止吸入空气产生阻塞。
(4) 混凝土浇筑时为防止各类井模板上浮，同意按报送的施工方案分层浇筑。
(5) 级配要求，本工程人防底板混凝土浇筑归属于大体积混凝土浇筑范例，为消化混凝土浇筑时水化热过大，除在水泥产品上想办法和在施工中采取措施外，还应对混凝土级配中的石子颗径进行控制，宜选用石子颗径大的为好，坍落度最好控制在12左右。
(6) 混凝土浇筑到墙板根时，振捣完毕后，应在初凝1小时前采用坍落度尽可能小的同级混凝土，在墙板的两侧堆积一条挡水坝（注意：待墙板混凝土振捣完毕后，去除挡浆坝），防止墙板混凝土振捣时根部的混凝土浆外流，导致墙根处孔洞、蜂窝、麻面，产生渗水。还应注意墙板混凝土浇筑时间要控制在底板混凝土初凝时间前。
(7) 三防门框墙底槛梁（高出地面15cm以及两侧伸入门框墙30～40cm的混凝土的同时浇筑）混凝土浇筑，应采取在高15cm的门槛梁多堆积（高）5cm以上的混凝土，进行振捣，目的是防止三防门框铁板下的混凝土浆振捣时外流，产生空鼓。注意混凝土面收头时，应及时把门槛梁面上多余的混凝土收在三防门框铁板地面平，并在浇筑时应控制好配级中的石子颗径（因门槛梁中钢筋较密）。门框墙的混凝土应振捣密实，每道门框墙的任何一处麻面面积不得大于门框墙总面积的0.5%，且应修整完好。
(8) 施工缝的位置，应符合下列规定。
① 侧墙的水平施工缝应设在高出底板表面不小于500mm的墙体上，当侧墙上有孔洞时，施工缝距孔洞边缘不宜小于300mm。
② 垂直施工缝应该避开地下水和裂隙水较多的地段。
(9) 在染毒区和清洁区之间应设置整体浇筑的钢筋混凝土密闭隔墙，其厚度不应小于200mm，并应在染毒区一侧墙面用水泥砂浆抹光。当密闭墙上有管道穿过时，应采取密闭措施。在密闭隔墙上开设门洞时，应设置密闭门。
(10) 浇筑混凝土时现场取样做好抗渗、抗压试块，同时还应按照人防工程要求各个口部都应单独制作试块。

签字栏	交底人	×××	审核人	×××
	接受交底人	××× ××× ××× ××× ×××		

续表

工程名称	××大厦地下室人防工程	编号	×××
		交底日期	××××年××月××日
施工单位	××建设集团有限公司	分项工程名称	/
交底摘要	地下室人防工程技术交底	页数	共12页，第8页

(11) 工程口部、防护密闭段、采光井、水库、水封井、放毒井、防爆井等有防护密闭要求的部位，应一次整体浇筑混凝土。

(二) 通风工程

1. 设置在染毒区的进、排风管和清洁区密闭阀门前的进、排风管，应采用小于3mm厚钢板焊接成型，其抗力和密闭防毒性能必须满足战时防护需要，且风管有0.5%的坡度坡向室外。染毒区的通风管道应采取焊接连接。

2. 通风管穿越防空地下室的外墙、防护密闭隔墙、密闭墙和防护单元间的防护密闭隔墙时，应采用可靠的防护密闭措施，必须制作带防毒密闭翼环的穿墙短管，穿墙短管应伸出墙面100～150mm，并应在土建施工时一次预埋到位；测压管、取样管应采取$DN15$热浸镀锌钢管先预埋，穿墙的短管应带防毒密闭翼环，待穿墙后再在两管间进行防护密闭处理。

3. 防空地下室每个口部的防毒通道、密闭通道的防护密闭门框墙、密闭门门框墙上宜设置$DN50$（热镀锌钢管）的气密测量管。

4. 在墙上安装自动排气阀门时，应使预埋在侧墙内通风连接管的口径与自动排气阀门的口径一致。自动排气阀门的公称直径与实际内径详见产品说明书。

(三) 给排水工程

1. 防空地下室的给水、消防、热水等引入管、排水的排出管以及通气管，在穿越人防围护结构时，应在穿越处内侧设置公称压力不小于1.0MPa防爆波阀或防护阀门，距离阀门近端面不宜大于200mm，应有明显的启闭标志。在穿越防空地下室顶板、外墙密闭墙及防护单元之间防护密闭墙时，应做到刚性防水套管，给水管道不应穿过通讯、变配电设备房间。必须严格按照设计文件或防空地下室标准图集施工。

2. 防空地下室的给水管道管材的选择。

(1) 防空地下室外部的给水管道可采用钢塑复合管、热浸镀锌钢管；

(2) 穿越围护结构外墙、密闭墙的给水管段必须选用镀锌钢管或无缝钢管，$DN\leqslant 100mm$时采用丝扣连接，$DN\geqslant 100mm$时采用法兰连接或沟槽连接；

(3) 防护阀门以后的管道，可采用其他符合现行规范及产品标准要求的管材；

(4) 埋在工事地板下或浇筑在混凝土中的给水管道，应先用热浸镀锌钢管或给水铸铁管；

(5) 清洁区内，每个防护单元均应设置生活用水、饮水池箱。

签字栏	交底人	×××	审核人	×××
	接受交底人	××× ××× ××× ××× ×××		

续表

工程名称	××大厦地下室人防工程	编号	×××
		交底日期	××××年××月××日
施工单位	××建设集团有限公司	分项工程名称	/
交底摘要	地下室人防工程技术交底	页数	共12页，第9页

3. 防空地下室的排水管道管材的选择。
(1) 穿越围护结构外墙、密闭墙的管段采用钢塑复合管或其他经过可靠防腐处理的钢管；
(2) 在结构底板中及以下敷设的排水管道应先用热浸镀锌钢管或给水铸铁管；
(3) 敷设在室内的排水管道应采用机制排水铸铁管或建筑排水塑料管及管件。

4. 附属构件设置要求。
(1) 收集平时生活的集水池应设在通气管，收集战时生活的集水池，临战时应增设至厕所排风口的通气管；通气管穿越围护结构时，该段通气管应采用热镀锌钢管，并应在人防结构内侧距离阀门的近端面不大于200mm处设置公称压力不小于1.0MPa的铜芯闸阀；
(2) 排水管上应采取止回阀和公称压力不小于1.0MPa的铜芯闸阀；
(3) 排水系统中的地漏通过管道与外部相通或设置在防毒通道中的地漏应采取防爆地漏，并直埋混凝土中，不得预留；
(4) 设置在人防工程口部、染毒通道及受污染的房间内冲洗阀预埋件不得遗漏。

(四) 建筑电气工程

1. 供电系统应符合下列要求。
(1) 每个防护单元应设置人防电源配电柜（箱），自成配电系统；
(2) 电力系统电源和柴油发电机组分列运行；
(3) 通讯、防灾报警、照明、动力等应分列运行；
(4) 不同等级的电力负荷各有回路；
(5) 引接内部电源应有固定电路；
(6) 单相用电设备应均匀地分配在三相回路中。

2. 防空地下室各种动力配电箱、照明箱、控制箱，不得在外墙、临空墙、防护密闭隔墙、密闭隔墙上嵌墙暗装。若必须设置时，应采取挂墙式明装。

3. 没有清洁式、滤毒式、隔绝式三种通风方式的防空地下室，在战时进风机室、排风机室、防化通信值班室、值班室、柴油发电机房、电站控制室、人员出入口（包括连通口）最里一道密闭门内侧和其他需要设置的地方，应设置有显示三种通风方式的灯箱和音响装置，红色灯光表示隔绝式、黄色灯光表示滤毒式、绿色灯光表示清洁式，并加注文字标识。

4. 设有清洁式、滤毒式、隔绝式的三种通风方式，每个防护单元战时人员主要出入口的防护密闭门外侧，应设置有防护能力的呼唤音响按钮；音响信号应设置在值班室或防化通信值班室内。

签字栏	交底人	×××	审核人	×××
	接受交底人	××× ××× ××× ××× ×××		

续表

工程名称	××大厦地下室人防工程	编号	×××
		交底日期	××××年××月××日
施工单位	××建设集团有限公司	分项工程名称	/
交底摘要	地下室人防工程技术交底	页数	共12页，第10页

5. 当电缆、电线（包括动力、照明、通信、网络）管线和预留备用管穿越防空地下室的围护结构、防护密闭墙、密闭墙或防护单元间的防护密闭隔墙时，必须预埋带有密闭肋片的密闭穿墙短管，应选用管壁厚度不小于2.5mm的热镀锌钢管，密闭肋的钢板厚度3~4mm，肋片与短管双面满焊，短管应伸出墙面30~50mm。电缆、电线穿过短管后应进行防护密闭处理，应严格按照设计要求施工。

6. 出入口或连通道的防护密闭门、密闭门的门框墙上应预埋4~6根DN40~DN50备用镀锌钢质密闭短管。

7. 穿过外墙、临空墙、防护密闭隔墙和密闭隔墙的同类多根弱电线路可合穿在一根保护管内，应采用暗管加密闭盒的方式进行防护密闭处理，保护管径不得大于25mm。

8. 当防空地下室的电缆或导线采用电缆桥架敷设的方式时，电缆桥架不得直接穿过临空墙、防护密闭隔墙和密闭隔墙。当必须通过时，应改为穿管敷设，并应符合防护密闭要求。

9. 由室外地下进、出防空地下室的强电或弱电线路，应分别设置强电或弱电防爆波电缆井。

10. 室外电气线路应一律采用埋地电缆敷设经防爆电缆井引入防空地下室，并应预留3~4根备用穿线管。

11. 电缆、电线暗配管在穿越防护密闭墙、密闭隔墙时，应设置过线盒，过线盒穿越后盒内不得有接线头，过线后盒内要求进行密闭处理、加盖。在密闭段区域内穿线管及暗敷线管应选用镀锌钢管，并应进行防护密闭处理。

12. 为战时服务的配电房、控制箱、照明箱应设在清洁区内，不得设在非清洁区或密封通道、防毒通道等染毒区内。

13. 利用接地钢筋作为接地网时，纵横钢筋交叉点宜采用焊接，所有接地装置必须连接成电气通路，应在隐蔽前做好接地电阻测试，当接地电阻不能满足设计要求时应增设人工接地装置。人防门框接地应用40×4镀锌扁钢与接地网连接。

14. 口部防爆呼叫按钮及门铃安装到位。

(五) 防护设备

1. 人防工程防化设备产品实行检验制度，定点生产企业生产的防化设备需经国家人防办防化产品质量检验中心检验，检验合格后配发电子身份证及产品合格证才能出厂销售，否则一律不得在人防工程中使用。

2. 产品出厂时，应附有产品合格证，电子身份证和使用维护说明书，并在产品显著位置固定标有厂名、产品编号、生产日期等内容的铭牌。

签字栏	交底人	×××	审核人	×××
	接受交底人	××× ××× ××× ××× ×××		

续表

工程名称	××大厦地下室人防工程	编号	×××
		交底日期	××××年××月××日
施工单位	××建设集团有限公司	分项工程名称	/
交底摘要	地下室人防工程技术交底	页数	共12页，第11页

六、人防工程施工质量验收
（一）基本规定
1. 施工现场质量管理应有相应的施工技术标准，健全的质量管理体系、施工质量检验制度和综合施工质量水平评定考核制度。
2. 人防工程应按下列规定进行施工质量控制。
（1）工程采用的主要材料、半成品、成品、建筑构配件、器具和设备应进行现场验收。凡涉及安全、功能的有关产品，应按各专业工程质量验收规范规定进行复验，并经监理工程师（建设单位技术负责人）检查认可。
（2）各工序应按施工技术标准进行质量控制，每道工序完成后，进行检查。
（3）相关各专业工种之间，应进行交接检验，并形成记录。未经监理工程师（建设单位技术负责人）检查认可，不得进行下道工序施工。
3. 人防工程质量应按下列要求进行验收。
（1）工程施工应符合工程勘察、设计文件的要求。
（2）参加工程施工质量验收的各方人员应具备规定的资格。
（3）工程质量的验收均应在施工单位自行检查评定的基础上进行。
（4）隐蔽工程在隐蔽前应有施工单位通知，有关单位进行验收，并形成验收文件。
（5）设计结构安全的试块、试件以及有关材料，应按规定进行见证取样检测。
（6）承担见证取样检测及有关结构安全检测的单位应具有相应资质。
（7）工程的观感质量应由验收人员通过现场检查并应共同确认。
（二）工程质量验收的划分
1. 人防工程质量验收应划分为单位工程、分部工程和分项工程。
2. 分项工程应按防护单元、系统、层（段）划分。混凝土分项还应按底板、侧墙、柱、顶板划分。一个防空地下室，均为一个单体工程。
（三）工程质量验收等级
1. 分项、分部、单位工程质量，应分为"合格"与"优良"两个等级（防火分部及其各分项不设"优良"等级）。
2. 分项工程的质量等级应符合以下规定。
（1）合格：①保证项目必须符合相应质量检验评定标准的规定；②基本项目每项抽检的处（件）应符合相应质量检验评定标准的合格规定；③允许偏差项目抽检的点数中，实测值应在相应质量检验评定标准的允许偏差范围内。

签字栏	交底人	×××	审核人	×××
	接受交底人	××× ××× ××× ××× ×××		

续表

工程名称	××大厦地下室人防工程	编号	×××
		交底日期	××××年××月××日
施工单位	××建设集团有限公司	分项工程名称	/
交底摘要	地下室人防工程技术交底	页数	共12页，第12页

(2) 优良：①保证项目必须符合相应质量检验评定标准的规定；②基本项目每项抽检的处（件）应符合相应质量检验评定标准的合格规定，其中有50%及以上的处（件）符合优良规定，该项即为优良；优良项应占检验项数50%及以上；③允许偏差项目抽检的点数中，有90%及以上的实测值应在相应质量检验评定标准的允许偏差范围内。

3. 分部工程的质量等级应符合以下规定。

(1) 合格。所含分项工程的质量全部合格。

(2) 优良。所含分项工程的质量全部合格，其中有50%及以上为优良。

4. 单位工程的质量等级应符合以下规定。

(1) 合格。①所含分部工程的质量全部合格；②质量控制资料应完整；③观感质量的评定得分率达到70%及以上。

(2) 优良。①所含分部工程的质量全部合格，其中有50%及以上为优良，结构和孔口防护分部工程必须优良；②质量控制资料应完整；③观感质量的评定得分率达到85%及以上。

5. 当分项工程质量不符合相应质量检验评定标准合格的规定时，应按以下规定确定其质量等级。

(1) 返工重做的可重新评定质量等级；

(2) 经加固补强或经法定检测单位鉴定能够达到设计要求时，其质量仅能评定为合格；

(3) 经法定检测单位鉴定达不到设计要求，但经设计单位鉴定认可满足结构安全和使用功能要求可不加固补强的；或经加固补强可是改变了外形尺寸或造成永久性缺陷的，其质量可定为合格，但所在分部工程不应评为优良。

6. 当工程质量不符合要求时，应按下列规定处理。

(1) 经返工重做或更换器具、设备的分项工程，应重新进行验收；

(2) 经有资质的检测单位检测鉴定能够达到设计要求的分项工程，应予以验收；

(3) 经有资质的检测单位检测鉴定达不到设计要求，但经原设计单位鉴定核算认可能够满足结构安全和使用功能的分项工程，可予以验收；

(4) 经返修或加固处理的分项、分部工程，虽然改变外形尺寸但仍能满足安全使用要求，可按技术处理方案和协商文件进行验收；

(5) 通过返修或加固处理后仍不能满足安全使用要求的分部工程、单位工程，应严禁验收。

签字栏	交底人	×××	审核人	×××
	接受交底人	××× ××× ××× ××× ×××		

表 2.2.5　图纸会审记录

工程名称		××大厦地下室人防工程		编号	×××
				日期	××××年××月××日
设计单位		××规划设计研究院		专业名称	建筑工程
地点		施工项目部一层会议室		页数	共1页，第1页
序号	图号	图纸问题		答复意见	
1	结施-05	筏板①②号钢筋不到筏板边，只到剪力墙位置，是否应将钢筋伸至筏板基础边？		伸至筏板基础边外缘。	
2	结施-04、建施-03	图中标注 JK1、JK2 尺寸与房建各对应基坑尺寸不一致，具体以哪张图标注为准？		按建施-03施工。	
3	结施-08	结构标高表中地下一层底标高是否应为－4.500m？		－4.500m。	
签字栏	建设单位		监理单位	设计单位	施工单位
	×××		×××	×××	×××

表 2.2.6 设计变更通知单

工程名称	××大厦地下室人防工程	编号	×××
		日期	××××年××月××日
设计单位	××规划设计研究院	专业名称	建筑工程
变更摘要	地下室底板外防水做法	页数	共1页，第1页

序号	图号	变更内容
1	建施-02	地下室底板外防水做法如下： (1) 楼1或楼2； (2) 钢筋混凝土结构自防水； (3) 50mm厚C20细石混凝土保护层； (4) 3mm厚页岩面改性沥青防水卷材一层； (5) 4mm厚RSA耐盐碱型聚合物改性沥青防水卷材； (6) 刷基层处理剂一遍； (7) 20mm厚1:3水泥砂浆找平层； (8) 100mm厚C15混凝土； (9) 素土夯实。

签字栏	建设单位	设计单位	监理单位	施工单位
	×××	×××	×××	×××

表 2.2.7 工程洽商记录（技术核定单）

工程名称	××大厦地下室人防工程	编号	×××
		日期	××××年××月××日
提出单位	××建设集团有限公司	专业名称	建筑工程
洽商摘要	地下一层～/～轴防护单元三填充墙的墙垛施工	页数	共1页，第1页

序号	图号	洽商内容
1	建施-02	所有小于200m的墙垛，按图施工；不小于200mm的墙垛，改为水泥砖砌筑，并按规范植筋压筋。

签字栏	建设单位	设计单位	监理单位	施工单位
	×××	×××	×××	×××

表 2.2.8 材料、构配件进场检验记录

工程名称		××大厦地下室人防工程		编号		×××
				检验日期		××××年××月××日
序号	名称	规格型号	进场数量	生产厂家	外观检验项目	试件编号	备注
				质量证明书编号	检验结果	复验结果	
1	镀锌风管板材	4000mm×1200mm×1.2mm	1200片	××设备公司	尺寸、表面质量	××，合格	
				××	合格	××，合格	

检查意见（施工单位）：
外观及质量证明文件齐全。

附件：共 _1_ 页

验收意见（监理/建设单位）：
符合要求，同意在限定部位使用。

☑同意　□重新检验　□退场　　　　　　　　　验收日期：××××年××月××日

签字栏	施工单位	××建设集团有限公司	专业质检员	专业工长	检验员
			×××	×××	×××
	监理或建设单位	××建设监理有限公司	专业工程师		×××

表 2.2.9 设备开箱检验记录

工程名称	××大厦地下室人防工程	编号	×××
		检验日期	××××年××月××日
设备名称	防爆通风机	规格型号	GXF-10-C
生产厂家	×××通风机有限公司	产品合格证编号	××
总数量	7台	检验数量	7台

进场检验记录	
包装情况	按装箱单的编号、项目及件数进行包装。
随机文件	检验合格证、使用说明书、装箱清单和组装说明书各一份，用塑料袋包封置于箱内。
备件与附件	/
外观情况	通风机和辅助设备的明显位置设有铭牌，内容包括型号和名称、主要技术参数、产品编号、制造日期、制造厂名称；在通风机的机壳上有叶轮旋转方向和调节位置的标志。
测试情况	符合要求。

缺、损附备件明细

序号	附备件名称	规格	单位	数量	备注

检查意见（施工单位）：

自检合格。

附件：共 8 页

验收意见（监理/建设单位）：

同意进场在限定部位使用。

☑同意　□重新检验　□退场　　　　　　　　验收日期：××××年××月××日

签字栏	供应单位	×××通风机有限公司	责任人	×××
	施工单位	××建设集团有限公司	专业工长	×××
	监理或建设单位	××建设监理有限公司	专业工程师	×××

表 2.2.10 设备及管道附件试验记录

工程名称	××大厦地下室人防工程		编号		×××
使用部位	地下一层～/～轴防护单元三 战时给水系统		试验日期		××××年××月××日
试验要求	阀门公称压力为1.6MPa，金属密封；强度试验压力为公称压力的1.5倍，严密性试验压力为公称压力1.1倍；试验压力在试验时间内应保持不变，且壳体填料及阀瓣密封面无渗漏。				
	设备/管道附件名称	铜球阀			
	材质、型号	DN25			
	规格	20个			
	试验数量	2个			
	试验介质	水			
	公称或工作压力（MPa）	1.5			
强度试验	试验压力（MPa）	1.6			
	试验持续时间（s）	15			
	试验压力降（MPa）	0			
	渗漏情况	无渗漏			
	试验结论	合格			
严密性试验	试验压力（MPa）	1.8			
	试验持续时间（s）	15			
	试验压力降（MPa）	0			
	渗漏情况	无渗漏			
	试验结论	合格			
签字栏	施工单位	××建设集团有限公司	专业技术负责人	专业质检员	专业工长
			×××	×××	×××
	监理或建设单位	××建设监理有限公司		专业工程师	×××

表 2.2.11　施工检查记录

工程名称	××大厦地下室人防工程	编号	×××
		检查日期	××××年××月××日
检查部位	地下一层～/～轴防护单元三	检查项目	风机安装

检查依据：
1. 设计图纸：暖施－02、07；
2. 《通风与空调工程施工规范》(GB 50738—2011)；
3. 《通风与空调工程施工质量验收规范》(GB 50243—2016)。

检查内容：
1. 风机安装位置；
2. 叶轮转子试转；
3. 风机减振；
4. 轴水平度偏差。

检查结论：
1. 风机安装位置符合设计要求；
2. 手盘动叶轮转子，停转后，每次停留位置均不相同，不碰撞外壳；
3. 减振装置符合设计及产品技术要求，压缩量均匀，高度误差经尺量检查小于2mm，未偏心，且有防止移位的保护措施；
4. 经现场测量，轴水平度偏差符合《风机、压缩机、泵安装工程施工及验收规范》(GB 50275—2010) 的规定。
经检查，符合设计及规范要求。

复查结论：

复查人：　　　　　　　　　　　　　　　　　　　　　　　　　复查日期：　年　月　日

签字栏	施工单位	××建设集团有限公司	
	专业技术负责人	专业质检员	专业工长
	×××	×××	×××

表 2.2.12 交接检查记录

工程名称	××大厦地下室人防工程	编号	×××
		检查日期	××××年××月××日
移交单位	××建设集团有限公司	见证单位	××建设监理有限公司
交接部位	肥槽土方回填	接收单位	××市政工程有限公司

交接内容：
　　由我单位施工的建筑物肥槽回填土已施工完毕，回填土质量经监理见证取样合格，详见试验报告编号××，现移交给你单位做路面施工，请你单位检查并予以接收。

检查结论：
　　经现场检查，回填土质量符合《人民防空工程质量验收与评价标准》（RFJ 01—2015）要求。

复查结论：（由接收单位填写）
　　符合要求，同意接收。

复查人：×××　　　　　　　　　　　　　　　　　　　　　　复查日期：××××年××月××日

见证单位意见：
　　同意交接。

签字栏	移交单位	接收单位	见证单位
	×××	×××	×××

表 2.2.13 工程定位测量记录

工程名称	××大厦地下室人防工程	编号	×××
		图纸编号	建施-02
委托单位	/	施测日期	××××年××月××日
复测日期	××××年××月××日	平面坐标依据	G1、G2、G3、G5
高程依据	BM2、BM3、BM4	使用仪器	经纬仪
允许误差	标称精度：2″1mm+1.5ppm	仪器校验日期	××××年××月××日

定位抄测示意图：

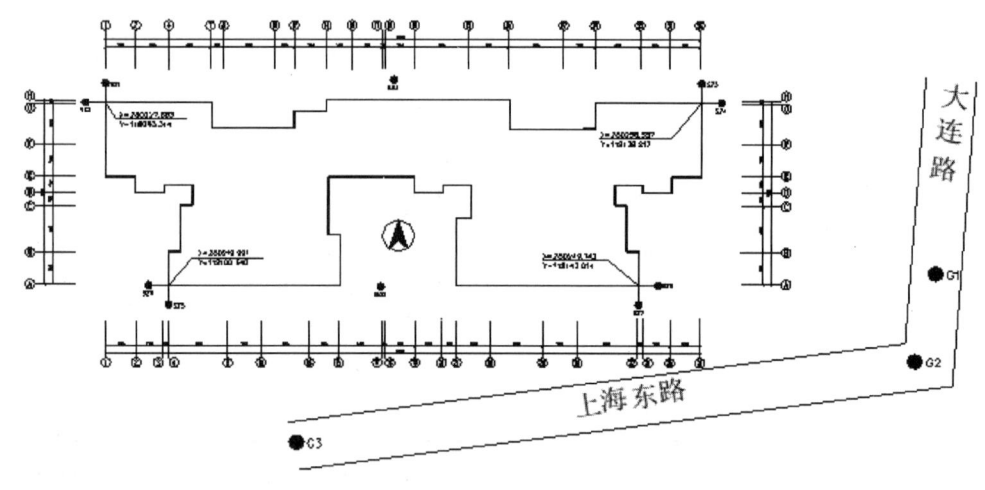

复测结果：
　　符合设计及标准要求。

签字栏	施工单位	××建设集团有限公司	测量人员岗位证书号	×××	专业技术负责人	×××
	施工测量负责人	×××	复测人	×××	施测人	×××
	监理或建设单位	××建设监理有限公司	专业工程师	×××		

表 2.2.14 建筑物垂直度、标高观测记录

工程名称	××大厦地下室人防工程	编号	×××
施工阶段	结构工程完	观测日期	××××年××月××日

观测说明（附观测示意图）：

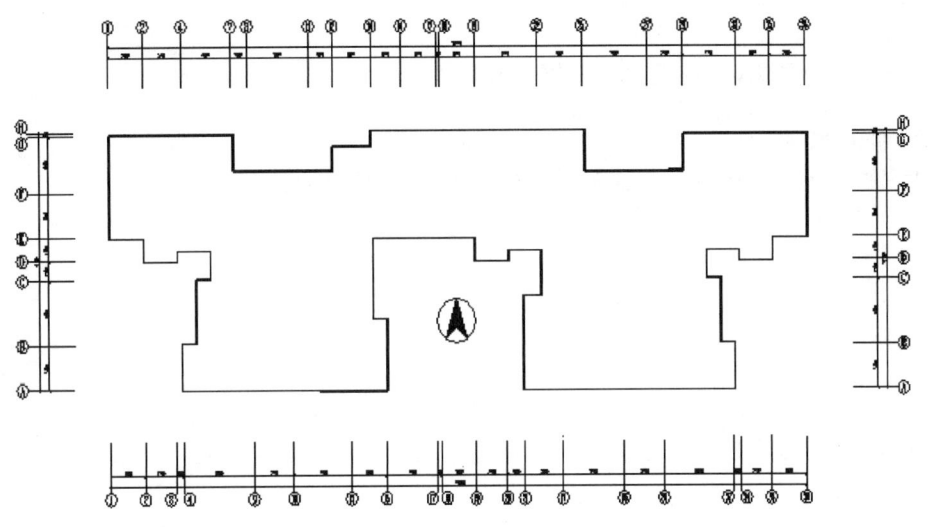

垂直度测量（全高）		标高测量（全高）	
观测部位	实测偏差（mm）	观测部位	实测偏差（mm）
		④/轴	2
		①/轴	3
		/轴	－2
		/轴	2
		/轴	2
		/轴	1

结论：
经检查，符合《人民防空工程质量验收与评价标准》（RFJ 01—2015）规定。

检字栏	施工单位	××建设集团有限公司	专业技术负责人	专业质检员	施测人
			×××	×××	×××
	监理或建设单位	××建设监理有限公司	专业工程师		×××

表 2.2.15 地基验槽记录

工程名称	××大厦地下室人防工程	编号	×××
验槽部位	～/～轴防护单元三,基础	验槽日期	××××年××月××日

依据：施工图号 __总施-01、结施-01、结施-02,地质勘查报告（编号××）__ 设计变更/洽商/技术核定（编号 __／__ ）及有关规范、规程。

验槽内容：
1. 基槽开挖至勘探报告第 __④__ 层,持力层为 __④__ 层。
2. 土质情况 __粉质粘土,基底为老土层,均匀密实__ 。
3. 基坑位置、平面尺寸 __～/～轴,208.5m×76.4m__ 。
4. 基底绝对高程和相对标高 __绝对高程22.000m,相对高程－5.100m__ 。

申报人：×××

检查结论：
1. 本工程为机械开挖,土方开挖依据施工图；
2. 挖土时遇地下水及时进行排水处理；
3. 挖土时遇地下障碍物及时处理；
4. 地基土质情况符合设计要求；
5. 挖土时几何尺寸、标高符合设计要求及施工规范规定。检查结论为无异常,可进行下道工序。

☑无异常,可进行下道工序　　□需要地基处理

签字公章栏	施工单位	勘察单位	设计单位	监理单位	建设单位
	（××建设集团有限公司盖章）	（××地质工程勘察院盖章）	（××规划设计研究院盖章）	（××建设监理有限公司盖章）	（××投资发展有限公司盖章）

表 2.2.16 地下工程防水效果检查记录

工程名称	××大厦地下室人防工程	编号	×××
检查部位	～/～轴防护单元三，地下一层外墙内侧	检查日期	××××年××月××日
检查方法及内容： 　　检查方法：干手触摸湿斑、报纸贴附。 　　检查内容：～/～轴防护单元三，地下一层混凝土结构内表面的侧墙、底板和顶板。			
检查结论： 　　用干手触摸湿斑，无水分浸润感觉；用报纸贴附，纸不变色，符合《人民防空工程质量验收与评价标准》（RFJ 01—2015）和《地下防水工程质量验收规范》（GB 50208—2011）要求。			
复查结论：			
复查人：		复查日期： 年 月 日	

检字栏	施工单位	××建设集团有限公司	专业技术负责人	专业质检员	专业工长
			×××	×××	×××
	监理或建设单位	××建设监理有限公司	专业工程师	×××	

表 2.2.17 防水工程试水检查记录

工程名称	××大厦地下室人防工程		编号	×××
检查部位	防护单位元，地下一层～/～轴战时旱厕		检查日期	××××年××月5日
检查方式	☑第一次蓄水　　□第二次蓄水		蓄水时间	从××××年××月4日8时 至××××年××月5日8时
	□淋水　　□雨期观察			

检查方法及内容：

　　战时旱厕防水层完工后进行蓄水试验，用球塞把出水口堵严密且不影响试水，然后进行放水，蓄水最浅水位为20mm，蓄水试验为24h。

检查结论：

　　蓄水24h后进行检查，液面无下降，检查合格。

复查结论：

复查人：　　　　　　　　　　　　　　　　　　　　　　　　复查日期：　年　月　日

签字栏	施工单位	××建设集团有限公司	专业技术负责人	专业质检员	专业工长
			×××	×××	×××
	监理或建设单位	××建设监理有限公司		专业工程师	×××

表 2.2.18 通风道、烟道、垃圾道检查记录

工程名称	××大厦地下室人防工程				编号	×××	
					检查日期	××××年××月××日	
检查部位和检查结果						检查人	复检
检查部位	主烟（风）道		副烟（风）道		垃圾道		
	烟道	风道	烟道	风道			
防护单元三，地下一层 ～/～轴战时女旱厕		√		√		×××	×××
防护单元三，地下一层 ～/～轴战时男旱厕		√		√		×××	×××

签字栏	施工单位		××建设集团有限公司	
	专业技术负责人	专业质检员		专业工长
	×××	×××		×××

表 2.2.19 设备单机试运转记录

工程名称	××大厦地下室人防工程	编号	×××
		试运转时间	××××年××月××日
设备名称	排风排烟风机	设备编号	3-001
规格型号	HYF-Ⅱ-10	额定数据	$Q=48000m^3/h$；$r=1450rpm$；$H=824Pa$；$N=22kW$
生产厂家	××机电有限公司	设备所在系统	防火风区十三防排烟系统

序号	试验项目	试验记录	试验结论
1	电动机转向	启动时先"点动"，电动机转向正确，各部位无异常现象	合格
2	电流	用电流表测量电动机的启动电流，风机正常运转后，再测定电动机的运转电流，小于电动机的额定电流	合格
3	试运转时间	连续试运行2h，额定转速下试运转无异常振动和声响	合格
4	轴承温度	在额定转速下运行2h后，滑动轴承外壳的最高温度为56℃，滚动轴承外壳温度62℃	合格

试运转结论：
符合设计及规范要求，试运转合格。

签字栏	施工单位	××建设集团有限公司	专业技术负责人 ×××	专业质检员 ×××	专业工长 ×××
	监理或建设单位	××建设监理有限公司	专业工程师	×××	

表 2.2.20 系统试运转调试记录

工程名称	××大厦地下室人防工程	编号	×××
		试运转调试时间	××××年××月××日
试运转调试项目	排烟系统	试运转调试部位	地下一层防火分区十三

试运转调试内容：
关闭排风口，打开排烟口。
启动排烟风机，各排烟口处风速、排风量符合设计要求。

试运转调试结论：
符合设计及规范要求，系统试运转调试合格。

签字栏	施工单位	××建设集团有限公司	专业技术负责人	专业质检员	专业工长
			×××	×××	×××
	监理或建设单位	××建设监理有限公司		专业工程师	×××

表 2.2.21 绝缘电阻测试记录

工程名称		××大厦地下室人防工程				编号		×××		
						测试日期		××××年××月××日		
计量单位		MΩ				天气情况		晴		
仪表型号		ZC-7			电压	500V		环境温度	18℃	
层数	箱盘编号	回路号	相间			相对零			相对地			零对地
			L_1-L_2	L_2-L_3	L_3-L_1	L_1-N	L_2-N	L_3-N	L_1-PE	L_2-PE	L_3-PE	N-PE
地下一层	防火分区十三照明系统 AL13	WL_1 照明				496			500			500
		WL_2 插座					500			498		497
		WL_3 防化值班室插座	500	496	498	497	495	499	500	496	495	496
		WL_4 照明					496			500		498
		WL_5 插座					500			500		499
		WL_6 照明						499		498		496
		WL_7 照明						500			496	500

测试结论：
　　符合设计及规范要求，测试合格。

签字栏	施工单位	××建设集团有限公司			
	专业技术负责人	专业质检员	专业工长	测试人	
	×××	×××	×××	×××	
				×××	
	监理或建设单位	××建设监理有限公司	专业工程师	×××	

表 2.2.22 绝缘电阻测试记录

工程名称			××大厦地下室人防工程					编号			×××
								测试日期			××××年××月××日
计量单位			MΩ					天气情况			晴
仪表型号			ZC-7			电压		500V	环境温度		18℃
层数	箱盘编号	回路号	相间			相对零			相对地		零对地
			L_1-L_2	L_2-L_3	L_3-L_1	L_1-N	L_2-N	L_3-N	L_1-PE	L_2-PE	L_3-PE	N-PE
地下一层	地下人防脚踏风机系统 AT	1#脚踏风机 ACjt	498	499	496	500	497	486	496	492	500	500
		2#脚踏风机 ACjt	496	492	495	496	500	500	500	496	496	500
		3#脚踏风机 ACjt	498	498	500	500	500	498	500	500	496	500

测试结论：
符合设计及规范要求，测试合格。

签字栏	施工单位		××建设集团有限公司	
	专业技术负责人	专业质检员	专业工长	测试人
	×××	×××	×××	×××
				×××
	监理或建设单位	××建设监理有限公司	专业工程师	×××

表 2.2.23 砌筑砂浆试块强度统计、评定记录

工程名称	××大厦地下室人防工程					编号		×××		
						强度等级		M7.5		
施工单位	××建设集团有限公司					养护方法		标准养护		
统计期	××××年××月××日至××××年××月××日					结构部位		地下一层防火分区墙体		
试块组数 n	强度标准值 $f_{cu,k}$（MPa）			平均值 $m_{f_{cu}}$（MPa）			最小值 $f_{cu,min}$（MPa）		$0.85 f_{cu}$	
13	7.5			8.28			7.60		6.38	
每组强度值（MPa）	8.60	8.40	8.50	8.20	7.60	8.60	8.20	8.50	8.60	8.20
	7.60	8.20	8.50							
判定式	$f_{cu,m} \geqslant 1.1 f_{cu}$					$f_{cu,min} \geqslant 0.85 f_{cu}$				
结果	合格					合格				

结论：
符合《人民防空工程质量验收与评价标准》（RFJ 01—2015）及《砌体结构工程施工质量验收规范》（GB 50203—2011）要求，评定合格。

签字栏	批准	审核	统计
	×××	×××	×××
	报告日期	××××年××月××日	

表 2.2.24 混凝土试块强度统计、评定记录（1）

工程名称	××大厦地下室人防工程				编号		×××	
					强度等级		C30	
施工单位	××建设集团有限公司				养护方法		标准养护	
统计期	××××年××月××日至××××年××月××日				结构部位		地下一层防护单元一～防护单元六	
试块组 n	强度标准值 $f_{cu,k}$ (MPa)		平均值 $m_{f_{cu}}$ (MPa)		标准差 $S_{f_{cu}}$ (MPa)	最小值 $f_{cu,min}$ (MPa)	合格判定系数	
							λ_1	λ_2
15	30.0		33.4		3.17	25.6	1.05	0.85
每组强度值（MPa）	32.1	25.6	34.9	30.3	29.9	33.5	35.2	32.9	34.7	36.2
	35.8	36.1	33.6	34.4	36.1					

注：上表"每组强度值"横向为10列。

评定界限	☑统计方法			□非统计方法	
	$m_{f_{cu}}$	$f_{cu,k}+\lambda_1 S_{f_{cu}}$	$\lambda_2 f_{cu,k}$	$\lambda_3 f_{cu,k}$	$\lambda_4 f_{cu,k}$
	33.4	33.3	25.5		
判定式	$m_{f_{cu}} \geqslant f_{cu,k}+\lambda_1 S_{f_{cu}}$		$f_{cu,min} \geqslant \lambda_2 f_{cu,k}$	$m_{f_{cu}} \geqslant \lambda_3 f_{cu,k}$	$f_{cu,min} \geqslant \lambda_4 f_{cu,k}$
结果	合格		合格		

结论：合格。
（尽管有试件的抗压强度代表值低于 30.0MPa，但只要该检验批的混凝土抗压强度平均值和最小值都满足评定要求，则强度等级的评定即为合格。）

批准	审核	统计
×××	×××	×××
报告日期	××××年××月××日	

表 2.2.24 混凝土试块强度统计、评定记录（2）

工程名称	××大厦地下室人防工程				编号		×××		
					强度等级		C30		
施工单位	××建设集团有限公司				养护方法		标准养护		
统计期	××××年××月××日至××××年××月××日				结构部位		地下一层防护单元一～防护单元六		
试块组 n	强度标准值 $f_{cu,k}$ (MPa)		平均值 $m_{f_{cu}}$ (MPa)		标准差 $S_{f_{cu}}$ (MPa)		最小值 $f_{cu,min}$ (MPa)	合格判定系数	
								λ_1	λ_2
15	30.0		33.4		3.00		25.3	1.05	0.85
每组强度值 (MPa)	32.1	25.3	34.9	30.3	29.9	33.5	35.2	32.9	34.7	36.2
	35.8	36.1	33.6	34.4	36.1					

	☑统计方法（二）			□非统计方法	
评定界限	$m_{f_{cu}}$	$f_{cu,k}+\lambda_1 S_{f_{cu}}$	$\lambda_2 f_{cu,k}$	$\lambda_3 f_{cu,k}$	$\lambda_4 f_{cu,k}$
	33.4	33.1	25.5		
判定式	$m_{f_{cu}} \geq f_{cu,k}+\lambda_1 S_{f_{cu}}$		$f_{cu,min} \geq \lambda_2 f_{cu,k}$	$m_{f_{cu}} \geq \lambda_3 f_{cu,k}$	$f_{cu,min} \geq \lambda_4 f_{cu,k}$
结果	合格		不合格		

结论：不合格。

（虽然该检验批混凝土的抗压强度平均值满足评定要求，但最小值不能满足要求，因此，该检验批的混凝土强度等级评定为不合格。）

批准	审核	统计
×××	×××	×××
报告日期	××××年××月××日	

表 2.2.24 混凝土试块强度统计、评定记录（3）

工程名称	××大厦地下室人防工程				编号		×××		
					强度等级		C30		
施工单位	××建设集团有限公司				养护方法		标准养护		
统计期	××××年××月××日至××××年××月××日				结构部位		地下一层防护单元一～防护单元六		
试块组 n	强度标准值 $f_{cu,k}$ (MPa)		平均值 $m_{f_{cu}}$ (MPa)		标准差 $S_{f_{cu}}$ (MPa)		最小值 $f_{cu,min}$ (MPa)	合格判定系数	
								λ_1	λ_2
15	30.0		32.2		2.50		28.9	1.05	0.85
每组强度值（MPa）	32.1	28.9	33.2	30.3	29.9	33.5	31.2	32.9	34.7	31.7
	33.8	32.1	33.6	34.4	30.7					

评定界限	☑统计方法			□非统计方法	
	$m_{f_{cu}}$	$f_{cu,k}+\lambda_1 S_{f_{cu}}$	$\lambda_2 f_{cu,k}$	$\lambda_3 f_{cu,k}$	$\lambda_4 f_{cu,k}$
	32.2	32.6	25.5		
判定式	$m_{f_{cu}} \geqslant f_{cu,k}+\lambda_1 S_{f_{cu}}$		$f_{cu,min} \geqslant \lambda_2 f_{cu,k}$	$m_{f_{cu}} \geqslant \lambda_3 f_{cu,k}$	$f_{cu,min} \geqslant \lambda_4 f_{cu,k}$
结果	不合格		合格		

结论：不合格。
（计算标准差等于 1.62，当标准差小于 2.50 时，应取 2.50。如果按计算的标准差进行评定，该检验批混凝土的强度评定是合格的；但采用标准规定的标准差进行评定后，该检验批混凝土则为不合格。）

批准	审核	统计
×××	×××	×××
报告日期	××××年××月××日	

表 2.2.24 混凝土试块强度统计、评定记录（4）

工程名称	××大厦地下室人防工程	编号	×××
		强度等级	C30
施工单位	××建设集团有限公司	养护方法	标准养护
统计期	××××年××月××日至××××年××月××日	结构部位	地下一层防护单元一～防护单元六

试块组 n	强度标准值 $f_{cu,k}$ (MPa)	平均值 $m_{f_{cu}}$ (MPa)	标准差 $S_{f_{cu}}$ (MPa)	最小值 $f_{cu,min}$ (MPa)	合格判定系数 λ_1	合格判定系数 λ_2
15	30.0	32.8	2.50	25.2	1.05	0.85

每组强度值 (MPa)									
32.1	25.2	34.9	30.3	29.9	33.5	35.2	32.9	34.7	36.2
35.8	35.1	33.6	31.4	30.6					

评定界限	☑统计方法			□非统计方法	
	$m_{f_{cu}}$	$f_{cu,k}+\lambda_1 S_{f_{cu}}$	$\lambda_2 f_{cu,k}$	$\lambda_3 f_{cu,k}$	$\lambda_4 f_{cu,k}$
	32.8	32.6	25.5		
判定式	$m_{f_{cu}} \geq f_{cu,k}+\lambda_1 S_{f_{cu}}$		$f_{cu,min} \geq \lambda_2 f_{cu,k}$	$m_{f_{cu}} \geq \lambda_3 f_{cu,k}$	$f_{cu,min} \geq \lambda_4 f_{cu,k}$
结果	合格		不合格		

结论：不合格。
（该检验批混凝土的抗压强度平均值和最小值都不能满足要求，因此，该检验批的混凝土强度等级评定为不合格。）

批准	审核	统计
×××	×××	×××
报告日期	××××年××月××日	

表 2.2.24　混凝土试块强度统计、评定记录（5）

工程名称	××大厦地下室人防工程	编号	×××
		强度等级	C30
施工单位	××建设集团有限公司	养护方法	标准养护
统计期	××××年××月××日至 ××××年××月××日	结构部位	地下一层防护单元一 ～防护单元六

试块组 n	强度标准值 $f_{cu,k}$（MPa）	平均值 $m_{f_{cu}}$（MPa）	标准差 $S_{f_{cu}}$（MPa）	最小值 $f_{cu,min}$（MPa）	合格判定系数	
					λ_1	λ_2
15	30.0	32.6	2.50	30.1	1.05	0.85

每组强度值（MPa）										
	32.1	30.1	31.9	30.3	30.1	33.5	35.2	32.9	34.7	33.2
	32.8	31.1	33.6	34.4	33.1					

评定界限	☑统计方法			□非统计方法	
	$m_{f_{cu}}$	$f_{cu,k}+\lambda_1 S_{f_{cu}}$	$\lambda_2 f_{cu,k}$	$\lambda_3 f_{cu,k}$	$\lambda_4 f_{cu,k}$
	32.6	32.6	25.5		

判定式	$m_{f_{cu}} \geq f_{cu,k}+\lambda_1 S_{f_{cu}}$	$f_{cu,min} \geq \lambda_2 f_{cu,k}$	$m_{f_{cu}} \geq \lambda_3 f_{cu,k}$	$f_{cu,min} \geq \lambda_4 f_{cu,k}$
结果	不合格	合格		

结论：不合格。

（计算标准差等于 1.60，当标准差小于 2.50 时，应取 2.50。该检验批混凝土的抗压强度平均值不能满足评定要求，尽管每组试件的抗压强度代表值都大于 30.0MPa，但该检验批的混凝土强度等级仍然评定为不合格。）

批准	审核	统计
×××	×××	×××
报告日期	××××年××月××日	

表 2.2.24 混凝土试块强度统计、评定记录（6）

工程名称	××大厦地下室人防工程			编号	×××	
				强度等级	C30	
施工单位	××建设集团有限公司			养护方法	标准养护	
统计期	××××年××月××日至××××年××月××日			结构部位	地下一层防护单元一～防护单元六	
试块组 n	强度标准值 $f_{cu,k}$ (MPa)	平均值 $m_{f_{cu}}$ (MPa)	标准差 $S_{f_{cu}}$ (MPa)	最小值 $f_{cu,min}$ (MPa)	合格判定系数	
					λ_3	λ_4
3	30.0	34.8		29.0	1.15	0.95

每组强度值 (MPa)							
	37.1	38.2	29				

评定界限	□统计方法			☑非统计方法	
	$m_{f_{cu}}$	$f_{cu,k}+\lambda_1 S_{f_{cu}}$	$\lambda_2 f_{cu,k}$	$\lambda_3 f_{cu,k}$	$\lambda_4 f_{cu,k}$
				34.5	28.5
判定式	$m_{f_{cu}} \geq f_{cu,k}+\lambda_1 S_{f_{cu}}$		$f_{cu,min} \geq \lambda_2 f_{cu,k}$	$m_{f_{cu}} \geq \lambda_3 f_{cu,k}$	$f_{cu,min} \geq \lambda_4 f_{cu,k}$
结果				合格	合格

结论：合格。
（尽管有试件的抗压强度值低于30.0MPa，但只要该检验批的混凝土抗压强度平均值和最小值都满足评定要求，则强度等级的评定即为合格。）

批准	审核	统计
×××	×××	×××
报告日期	××××年××月××日	

表 2.2.24 混凝土试块强度统计、评定记录（7）

工程名称	××大厦地下室人防工程			编号	×××	
				强度等级	C30	
施工单位	××建设集团有限公司			养护方法	标准养护	
统计期	××××年××月××日至 ××××年××月××日			结构部位	地下一层防护单元一 ～防护单元六	

试块组 n	强度标准值 $f_{cu,k}$ (MPa)	平均值 $m_{f_{cu}}$ (MPa)	标准差 $S_{f_{cu}}$ (MPa)	最小值 $f_{cu,min}$ (MPa)	合格判定系数	
					λ_3	λ_4
5	30.0	32.0		30.6	1.15	0.95

每组强度值（MPa）					
32.1	32	31.9	30.6	33.2	

	□统计方法			☑非统计方法	
评定界限	$m_{f_{cu}}$	$f_{cu,k}+\lambda_1 S_{f_{cu}}$	$\lambda_2 f_{cu,k}$	$\lambda_3 f_{cu,k}$	$\lambda_4 f_{cu,k}$
				34.5	28.5
判定式	$m_{f_{cu}} \geqslant f_{cu,k}+\lambda_1 S_{f_{cu}}$		$f_{cu,min} \geqslant \lambda_2 f_{cu,k}$	$m_{f_{cu}} \geqslant \lambda_3 f_{cu,k}$	$f_{cu,min} \geqslant \lambda_4 f_{cu,k}$
结果				不合格	合格

结论：不合格。
（虽然该检验批混凝土的抗压强度最小值满足评定要求，且都大于30.0MPa，但平均值不能满足要求，因此，该检验批的混凝土强度等级评定为不合格。）

批准	审核	统计
×××	×××	×××
报告日期	××××年××月××日	

表 2.2.24 混凝土试块强度统计、评定记录（8）

工程名称	××大厦地下室人防工程	编号	×××
		强度等级	C30
施工单位	××建设集团有限公司	养护方法	标准养护
统计期	××××年××月××日至 ××××年××月××日	结构部位	地下一层防护单元一 ～防护单元六

试块组 n	强度标准值 $f_{cu,k}$ (MPa)	平均值 $m_{f_{cu}}$ (MPa)	标准差 $S_{f_{cu}}$ (MPa)	最小值 $f_{cu,min}$ (MPa)	合格判定系数	
					λ_3	λ_4
3	30.0	34.7		28.3	1.15	0.95

每组强度值 (MPa)						
38.1	37.6	28.3				

评定界限	□统计方法			☑非统计方法	
	$m_{f_{cu}}$	$f_{cu,k}+\lambda_1 S_{f_{cu}}$	$\lambda_2 f_{cu,k}$	$\lambda_3 f_{cu,k}$	$\lambda_4 f_{cu,k}$
				34.5	28.5
判定式	$m_{f_{cu}} \geq f_{cu,k}+\lambda_1 S_{f_{cu}}$		$f_{cu,min} \geq \lambda_2 f_{cu,k}$	$m_{f_{cu}} \geq \lambda_3 f_{cu,k}$	$f_{cu,min} \geq \lambda_4 f_{cu,k}$
结果				合格	不合格

结论：不合格。
（虽然该检验批混凝土的抗压强度平均值满足评定要求，但最小值不能满足要求，因此，该检验批的混凝土强度等级评定为不合格。）

批准	审核	统计
×××	×××	×××
报告日期	××××年××月××日	

表 2.2.24 混凝土试块强度统计、评定记录（9）

工程名称	××大厦地下室人防工程			编号	×××	
				强度等级	C30	
施工单位	××建设集团有限公司			养护方法	标准养护	
统计期	××××年××月××日至××××年××月××日			结构部位	地下一层防护单元一～防护单元六	
试块组 n	强度标准值 $f_{cu,k}$ (MPa)	平均值 $m_{f_{cu}}$ (MPa)	标准差 $S_{f_{cu}}$ (MPa)	最小值 $f_{cu,min}$ (MPa)	合格判定系数	
					λ_3	λ_4
1	30.0	32.1		32.1	1.15	0.95

每组强度值 (MPa)	32.1					

评定界限	□统计方法			☑非统计方法	
	$m_{f_{cu}}$	$f_{cu,k}+\lambda_1 S_{f_{cu}}$	$\lambda_2 f_{cu,k}$	$\lambda_3 f_{cu,k}$	$\lambda_4 f_{cu,k}$
				34.5	28.5
判定式	$m_{f_{cu}} \geqslant f_{cu,k}+\lambda_1 S_{f_{cu}}$		$f_{cu,min} \geqslant \lambda_2 f_{cu,k}$	$m_{f_{cu}} \geqslant \lambda_3 f_{cu,k}$	$f_{cu,min} \geqslant \lambda_4 f_{cu,k}$
结果				不合格	合格

结论：不合格。
（该检验批混凝土的抗压强度只有1组数据，该组数据应该同时满足平均值和最小值的要求。该组数据不能满足平均值的评定要求。因此，该检验批的混凝土强度等级评定为不合格。）

批准	审核	统计
×××	×××	×××
报告日期	××××年××月××日	

表 2.2.24 混凝土试块强度统计、评定记录（10）

工程名称	××大厦地下室人防工程			编号	×××	
				强度等级	C30	
施工单位	××建设集团有限公司			养护方法	标准养护	
统计期	××××年××月××日至 ××××年××月××日			结构部位	地下一层防护单元一 ～防护单元六	
试块组 n	强度标准值 $f_{cu,k}$ (MPa)	平均值 $m_{f_{cu}}$ (MPa)	标准差 $S_{f_{cu}}$ (MPa)	最小值 $f_{cu,min}$ (MPa)	合格判定系数	
					λ_3	λ_4
2	30.0	30.1		28.0	1.15	0.95
每组强度值(MPa)	32.1	28				
评定界限	□统计方法			☑非统计方法		
	$m_{f_{cu}}$	$f_{cu,k}+\lambda_1 S_{f_{cu}}$	$\lambda_2 f_{cu,k}$		$\lambda_3 f_{cu,k}$	$\lambda_4 f_{cu,k}$
					34.5	28.5
判定式	$m_{f_{cu}} \geq f_{cu,k}+\lambda_1 S_{f_{cu}}$		$f_{cu,min} \geq \lambda_2 f_{cu,k}$		$m_{f_{cu}} \geq \lambda_3 f_{cu,k}$	$f_{cu,min} \geq \lambda_4 f_{cu,k}$
结果					不合格	不合格

结论：不合格。
（该检验批混凝土的抗压强度平均值和最小值都不能满足要求，因此，该检验批的混凝土强度等级评定为不合格。）

批准	审核	统计
×××	×××	×××
报告日期	××××年××月××日	

表 2.2.25 强度严密性试验记录

工程名称	××大厦地下室人防工程	编号	×××
		试验日期	××××年××月××日
分项工程名称	给水管道附件及卫生器具给水配件安装	试验部位	防护单元一给水系统
材质、规格	钢塑复合管	压力表编号	001#

试验要求：
金属给水管道系统在试验压力下观测10min，压力降不应大于0.02MPa，然后降到工作压力进行检查，应不渗漏。

试验记录		试验介质	水
		试验压力表设置位置	防护阀下0.5m处
	强度试验	试验压力（MPa）	0.9
		试验持续时间（min）	10
		试验压力降（MPa）	0.01
		渗漏情况	无渗漏
	严密性试验	试验压力（MPa）	0.6
		试验持续时间（min）	10
		试验压力降（MPa）	0
		渗漏情况	无渗漏

试验结论：
符合设计及《人民防空工程质量验收与评价标准》（RFJ 01—2015）要求，强度严密性试验合格。

签字栏	施工单位	××建设集团有限公司	专业技术负责人	专业质检员	专业工长
			×××	×××	×××
	监理或建设单位	××建设监理有限公司		专业工程师	×××

表 2.2.26 冲洗、吹洗试验记录

工程名称	××大厦地下室人防工程	编号	×××
		试验日期	××××年××月××日
分项工程名称	给水管道附件及卫生器具给水配件安装	试验部位	防护单元—给水系统

试验要求：
各配水点水色透明度与进水目测一致，且无杂物。

试验记录：
1. 生活饮用水管道在使用前应用每升水中含 20～30mg 游离氯的水灌满管道进行消毒，含氯水在管中留置 24h 以上，消毒后，再用饮用水冲洗。
2. 给水管道系统试压合格后，分段用水对管道进行清洗。冲洗用水为自来水。
3. 冲洗时，以不小于 1.5m/s 的流速进行。
4. 水冲洗连续进行。出口水色和透明度与入口目测的水色和透明度一致时停止冲洗。

试验结论：
符合设计及《人民防空工程质量验收与评价标准》(RFJ 01—2015) 要求，试验合格。

签字栏	施工单位	××建设集团有限公司	专业技术负责人	专业质检员	专业工长
			×××	×××	×××
	监理或建设单位	××建设监理有限公司	专业工程师		×××

表 2.2.27　电气设备空载试运行记录

工程名称	××大厦地下室人防工程			编号		×××
设备名称	潜污泵	设备型号	50-20-JYWQ-1200-1.5	设计编号		R2
额定电流	25.5	额定电压	380V	填写日期		××××年××月××日
试运时间	由8日9时30分开始至8日11时30分结束					

运行负荷记录	运行时间	运行电压（V）			运行电流（A）			温度（℃）
		L_1-N (L_1-L_2)	L_2-N (L_2-L_3)	L_3-N (L_3-L_1)	L_1相	L_2相	L_3相	
	9:30	384	380	380	22	22	21	55
	10:30	382	380	380	21	22	22	55
	11:30	386	382	380	22	21	22	55

试运行情况记录：
符合设计及《人民防空工程质量验收与评价标准》(RFJ 01—2015)要求，试运行合格。

签字栏	施工单位	××建设集团有限公司	专业技术负责人	专业质检员	专业工长
			×××	×××	×××
	监理或建设单位	××建设监理有限公司	专业工程师	×××	

表 2.2.28 大型照明灯具承载试验记录

工程名称	××大厦地下室人防工程		编号	×××
楼层部位	地下一层防护单元三防化值班室		试验日期	××××年××月××日
灯具名称	安装部位	数量	灯具自重（kg）	试验载重（kg）
隔爆灯	地下一层防护单元三防化值班室	2盏	20	100

检查结论：
符合《人民防空工程质量验收与评价标准》（RFJ 01—2015）及《建筑电气工程施工质量验收规范》（GB 50303—2015）要求，试验合格。

签字栏	施工单位	××建设集团有限公司	专业技术负责人	专业质检员	专业工长
			×××	×××	×××
	监理或建设单位	××建设监理有限公司	专业工程师	×××	

表 2.2.29 智能建筑工程子系统检测记录

系统名称	消防报警及联动系统	子系统名称	火灾自动报警系统	序号	001	检测部位	地下一层防火分区十四
施工总承包单位	××建设集团有限公司					项目经理	×××
执行标准名称及编号	《人民防空工程质量验收与评价标准》（RFJ 01—2015） 《火灾自动报警系统施工及验收标准》（GB 50166—2019）						
专业承包单位	××智能科技有限公司					项目经理	×××

	系统检测内容	检测规范的规定	系统检测评定记录	检测结果 合格	检测结果 不合格	备注
主控项目	火灾声警报功能	GB 50166—2019 4.12.1	操作控制器启动火灾声警报器，能清晰播报语音信息	√		
一般项目						
强制性条文						

检测机构的检测结论：
　　符合设计及规范要求，检测合格。

检测负责人：×××　　××××年××月××日

注：备注栏内填写检测时出现的问题。

表 2.2.30 风管漏风检测记录

工程名称	××大厦地下室人防工程	编号	×××
		试验日期	××××年××月××日
系统名称	防火分区十五通风系统	工作压力（Pa）	1000
系统总面积（m²）	382	试验压力（Pa）	1200
试验总面积（m²）	364	系统检测分段数	5

检测区段图示：	分段实测数值			
	序号	分段表面积（m²）	试验压力（Pa）	实际漏风量（m²/h）
	1	78	1200	2.56
	2	82	1200	2.46
图略	3	82	1200	2.44
	4	68	1200	2.51
	5	54	1200	2.43
	6			
	7			
	8			

系统允许漏风量（m²/m²·h）	3.14	实测系统漏风量（m²/m²·h）	2.48

检测结论：
　　风管在试验压力下保持 5min，接缝处无开裂，整体结构无永久性的变形及损伤，符合设计及《人民防空工程质量验收与评价标准》（RFJ 01—2015）和《通风与空调工程施工质量验收规范》（GB 50243—2016）要求，检测合格。

签字栏	施工单位	××建设集团有限公司	专业技术负责人	专业质检员	专业工长
			×××	×××	×××
	监理或建设单位	××建设监理有限公司	专业工程师	×××	

第 3 章 人防工程质量验收

3.1 基本规则

1. 施工现场应具有健全的质量管理体系、相应的施工技术标准、施工质量检验制度和综合施工质量水平评定考核制度。

2. 人防工程的施工质量控制应符合下列规定。

(1) 工程采用的主要材料、半成品、成品、建筑构配件、器具和设备应进行进场检验。凡涉及安全、节能、环保和主要防护功能使用功能的重要材料、产品，应按各专业工程施工、验收规范和设计文件等规定进行复验，并应经监理工程师检查认可；

(2) 各施工工序应按施工技术标准进行质量控制，每道施工工序完成后，经施工单位自检符合要求后，才能进行下道工序施工，各专业工种之间的相关工序应进行交接检验，并形成记录；

(3) 对于监理单位提出检查要求的重要工序，应经监理工程师检查认可，才能进行下道工序施工。

3. 人防工程质量应按下列要求进行验收。

(1) 工程质量验收应在施工单位自检合格的基础上进行；

(2) 参加工程质量验收的各方人员应具备相应的资格；

(3) 工程质量验收合格应符合工程勘察、设计文件的要求和标准，以及相关专业验收规范的规定；

(4) 对涉及结构安全、节能、环保和主要防护功能、使用功能的试件、材料，应在进场时或施工中按规定进行见证检验；

(5) 隐蔽工程在隐蔽前应由施工单位通知监理单位进行验收，并应形成验收文件，验收合格后方可继续施工；

(6) 对涉及结构安全、节能、环保、防护功能和使用功能的重要分部工程，应在验收前按规定进行抽样检验；

(7) 工程的观感质量应由验收人员现场检查，并应共同确认。

4. 检验批的质量检验，可根据检验项目的特点在下列抽样方案中进行选取。

(1) 计量、计数或计量-计数等抽样方案；

(2) 一次、二次或多次抽样方案；

(3) 根据生产连续性和生产控制稳定性情况，采用调整型抽样方案；

(4) 对重要的检验项目，当有简易快速的检验方法时，选用全数检验方案；

(5) 经实践证明有效的抽样方案。

5. 检验批抽样样本应随机抽取，满足分布均匀、具有代表性的要求。当采用计数抽样时,最小抽样数量应符合表3.1.1的要求。明显不合格的个体可不纳入检验批,但应进行处理,使其满足有关专业验收规范的规定,对处理的情况应予以记录并重新验收。

6. 在制定检验批的计量抽样方案时,对生产方风险(或错判概率α)和使用方风险(或漏判概率β)可按下列规定采取。

(1) 主控项目:对应于合格质量水平的α和β均不宜超5%;

(2) 一般项目:对应于合格质量水平的α不宜超过5%,β不宜超过10%。

表 3.1.1 检验批最小抽样数量

检验批容量	最小抽样数量	检验批容量	最小抽样数量
2～15	2	151～280	13
16～25	3	281～500	20
26～90	5	501～1200	32
91～150	8		

3.2 工程质量验收的划分

1. 人防工程质量验收应划分为单位工程、分部工程、分项工程和检验批。
2. 人防工程分部、分项工程的名称应符合表3.2.1的规定。

表 3.2.1 人防工程分部、分项工程名称

序号	分部工程名称	分项工程名称
1	结构工程	土方,逆作法施工,模板,钢筋,混凝土,爆破掘进,喷射混凝土,砌体等
2	孔口防护工程	门框墙制作,防护门、防护密闭门、密闭门安装,防爆波活门安装,自动排气活门、防爆超压排气活门安装,密闭穿墙管施工,平战转换封堵构件施工等
3	防水工程	防水混凝土,水泥砂浆防水层,涂料防水层,卷材防水层,金属板防水层,塑料防水板防水层,膨润土防水材料防水层,止水带防水等
4	建筑装饰装修工程	一般抹灰,涂饰,饰面板(砖),整体面层,板块面层,吊顶,门窗安装等
5	给水排水工程	给水管道安装,给水管道附件及卫生器具给水配件安装,给水附属设备安装,排水管道安装,卫生器具安装,洗消器具安装,污水集水池施工,污水泵安装,灭火器具安装等
6	通风与空调工程	金属风管制作,无机玻璃钢风管制作,通风部件制作,风管及部件安装,滤尘、过滤吸收器安装,密闭阀门安装,消声设备制作与安装,通风机空调机安装,通风管线安装,防烟排烟部件制作与安装,防腐与油漆工程等

续表

序号	分部工程名称	分项工程名称
7	建筑电气安装工程	电缆线路，导管及线槽敷设，变压器安装，成套配电柜及动力照明配电箱（盘）安装，开关、插座安装，电气照明灯具安装，接地装置安装，柴油发电机组安装，火灾自动报警装置安装，火灾事故广播、消防通讯设备安装等

3. 分项工程应按主要工种、材料、施工工艺、设备类别等进行划分。分项工程可由一个或若干个检验批组成。

4. 检验批可根据施工、质量控制和专业验收需要，按工程量、防护单元、施工段、系统、设备组别等进行划分。

5. 新建、扩建、改建的每一个单建掘开式工程、坑道、地道、防空地下室，均为一个单位工程。

6. 施工前，施工单位应制定分项工程和检验批的划分方案，并由监理单位审核。

3.3 工程质量验收的程序和组织

1. 检验批应由专业监理工程师组织施工单位项目专业质量检查员、专业工长等进行验收。

2. 分项工程应由专业监理工程师组织施工单位项目专业技术负责人等进行验收。

3. 分部工程应由总监理工程师组织施工单位项目负责人和技术负责人等进行验收，结构分部工程尚应有勘察、设计单位项目负责人参加验收；孔口防护分部工程尚应有设计单位项目负责人参加验收。

4. 单位工程中的分包工程完工后，分包单位应对所承包的工程项目进行自检和验收，验收时，总包单位应派人参加。分包单位应将所分包工程的质量控制资料整理完整，并移交给总包单位。

5. 单位工程完工后，施工单位应组织有关人员进行自检。总监理工程师应组织各专业监理工程师对工程质量进行竣工预验收。存在施工质量问题时，应由施工单位整改。整改完毕后，由施工单位向建设单位提交工程竣工报告，申请工程竣工验收。

6. 建设单位收到工程竣工报告后，应由建设单位项目负责人组织监理、施工、设计、勘察等单位项目负责人进行单位工程验收。

7. 当参加验收各方对工程质量验收意见不一致时，可请当地人民防空主管部门或人防工程质量监督机构协调处理。

3.4 工程质量的验收

1. 检验批合格质量应符合下列规定。
（1）主控项目的质量经抽样检验合格；

（2）一般项目的质量经抽样检验，80％及以上的检查点（处）符合标准规定的质量要求；其他检查点（处）不得有严重缺陷，且最大偏差值不超过允许偏差值的1.5倍；

（3）具有完整的施工操作依据、质量验收记录。

2. 分项工程质量验收合格应符合下列规定。

（1）所含检验批的质量均应验收合格；

（2）所含检验批的质量验收记录应完整。

3. 分部工程质量验收合格应符合下列规定。

（1）所含分项工程的质量均应验收合格；

（2）质量控制资料应完整；

（3）功能检测项目抽样检验结果应符合标准相应规定；

（4）观感质量应符合要求。

4. 单位工程质量验收合格应符合下列规定。

（1）所含分部工程的质量均应验收合格；

（2）质量控制资料应完整；

（3）所含分部工程功能检测资料应完整；

（4）主要功能项目的抽查结果应符合相关专业质量验收规范的规定；

（5）观感质量应符合要求。

5. 当人防工程质量不符合要求时，应按下列规定进行处理。

（1）经返工或返修的检验批，应重新进行验收；

（2）经有资质的检测机构检测鉴定能够达到设计要求的检验批，应予以验收；

（3）经有资质的检测机构检测鉴定达不到设计要求，但经原设计单位核算认可能够满足安全及使用和防护要求的检验批，可予以验收；

（4）经返修或加固处理的分项、分部工程，满足安全及使用和防护要求时，可按技术处理方案和协商文件的要求予以验收。

6. 经返修或加固处理仍不能满足安全及使用和防护要求的分部工程、单位工程，严禁验收。

3.5 结构工程检验批填写示例及说明

表 3.5.1 结构工程分部工程验收记录表

编号：001

单位工程名称	××大厦地下室人防工程			分项工程数量		5	
施工单位	××建设集团有限公司	项目负责人	×××		技术（质量）负责人		×××
分包单位	/	分包单位项目负责人	/		分包内容		/
序号	分项工程名称	检验批容量		施工单位检查结果		监理单位验收结论	
1	土方工程	1		符合要求		验收合格	
2	逆作法施工	/		/		/	
3	模板工程	6		符合要求		验收合格	
4	钢筋工程	6		符合要求		验收合格	
5	混凝土工程	6		符合要求		验收合格	
6	爆破掘进工程	/		/		/	
7	喷射混凝土工程	/		/		/	
8	砌体工程	6		符合要求		验收合格	
	质量控制资料			齐全、完整		符合要求	
	安全和功能检验结果			齐全、完整		符合要求	
	观感质量检验结果			好		好	
综合验收结论	分部工程验收合格。						
施工单位 项目负责人：××× ××××年××月××日	勘察单位 项目负责人：××× ××××年××月××日		设计单位 项目负责人：××× ××××年××月××日		监理单位 项目负责人：××× ××××年××月××日		

注：结构分部工程的验收应由施工、勘察、设计单位项目负责人和总监理工程师参加并签字。

表 3.5.2 结构工程分部质量控制资料核查记录表

工程名称		××大厦地下室人防工程	施工单位		××建设集团有限公司	
序号	项目	资料名称	施工单位		监理单位	
			核查意见	核查人	核查意见	核查人
1	结构	图纸会审、设计变更、洽商记录	齐全完整	×××	符合要求	×××
2		工程定位测量、放线记录	齐全完整		符合要求	
3		材料出厂合格证书及进场检（试）验报告	齐全完整		符合要求	
4		施工试验报告及见证检测报告	齐全完整		符合要求	
5		隐蔽工程验收表	齐全完整		符合要求	
6		施工记录	齐全完整		符合要求	
7		预制构件、预拌混凝土合格证	齐全完整		符合要求	
8		主体结构检验及抽样检测资料	齐全完整		符合要求	
9		检验批、分项、分部工程质量验收记录	齐全完整		符合要求	
10		混凝土结构实体强度检测记录	齐全完整		符合要求	
11		结构实体钢筋保护层厚度检测记录	齐全完整		符合要求	
12		工程质量事故调查处理资料	/			

结论：

结构工程质量控制资料验收合格。

施工单位项目负责人　　×××　　　　　　　　　　　总监理工程师　　×××
　　　　　　　　　　××××年××月××日　　　　　　　　　　　××××年××月××日

注：抽查项目由验收组协商确定。

表3.5.3 结构工程功能检测记录表

序号	项目	质量标准	检测结果	检验方法
1	结构实体混凝土强度	（1）对混凝土强度的检验，应以在混凝土浇筑地点制备并与结构实体同条件养护的试件强度为依据。 （2）同条件养护试件的留置方式和取样数量，应符合下列规定。 ①同条件养护试件所对应的结构构件或结构部位，应由监理、施工等各方共同选定； ②对混凝土结构工程中的各混凝土强度等级，均应留置同条件养护试件； ③同一强度等级的同条件养护试件，其留置的数量应根据混凝土工程量确定，不宜少于10组，且不应少于3组； ④同条件养护试件拆模后，应放置在靠近相应结构构件或结构部位的适当位置，并应采取相同的养护方法。 （3）同条件养护试件应在达到等效养护龄期时进行强度试验。等效养护龄期，应根据同条件养护试件强度与在标准养护条件下28d龄期试件强度相等的原则确定。 （4）同条件自然养护试件的等效养护龄期及相应的试件强度代表值，宜根据当地的气温和养护条件，按下列规定确定。 ①等效养护龄期可按日平均温度逐日累计达到600℃·d时所对应的龄期，0℃及以下的龄期不计入；等效养护龄期不应小于14d，也不宜大于60d； ②同条件养护试件的强度代表值应根据强度试验结果按现行国家标准《混凝土强度检验评定标准》（GB/T 50107）的规定确定后，乘折算系数取用；折算系数宜取1.10，也可根据当地的试验统计结果作适当调整； ③当同条件养护试件强度的检验结果符合现行国家标准《混凝土强度检验评定标准》（GB/T 50107）第6.6.5条规定时，混凝土强度应判为合格。	检查合格	检查同条件养护试件抗压强度试验报告
2	结构实体钢筋保护层厚度	（1）钢筋保护层厚度检验的结构部位和构件数量，应符合下列规定。 ①钢筋保护层厚度检验的结构部位，应由监理、施工等各方根据结构构件的重要性共同选定； ②对梁类、板类构件，应各抽取构件数量的2%且不少于5个构件进行检验；当有悬挑构件时，抽取的构件中悬挑梁类、板类构件所占比例均不宜小于50%； ③对选定的梁类构件，应对全部纵向受力钢筋的保护层厚度进行检验；对选定的板类构件，应抽取不少于6根纵向受力钢筋的保护层厚度进行检验。对每根钢筋，应在有代表性的部位测量1点； ④对梁类、板类构件纵向受力钢筋的保护层厚度应分别进行验收。 （2）钢筋保护层厚度验收合格应符合下列规定。 ①当全部钢筋保护层厚度检验的合格点率为90%及以上时，钢筋保护层厚度的检验结果应判为合格； ②当全部钢筋保护层厚度检验的合格点率小于90%但不小于80%时，可再抽取相同数量的构件进行检验；当按两次抽样总和计算的合格点率为90%及以上时，钢筋保护层厚度的检验结果仍应判为合格； ③钢筋保护层厚度检验时，纵向受力钢筋保护层厚度的允许偏差，对梁类构件为+10mm，-7mm；对板类构件为+8mm，-5mm； ④每次抽样检验结果中不合格点的最大偏差均不应大于本条第3款规定允许偏差的1.5倍。	检查合格	钢筋位置测定仪
结论： 　　功能检验资料核查结果符合规范及设计要求。 　　施工单位项目负责人　　×××　　　　　　　　　　　　总监理工程师　××× 　　　　　　　　　　　　××××年××月××日　　　　　　　　　　　××××年××月××日				

注：1. 在结构分部工程验收前应进行结构实体检验（包括混凝土强度、钢筋保护层厚度检验）；
　　2. 结构实体检验的范围仅限于涉及安全和防护重要部位，主要包括人防门框墙、临空墙、防护密闭隔墙、密闭隔墙、大跨度梁和顶板；
　　3. 结构实体检验应在监理工程师见证下，由施工项目技术负责人组织实施；
　　4. 当同条件养护试件强度被判为不合格时，应委托具有相应资质的检测机构进行检测。

表 3.5.4 结构工程分部工程观感质量检查记录表

工程名称	××大厦地下室人防工程		施工单位	××建设集团有限公司
序号	项目		抽查质量状况	质量评价
1	混凝土	露筋	共检查20点，好20点，一般0点，差0点	好
2	混凝土	蜂窝	共检查20点，好18点，一般2点，差0点	好
3	混凝土	孔洞	共检查20点，好19点，一般1点，差0点	好
4	结构工程	缝隙夹渣层	共检查20点，好19点，一般1点，差0点	好
5	砌体	砌筑错缝	共检查20点，好17点，一般3点，差0点	好
6	砌体	砌体接槎	共检查20点，好20点，一般0点，差0点	好
7	砌体	砌体表面质量	共检查20点，好18点，一般2点，差0点	好
观感质量综合评价			好	

结论：
结构工程观感质量综合评价为好。

施工单位项目负责人　×××　　　　　　　　　总监理工程师　×××
　　　　　　　　　××××年××月××日　　　　　　　　　××××年××月××日

注：1. 质量评价为"差"的项目，应进行返修；
　　2. 各分部观感质量现场检查原始记录应作为本表附件。

表 3.5.5 门框墙制作分项工程质量验收记录表

编号：001

单位工程名称		××大厦地下室人防工程			
分部工程名称		孔口防护工程		检验批数量	12
施工单位		××建设集团有限公司	项目负责人 ×××	项目技术负责人	×××
分包单位		/	分包单位项目负责人 /	分包内容	/
序号	检验批名称	检验批容量	部位/区段	施工单位检查结果	监理单位验收结论
1	门框墙制作检验批	5件	地下一层①～②/～轴口部一	符合要求	验收合格
2	门框墙制作检验批	4件	地下一层④～⑤/～轴口部二	符合要求	验收合格
3	门框墙制作检验批	7件	地下一层⑧～⑨/～轴口部三	符合要求	验收合格
4	…				
施工单位检查结果	符合要求。 项目专业技术负责人： ×××　　　　　　　　　　××××年××月××日				
监理单位验收结论	验收合格。 专业监理工程师： ×××　　　　　　　　　　××××年××月××日				

表 3.5.6 土方工程检验批质量验收记录表

编号：001

单位工程名称	××大厦地下室人防工程	分项工程名称	土方工程	分部工程名称	结构工程
施工单位	××建设集团有限公司	项目负责人	×××	检验批容量	3200m²
分包单位	/	分包单位项目负责人	/	检验批部位	～/～轴基础
验收依据	《人民防空工程质量验收与评价标准》（RFJ01—2015）				

		验收项目	设计要求及规范规定	最小/实际抽样数量	检查记录	检查结果
主控项目	1	第6.2.4条	原状地基土不得扰动	/全	全部检查，符合要求；检查合格，施工记录编号××	√
	2	第6.2.5条	开挖形成的边坡坡度及坡脚位置应符合设计要求	12/12	抽查12处，合格12处	√
	3	第6.2.6条	平面尺寸应符合设计要求	/全	全部检查，符合设计要求	√
	4	第6.2.7条	回填土填料应符合设计要求	/	/	/
	5	第6.2.8条	土方回填形成的边坡坡度及坡脚位置应符合设计要求	/	/	/
一般项目	1	第6.2.9条	开挖区表面平整度允许偏差应符合要求	16/16	抽查16处，合格16处	100%
	2	第6.2.10条	开挖区标高允许偏差应符合要求	16/16	抽查16处，合格16处	100%
	3	第6.2.11条	分级放坡边坡平台宽度允许偏差应符合要求	/	/	/
	4	第6.2.12条	土方开挖区表面标高允许偏差应符合要求	16/16	抽查16处，合格16处	100%
	5	第6.2.13条	回填区标高允许偏差应符合要求	/	/	/
	6	第6.2.14条	回填区表面平整度允许偏差应符合要求	/	/	/
施工单位检查结果	主控项目全部合格，一般项目满足规范要求。			专业工长：××× 项目专业质量检查员：××× ××××年××月××日		
监理单位验收结论	验收合格。			专业监理工程师：××× ××××年××月××日		

土方工程检验批验收记录表
填表说明

检验批划分

土方工程宜划分为一个检验批；当分批施工时，根据施工情况划分为若干个检验批。

主控项目

6.2.4 原状地基土不得扰动、受水浸泡及受冻。

检查数量：全数检查。

检验方法：观察，检查施工记录。

6.2.5 开挖形成的边坡坡度及坡脚位置应符合设计要求。

检查数量：每20m边坡检查1点，每段边坡至少测3点。

检验方法：观察，尺量检查。

6.2.6 开挖区的平面尺寸应符合设计要求。

检查数量：全数检查。

检验方法：放出开挖区设计边线，将开挖区实际边线与设计边线进行对比，尺量检查。

6.2.7 回填土填料应符合设计要求。

检查数量：全数检查。

检验方法：直观鉴别、现场量测或取样检测。

6.2.8 土方回填形成的边坡坡度及坡脚位置应符合设计要求。

检查数量：每20m边坡检查1点，每段边坡至少测3点。

检验方法：观察，尺量检查。

一般项目

6.2.9 场地平整开挖区表面平整度允许偏差为50mm；其他开挖区表面平整度允许偏差为20mm。

检查数量：每400m²测1点，至少测5点。

检验方法：用2m靠尺和楔形塞尺检查。

6.2.10 场地平整开挖区的标高允许偏差为±50mm；其他开挖区的标高允许偏差为0～-50mm。

检查数量：每400m²测1点，至少测5点。

检验方法：用水准仪测量或尺量检查。

6.2.11 分级放坡边坡平台宽度允许偏差为-50mm～+100mm。

检查数量：每20延长米平台测1点，每段平台至少测3点。

检验方法：尺量检查。

6.2.12 分层开挖的土方工程，除最下面一层土方外的其他各层土方开挖区表面标高允许偏差为±50mm。

检查数量：每400m²测1点，至少测5点。

检验方法：用水准仪测量等。

6.2.13 场地平整回填区的标高允许偏差为±50mm；其他回填区的标高允许偏差

为 0～－50mm。

检查数量：每 400m² 测 1 点，至少测 5 点。

检验方法：用水准仪测量等。

6.2.14 场地平整回填区表面平整度允许偏差为 30mm；其他回填区表面平整度允许偏差为 20mm。

检查数量：每 400m² 测 1 点，至少测 5 点。

检验方法：用 2m 靠尺和塞尺检查。

表 3.5.7 逆作法施工检验批质量验收记录表

编号：001

单位工程名称	××大厦地下室人防工程		分项工程名称	逆作法施工	分部工程名称	结构工程
施工单位	××建设集团有限公司		项目负责人	×××	检验批容量	3200m²
分包单位	/		分包单位项目负责人	/	检验批部位	～/～轴基础
验收依据	《人民防空工程质量验收与评价标准》（RFJ01—2015）					

		验收项目	设计要求及规范规定	最小/实际抽样数量	检查记录	检查结果
主控项目	1	第6.3.1条	人工降水施工应综合考虑周边条件	/	检查合格，勘探报告编号××	√
	2	第6.3.2条	因降水危及环境安全，应截水或回灌	/	施工记录编号××	√
	3	第6.3.3条	编制土方开挖的施工方案	/	检查合格，勘探报告编号××	√
	4	第6.3.4条	根据工程量计算确定竖井数量	全/4	共4处，全部检查，合格4处；施工记录编号××	√
	5	第6.3.5条	根据实际情况设置足够的通风口及相关设备	全/4	共4处，全部检查，合格4处；施工记录编号××	√
	6	第6.3.6条	梁、板下挖出的土不得堆放在顶上和基坑周边	/	施工记录编号××	√
	7	第6.3.7条	地下水位应降至开挖面0.5m以下	全/32	共32处，全部检查，合格32处；施工记录编号××	√
	8	第6.3.8条	土方运输规定	全/4	共4处，全部检查，合格4处；施工记录编号××	√
一般项目	1	第6.3.9条	土方开挖、土方运输应符合相关规定	全/4	共4处，全部检查，合格4处；施工记录编号××	100%
	2	第6.3.10条	土方开挖应符合规定	/	施工记录编号××	√
	3	第6.3.11条	地下连续墙单元槽段长度控制在4m～8m	全/32	共32处，全部检查，合格32处；施工记录编号××	100%
	4	第6.3.12条	确定施工工艺流程和槽段长度等技术参数	全/1	共1处，全部检查，合格1处；施工记录编号××	100%

续表

	验收项目		设计要求及规范规定	最小/实际抽样数量	检查记录	检查结果
一般项目	5	第6.3.13条	排桩宜采取间隔法施工	/	/	/
	6	第6.3.14条	混凝土灌注不得出现混凝土离析现象	全/55	共55处,全部检查,合格55处	100%
	7	第6.3.15条	钢筋骨架的吊装就位宜利用钻机的起重设备进行	全/55	共55处,全部检查,合格55处;施工记录编号××	100%
	8	第6.3.16条	刹肩设置及刹肩混凝土浇筑应符合要求	全/55	共55处,全部检查,合格55处;施工记录编号××	100%
	9	第6.3.17条	通长过梁设置及安装应符合相关规定	全/55	共55处,全部检查,合格55处;施工记录编号××	100%
	10	第6.3.18条	灌注砂层应符合规定	全/55	共55处,全部检查,合格55处;施工记录编号××	100%
	11	第6.3.19条	逆作法施工现场监测主要对象	全/55	共55处,全部检查,合格55处;监测记录编号××	100%
	12	第6.3.20条	现场监测主要内容	全/55	共55处,全部检查,合格55处;监测记录编号××	100%

施工单位检查结果	主控项目全部合格,一般项目满足规范要求。 专业工长:××× 项目专业质量检查员:××× ××××年××月××日
监理单位验收结论	验收合格。 专业监理工程师:××× ××××年××月××日

逆作法施工检验批质量验收记录表
填表说明

检验批划分

逆作法工程按工作班施工段等划分检验批。

主控项目

6.3.1 人工降水施工应综合考虑场地及周边工程地质条件、水文地质条件和环境条件。

　　检查数量：全数检查。

　　检验方法：观察，检查施工记录。

6.3.2 当因降水而危及工程及周边环境安全时，应采用截水或回灌方法。

降水、截水、回灌措施应符合现行行业标准《建筑基坑支护技术规程》（JGJ 120）相关规定。

　　检查数量：全数检查。

　　检验方法：观察，检查施工记录。

6.3.3 土方开挖前应详细了解地质情况，并根据土层特点与设计要求编制土方开挖的施工方案。

　　检查数量：全数检查。

　　检验方法：观察，检查施工记录。

6.3.4 材料、设备垂直运输竖井的数量应根据工程量计算确定，且不得少于2个。

　　检查数量：全数检查。

　　检验方法：观察，检查施工记录。

6.3.5 土方开挖时应根据柱网轴线和实际情况设置足够的通风口以及地下通风、换气、照明和用电设备。

　　检查数量：全数检查。

　　检验方法：观察，检查施工记录。

6.3.6 梁、板下土方应在混凝土的强度达到设计要求后开挖，挖出的土不得堆放在顶板上和基坑周边。

　　检查数量：每工班检查一次。

　　检验方法：观察，检查施工记录。

6.3.7 土方开挖时地下水位应降至开挖面0.5m以下。

　　检查数量：全数检查。

　　检验方法：观察，检查施工记录。

6.3.8 土方运输应符合下列规定：

　　1 施工竖井应设置人行爬梯，严禁人员乘坐吊盘出入；

　　2 施工竖井地面、地下均应设置联系信号；

　　3 在吊盘上必须设置限速器和超高器。

　　检查数量：全数检查。

检验方法：观察，检查施工记录。

一般项目

6.3.9 土方开挖宜采用小型挖土机与人工挖土相结合，地下连续墙与中间支撑柱周边的土方应采用人工挖土；土方运输宜采用传送带或小型提升设备。

检查数量：全数检查。

检验方法：观察，检查施工记录。

6.3.10 土方开挖应符合下列规定：
  1 采用先挖导洞再全面开挖的方法；
  2 导洞开挖宽度不宜大于2m；
  3 侧墙导洞开挖应与浇筑侧墙混凝土同步进行；
  4 柱四周土体开挖尺寸，不得超过柱基础平面尺寸；
  5 侧墙每次开挖进尺不宜超过5m，且较每次浇筑侧墙混凝土长度长1.0m～1.5m；
  6 应按测量定位线开挖，防止出现超挖或欠挖。

检查数量：每工班检查一次。

检验方法：观察，检查施工记录。

6.3.11 地下连续墙单元槽段长度应根据槽壁稳定性及钢筋笼起吊能力划分，宜控制在4m～8m。

检查数量：全数检查。

检验方法：观察，检查施工记录。

6.3.12 地下连续墙施工前宜进行成槽试验，确定施工工艺流程和槽段长度泥浆比重、混凝土配合比、导管内初存混凝土量、导管内混凝土控制高度等各项技术参数。

检查数量：全数检查。

检验方法：观察，检查施工记录。

6.3.13 排桩可采用人工、机械等多种工艺成孔，宜采取间隔法施工。排桩的钢筋笼在绑扎、吊装和安放时，应保证钢筋笼的安放方向与设计方向一致。

检查数量：全数检查。

检验方法：观察，检查施工记录。

6.3.14 在混凝土灌注时，不得出现混凝土离析现象。宜采用边灌注混凝土、边振捣边提升导管的施工方法。

检查数量：每工班检查一次。

检验方法：观察检查。

6.3.15 钢筋骨架的吊装就位宜利用钻机的起重设备进行。在钢筋骨架就位前，宜在孔壁周边放置3根距离相等的直径不小于25mm钢管，作为控制骨架的"导轨"；骨架就位后，混凝土灌注前将"导轨"拔出。

检查数量：全数检查。

检验方法：观察，检查施工记录。

6.3.16 在侧墙及下接柱的肩部、顶板底面下不小于50cm处，应设置剎肩。剎肩混凝土浇筑应在柱、墙等构件混凝土浇筑7d后进行。浇筑剎肩混凝土应采用比构件混凝土强度高一个等级的硬性膨胀混凝土，且填塞饱满、振捣密实。

检查数量：全数检查。

检验方法：观察，检查施工记录。

6.3.17 在侧墙剎肩顶部、顶板以下宜设置一个以板厚加下反高度为梁高的通长过梁。通长过梁一端可支撑在未开挖的土体上，另一端支撑在已经浇筑混凝土的侧墙上。

检查数量：全数检查。

检验方法：观察，检查施工记录。

6.3.18 灌注砂层应符合下列规定：

1. 砂层顶面标高应高出预接构件标高10cm，防止混凝土振捣时砂层下沉，保证预接构件尺寸；
2. 砂层应潮湿，防止砂层吸收混凝土中水分而影响混凝土质量；
3. 在浇筑预接构件混凝土时，应清理钢筋表面，防止出现砂粒附着现象；
4. 在预接构件顶部应采用干硬性膨胀混凝土，并振捣密实。

检查数量：全数检查。

检验方法：观察，检查施工记录。

6.3.19 逆作法施工现场应监测下列主要对象：

1. 基坑底部、侧壁及周边岩土体；
2. 工程结构主体、中间支承结构及围护结构；
3. 地下水；
4. 周边建（构）筑物；
5. 周边地下管线及设施；
6. 周边相邻的城市道路；
7. 自然环境状况。

检查数量：全数检查。

检验方法：观察，检查监测记录。

6.3.20 现场应监测下列主要内容：

1. 围护结构及中间支承结构的变形；
2. 围护结构内外岩土体变形；
3. 围护结构周边邻近地下管线的变形和渗漏；
4. 围护结构周边邻近建（构）筑物的变形；
5. 围护结构、中间支承结构开挖影响范围内的地下水水位及孔隙水压力的变化；
6. 围护结构、中间支承结构、基坑底部岩土体卸荷回弹变形及建筑沉降观测。

检查数量：全数检查。

检验方法：观察，检查监测记录。

表 3.5.8 模板工程检验批质量验收记录表

编号：001

单位工程名称	××大厦地下室人防工程	分项工程名称	模板工程	分部工程名称	结构工程
施工单位	××建设集团有限公司	项目负责人	×××	检验批容量	55 件
分包单位	/	分包单位项目负责人	/	检验批部位	～/～轴防护单元三地下一层墙、柱
验收依据	《人民防空工程质量验收与评价标准》（RFJ01—2015）				

		验收项目	设计要求及规范规定	最小/实际抽样数量	检查记录	检查结果
主控项目	1	第6.4.1条	模板及其支架应有足够的强度、刚度和稳定性	全/55	共55处，全部检查，合格55处	√
	2	第6.4.2条	固定模板的对拉螺栓上严禁采用套管、混凝土预制件等	全/55	共55处，全部检查，合格55处	√
	3	第6.4.3条	混凝土强度应符合设计要求及相关规定	/	试验合格，报告编号××	√
一般项目	1	第6.4.4条	模板安装应符合规定	全/55	共55处，全部检查，合格55处	100%
	2	第6.4.5条	预埋件、预留孔和预留洞安装及允许偏差应符合规定	6/6	抽查6处，合格6处	100%
	3	第6.4.6条	现浇结构模板安装允许偏差应符合规定	6/6	抽查10处，合格10处	100%

施工单位检查结果	主控项目全部合格，一般项目满足规范要求。	专业工长：××× 项目专业质量检查员：××× ××××年××月××日
监理单位验收结论	验收合格。	专业监理工程师：××× ××××年××月××日

模板工程检验批质量验收记录表
填表说明

检验批划分

模板按结构层、变形缝、后浇缝施工段等划分检验批。

主控项目

6.4.1 模板及其支架应具有足够的强度、刚度和稳定性，能可靠地承受新浇筑混凝土的质量、侧压力以及施工荷载。

检查数量：全数检查。

检验方法：对照模板设计文件和施工技术方案观察。

6.4.2 外墙、临空墙、门框墙、防护密闭隔墙和密闭隔墙的模板安装，其固定模板的对拉螺栓上严禁采用套管、混凝土预制件等。

检查数量：全数检查。

检验方法：现场观察检查。

6.4.3 底模及其支架拆除时的混凝土强度应符合设计要求；当设计无具体要求时，混凝土强度应符合表6.4.3的规定。

检查数量：全数检查。

检验方法：检查同条件养护试件强度试验报告。

表6.4.3 模板拆除时的混凝土强度要求

构件类型	构件跨度（m）	达到设计的混凝土立方体抗压强度标准值的百分率（%）
板	≤2	≥50
	>2, ≤8	≥75
	>8	≥100
梁、拱、壳	≤8	≥75
	>8	≥100
悬臂构件	—	≥100

一般项目

6.4.4 模板安装应符合下列规定：

1. 模板的接缝不应漏浆；在浇筑混凝土前，木模板应浇水湿润，但模板内不应有积水；
2. 模板与混凝土的接触面应清理干净并涂刷隔离剂，但不得采用影响结构性能或妨碍装饰工程施工的隔离剂；
3. 浇筑混凝土前，模板内的杂物应清理干净；
4. 对清水混凝土工程及装饰混凝土工程，应使用能达到设计效果的模板。

检查数量：全数检查。

检验方法：观察。

6.4.5 固定在模板上的预埋件、预留孔和预留洞均不得遗漏，且应安装牢固，其允许偏差应符合表6.4.5的规定。

检查数量：在同一检验批内，对梁、柱和独立基础，应抽查构件数量的10%，且不少于3件；对墙和板，应按有代表性的自然间抽查10%，且不少于3间；对大空间结构，墙可按相邻轴线间高度5m左右划分检查面，板可按纵、横轴线划分检查面，抽查10%，且均不少于3面。

检验方法：钢尺检查。

表6.4.5 预埋件和预留孔洞的允许偏差

项目		允许偏差（mm）
预埋钢板中心线位置		5
预埋管、预留孔中心线位置		5
插筋	中心线位置	5
	外露长度	+10，0
预埋螺栓	中心线位置	2
	外露长度	+10，0
预留洞	中心线位置	10
	尺寸	+10，0

注：检查中心线位置时，应沿纵、横两个方向量测，并取其中的较大值。

6.4.6 现浇结构模板安装的允许偏差应符合表6.4.6的规定。

检查数量：在同一检验批内，对梁、柱和独立基础，应抽查构件数量的10%，且不少于3件；对墙和板，应按有代表性的自然间抽查10%，且不少于3间；对大空间结构，墙可按相邻轴线间高度5m左右划分检查面，板可按纵、横轴线划分检查面，抽查10%，且均不少于3面。

表6.4.6 现浇结构模板安装的允许偏差及检验方法

项目		允许偏差（mm）	检验方法
轴线位置		5	钢尺检查
底模上表面标高		±5	水准仪或拉线、钢尺检查
截面内部尺寸	基础	±10	钢尺检查
	柱、墙、梁	+4，-5	钢尺检查
层高垂直度	不大于5m	6	经纬仪或吊线、钢尺检查
	大于5m	8	经纬仪或吊线、钢尺检查
相邻两板表面高低差		2	钢尺检查
表面平整度		5	2m靠尺和塞尺检查

注：检查轴线位置时，应沿纵、横两个方向量测，并取其中的较大值。

表 3.5.9 钢筋工程检验批质量验收记录表

编号：001

单位工程名称	××大厦地下室人防工程		分项工程名称	钢筋工程	分部工程名称	结构工程
施工单位	××建设集团有限公司		项目负责人	×××	检验批容量	10类
分包单位	/		分包单位项目负责人	/	检验批部位	～/～轴防护单元三基础底板
验收依据	《人民防空工程质量验收与评价标准》（RFJ01—2015）					

		验收项目	设计要求及规范规定	最小/实际抽样数量	检查记录	检查结果
主控项目	1	第6.5.1条	钢筋进场时试件检验结果应符合规定	/	符合要求，进场检验记录编号××	√
	2	第6.5.2条	力学性能检验及质量应符合规程的规定	/	质量证明文件齐全、符合要求；试验合格，报告编号××	√
	3	第6.5.3条	钢筋的品种、规格等应符合设计要求	全/10	共10处，全部检查，合格10处	√
	4	第6.5.4条	拉结钢筋设置应符合规定	全/42	共42处，全部检查，合格42处	√
	5	第6.5.5条	钢筋代换应符合规定	/	/	/
	6	第6.5.6条	钢筋除锈、调直不得采用冷拉的方法	全/10	共10处，全部检查，合格10处	√
一般项目	1	第6.5.7条	钢筋加工的形状、尺寸允许偏差应符合规定	30/30	抽查30处，合格30处	100%
	2	第6.5.8条	钢筋的接头宜设置在受力较小处	全/42	共42处，全部检查，合格42处	100%
	3	第6.5.9条	钢筋应平直、无损伤，表面完好	全/10	共10处，全部检查，合格10处	100%
	4	第6.5.10条	钢筋安装位置允许偏差应符合规定	5/5	抽查5处，合格5处	100%
施工单位检查结果		主控项目全部合格，一般项目满足规范要求。			专业工长：××× 项目专业质量检查员：××× ××××年××月××日	
监理单位验收结论		验收合格。			专业监理工程师：××× ××××年××月××日	

钢筋工程检验批质量验收记录表
填表说明

检验批划分

钢筋工程按材料进场检验、加工制作、安装等划分检验批。

主控项目

6.5.1 钢筋进场时，应按国家现行相关标准的规定抽取试件作力学性能和质量偏差检验，检验结果必须符合有关标准的规定。

检查数量：按进场的批次和产品的抽样检验方案确定。

检验方法：检查产品合格证、出厂检验报告和进场复验报告。

6.5.2 在施工现场，应按国家现行标准《钢筋机械连接技术规程》（JGJ 107）和《钢筋焊接及验收规程》（JGJ 18）的规定抽取钢筋机械连接接头、焊接接头试件做力学性能检验，其质量应符合有关规程的规定。

检查数量：按有关规程确定。

检验方法：检查产品合格证接头力学性能试验报告。

6.5.3 钢筋安装时，钢筋的品种规格形状、尺寸、数量、位置、锚固长度、钢筋的连接方式必须符合设计要求。

检查数量：全数检查。

检验方法：观察，钢尺检查。

6.5.4 拉结钢筋设置应符合下列规定：

1 拉结钢筋应呈梅花形布置，并有效拉结在两层钢筋网节点上；
2 当拉结钢筋兼作受力箍筋时，其直径不小于6mm、间距不大于500mm；
3 拉结钢筋应设弯钩，弯钩直线段长度不小于50mm；
4 拉结钢筋长度应能拉住最外层受力钢筋。

检查数量：全数检查。

检验方法：观察。

6.5.5 钢筋代换应符合下列规定：

1 钢筋代换应经设计单位同意；
2 钢筋代换应符合下式规定：

$$A_{s2} = \frac{A_{s1} f_{y1} \gamma_{d1}}{f_{y2} \gamma_{d2}} \tag{6.5.5}$$

式中：A_{s2}——代换钢筋设计截面面积（mm^2）；

A_{s1}——被代换钢筋设计截面面积（mm^2）；

f_{y1}——被代换钢筋强度设计值（N/mm^2）；

f_{y2}——代换钢筋强度设计值（N/mm^2）；

γ_{d2}——被代换钢筋强度调整系数；

γ_{d1}——代换钢筋强度调整系数；

γ_d——可按表6.5.5选用。

3 钢筋代换后，应满足设计规定的钢筋间距、锚固长度、最小钢筋直径根数等要求；对重要受力构件不宜用光面钢筋代换变形（带肋）钢筋；梁的纵向受力钢筋与弯起钢筋应分别进行代换。

检查数量：全数检查。

检验方法：观察，尺量检查，检查施工记录。

表6.5.5 材料强度综合调整系数 γ_d

钢筋种类	综合调整系数 γ_d
HPB300 级	1.50
HRB335 级	1.35
HRB400 级、RRB400 级	1.20

6.5.6 人防工程使用的钢筋除锈、调直不得采用冷拉方法。

检查数量：全数检查。

检验方法：观察。

一般项目

6.5.7 钢筋加工的形状、尺寸应符合设计要求，其允许偏差应符合表6.5.7的规定。

检查数量：按每工作班同一类型钢筋、同一加工设备抽查不应少于3件。

检验方法：用钢尺检查。

表6.5.7 钢筋加工的允许偏差

项目	允许偏差（mm）
受力钢筋顺长度方向全长的净尺寸	±10
弯起钢筋的弯折位置	±20
箍筋外廓尺寸	±5

6.5.8 钢筋的接头宜设置在受力较小处。同一纵向受力钢筋不宜设置两个或两个以上接头。接头末端至钢筋弯起点的距离不应小于钢筋直径的10倍。

检查数量：全数检查。

检验方法：观察，钢尺检查。

6.5.9 钢筋应平直、无损伤，表面不得有裂纹、油污、颗粒状或片状老锈。

检查数量：进场时和使用前全数检查。

检验方法：观察。

6.5.10 钢筋安装位置的允许偏差应符合表6.5.10的规定。

检查数量：在同一检验批内，对梁、柱和独立基础，应抽查构件数量的10%，且不少于3件；对墙和板，应按有代表性的自然间抽查10%，且不少于3间；对大空间结构，墙可按相邻轴线间高度5m左右划分检查面，板可按纵、横轴线划分检查面，抽查10%，且均不少于3面。

表 6.5.10 钢筋安装位置的允许偏差和检验方法

项目			允许偏差（mm）	检验方法
绑扎钢筋网	长、宽		±10	钢尺检查
	网眼尺寸		±20	钢尺量连续三档，取最大值
绑扎钢筋骨架	长		±10	钢尺检查
	宽、高		±5	钢尺检查
受力钢筋	间距		±10	钢尺量两端、中间各一点，取最大值
	排距		±5	
	保护层厚度	基础	±10	钢尺检查
		柱、梁	±5	钢尺检查
		板、墙、壳	±3	钢尺检查
绑扎箍筋、横向钢筋间距			±20	钢尺量连续三档，取最大值
钢筋弯起点位置			20	钢尺检查
预埋件	中心线位置		5	钢尺检查
	水平高差		+3，0	钢尺和塞尺检查

注：1 检查预埋件中心线位置时，应沿纵、横两个方向量测，并取其中的较大值；
  2 表中梁类、板类构件上部纵向受力钢筋保护层厚度的合格点率应达到90％及以上，且不得有超过表中数值1.5倍的尺寸偏差。

表 3.5.10 混凝土工程检验批质量验收记录表

编号：001

单位工程名称	××大厦地下室人防工程		分项工程名称	混凝土工程	分部工程名称	结构工程
施工单位	××建设集团有限公司		项目负责人	×××	检验批容量	800m³
分包单位	/		分包单位项目负责人	/	检验批部位	～/～轴防护单元三基础底板
验收依据	《人民防空工程质量验收与评价标准》（RFJ01—2015）					
	验收项目		设计要求及规范规定	最小/实际抽样数量	检查记录	检查结果
主控项目	1	第6.6.1条	水泥进场性能指标复验及质量应符合规定	/	/	/
	2	第6.6.2条	掺用外加剂的质量及应用技术应符合环保规定	/	符合要求，进场检验记录编号××	√
	3	第6.6.3条	混凝土应符合规定，根据相关要求进行配合比设计	/	试验合格，报告编号××	√
	4	第6.6.4条	结构混凝土的强度等级必须符合设计要求	/	试验合格，报告编号××；施工记录编号××	√
	5	第6.6.5条	混凝土强度的试件抗压强度应符合规定	/	试验合格，报告编号××	√
	6	第6.6.6条	防护密闭的部位宜一次整体浇筑混凝土	/	/	/
	7	第6.6.7条	混凝土运输、浇筑及间歇时间应符合规定	全/42	共42处，全部检查，合格42处；施工记录编号××	√
	8	第6.6.8条	现浇结构的外观质量不应有严重缺陷	全/42	共42处，全部检查，合格42处	√
	9	第6.6.9条	现浇结构、混凝土设备基础的尺寸允许偏差应符合规定	全/42	共42处，全部检查，合格42处	√
一般项目	1	第6.6.10条	普通混凝土所用的粗、细骨料的质量应符合规定	/	试验合格，报告编号××	√
	2	第6.6.11条	拌制混凝土水质宜采用饮用水，否则水质应符合规定	/	试验合格，报告编号××	√
	3	第6.6.12条	大体积混凝土施工应符合规定	5/5	抽查5处，合格5处；施工记录编号××	100%
	4	第6.6.13条	补偿收缩混凝土施工应符合规定	/	/	/
	5	第6.6.14条	混凝土应连续浇筑，宜少留施工缝	全/42	共42处，全部检查，合格42处	100%
	6	第6.6.15条	变形缝应设在工程口部与主体连接处	/	/	/
	7	第6.6.16条	后浇带施工应符合规定	/	/	/
	8	第6.6.17条	混凝土浇筑后的养护应符合规定	全/42	共42处，全部检查，合格42处；施工记录编号××	100%
	9	第6.6.18条	现浇结构的外观质量不宜有一般缺陷	全/42	共42处，全部检查，合格42处	100%
	10	第6.6.19条	现浇结构和混凝土设备基础拆模后尺寸允许偏差应符合规定	5/5	全部检查，合格5处	100%
施工单位检查结果	主控项目全部合格，一般项目满足规范要求。				专业工长：××× 项目专业质量检查员：××× ××××年××月××日	
监理单位验收结论	验收合格。				专业监理工程师：××× ××××年××月××日	

混凝土工程检验批质量验收记录表
填表说明

检验批划分

混凝土施工按结构层、变形缝、后浇缝施工段等划分检验批。

主控项目

6.6.1 水泥进场时应对其品种、级别、包装或散装仓号、出厂日期等进行检查，并应对其强度、安定性及其他必要的性能指标进行复验，其质量必须符合现行国家标准《通用硅酸盐水泥》（GB 175）等的规定。

当在使用中对水泥质量有怀疑或水泥出厂超过三个月（快硬硅酸盐水泥超过一个月）时，应进行复验，并按复验结果使用。

钢筋混凝土结构严禁使用含氯化物的水泥。

检查数量：按同一生产厂家、同一等级、同一品种、同一批号且连续进场的水泥，袋装不超过200t为一批，散装不超过500t为一批，每批抽样不少于一次。

检验方法：检查产品合格证、出厂检验报告和进场复验报告。

6.6.2 混凝土中掺用外加剂的质量及应用技术应符合现行国家标准《混凝土外加剂》（GB 8076）、《混凝土外加剂应用技术规范》（GB 50119）等和有关环境保护的规定。

钢筋混凝土结构中，当使用含氯化物的外加剂时，混凝土中氯化物的总含量应符合现行国家标准《混凝土质量控制标准》（GB 50164）的规定。

检查数量：按进场的批次和产品的抽样检验方案确定。

检验方法：检查产品合格证、出厂检验报告和进场复验报告。

6.6.3 混凝土应按国家现行标准《普通混凝土配合比设计规程》（JGJ 55）的有关规定，根据混凝土强度等级、耐久性和工作性等要求进行配合比设计。

对有特殊要求的混凝土，其配合比设计尚应符合国家现行有关标准的专门规定。

检查数量：全数检查。

检验方法：检查配合比设计资料。

6.6.4 结构混凝土的强度等级必须符合设计要求。用于检查结构构件混凝土强度的试件，应在混凝土的浇筑地点随机抽取。取样与试件留置应符合下列规定：

1　每拌制100盘且不超过100m^3的同配合比的混凝土，取样不得少于一次；

2　每工作班拌制的同一配合比的混凝土不足100盘时，取样不得少于一次；

3　当一次连续浇筑超过1000m^3时，同一配合比的混凝土每200m^3取样不得少于一次；

4　工程口部同一配合比的混凝土，取样不得少于一次；

5　每次取样应至少留置一组标准养护试件，同条件养护试件的留置组数应根据实际需要确定。

检查数量：全数检查。

检验方法：检查施工记录及试件强度试验报告。

6.6.5 评定混凝土强度的试件，抗压强度必须符合下列规定：

1 当用数理统计方法评定混凝土强度时，其强度应同时符合下列两式的规定：

$$m_{f_{cu}} - \lambda_1 S_{f_{cu}} \geqslant f_{cu,k} \quad (6.6.5\text{-}1)$$

$$f_{cu,min} \geqslant \lambda_2 f_{cu,k} \quad (6.6.5\text{-}2)$$

2 当用非数理统计方法评定混凝土强度时，其强度应同时符合下列两式的规定：

$$m_{f_{cu}} \geqslant 1.15 f_{cu,k} \quad (6.6.5\text{-}3)$$

$$f_{cu,min} \geqslant 0.95 f_{cu,k} \quad (6.6.5\text{-}4)$$

式中：$m_{f_{cu}}$——同一验收批混凝土立方体抗压强度的平均值（N/mm²）；

$S_{f_{cu}}$——同一验收批混凝土强度的标准差（N/mm²）；

$$S_{f_{cu}} = \sqrt{\frac{\sum_{i=1}^{n} f_{cui}^2 - n \cdot m_{f_{cu}}^2}{n-1}} \quad (6.6.5\text{-}5)$$

当 $S_{f_{cu}}$ 的计算小于 2.5N/mm² 时，取 $S_{f_{cu}} = 2.5$N/mm²；

$f_{cu,k}$——混凝土立方体抗压强度标准值（N/mm²）

$f_{cu,min}$——同一验收批混凝土立方体抗压强度的最小值（N/mm²）；

f_{cui}——第 i 组混凝土立方体抗压强度（N/mm²）

n——一个验收批混凝土试件的组数；

λ_1、λ_2——合格判定系数，按表 6.6.5 取值。

表 6.6.5 合格判定系数

合格判定系数	允许偏差（mm）		
	10～14	15～19	≥20
λ_1	1.15	1.05	0.95
λ_2	0.90	0.85	

检查数量：全数检查。

检验方法：检查标准养护龄期 28d 试件抗压强度试验报告。

6.6.6 工程口部有防护密闭要求的部位，宜一次整体浇筑混凝土。

检查数量：全数检查。

检验方法：观察，检查施工记录。

6.6.7 混凝土运输、浇筑及间歇的全部时间不应超过混凝土的初凝时间。同一施工段的混凝土应连续浇筑，并应在底层混凝土初凝之前将上一层混凝土浇筑完毕。

当底层混凝土初凝后浇筑上一层混凝土时，应按施工技术方案中对施工缝的要求进行处理。

检查数量：全数检查。

检验方法：观察，检查施工记录。

6.6.8 现浇结构的外观质量不应有严重缺陷，严重缺陷按表 6.6.8 确定。

对已经出现的严重缺陷，应由施工单位提出技术处理方案，并经监理单位认可后进行处理。对经处理的部位，应重新检查验收。

检查数量：全数检查。

检验方法：观察，检查技术处理方案。

表 6.6.8 现浇结构外观质量缺陷

名称	现象	严重缺陷	一般缺陷
露筋	构件内钢筋未被混凝土包裹而外露	纵向受力钢筋有露筋	其他钢筋有少量露筋
蜂窝	混凝土表面缺少水泥砂浆面形成石子外露	构件主要受力部位有蜂窝	其他部位有少量蜂窝
孔洞	混凝土中孔穴深度和长度均超过保护层厚度	构件主要受力部位有孔洞	其他部位有少量孔洞
夹渣	混凝土中夹有杂物且深度超过保护层厚度	构件主要受力部位有夹渣	其他部位有少量夹渣
疏松	混凝土中局部不密实	构件主要受力部位有疏松	其他部位有少量疏松
裂缝	缝隙从混凝土表面延伸至混凝土内部	构件主要受力部位有影响结构性能或使用功能的裂缝	其他部位有少量不影响性能或使用功能的裂缝
连接部位缺陷	构件连接处混凝土缺陷及连接钢筋、连接件松动	连接部位有影响结构传力性能的缺陷	连接部位有基本不影响结构传力性能的缺陷
外形缺陷	缺棱掉角、棱角不直、翘曲不平、飞边凸肋等	清水混凝土构件有影响使用功能或装饰效果的外形缺陷	其他混凝土构件有不影响使用功能的外形缺陷
外表缺陷	构件表面麻面、掉皮、起砂、沾污等	具有重要装饰效果的清水混凝土构件有外表缺陷	其他混凝土构件有不影响使用功能的外表缺陷

6.6.9 现浇结构不应有影响结构性能和使用功能的尺寸偏差。混凝土设备基础不应有影响结构性能和设备安装的尺寸偏差。

对超过尺寸允许偏差且影响结构性能和安装、使用功能的部位，应由施工单位提出技术处理方案，并经监理单位认可后进行处理。对经处理的部位，应重新检查验收。

检查数量：全数检查。

检验方法：量测，检查技术处理方案。

一般项目

6.6.10 普通混凝土所用的粗、细骨料的质量应符合国家现行标准《普通混凝土用碎石或卵石质量标准及检验方法》（JCJ 53）、《普通混凝土用砂、石质量及检验方法标准》（JGJ 52）的规定。

检查数量：按进场的批次和产品的抽样检验方案确定。

检验方法：检查进场复验报告。

6.6.11 拌制混凝土宜采用饮用水；当采用其他水源时，水质应符合国家现行标准《混凝土用水标准》（JGJ 63）的规定。

检查数量：同一水源检查不应少于一次。

检验方法：检查水质试验报告。

6.6.12 大体积混凝土施工应符合下列规定：

1 混凝土浇筑层厚度应根据所用振捣器的作用深度及混凝土的和易性确定，整体连续浇筑时宜为 300mm～500mm；

2 整体分层连续浇筑或推移式连续浇筑，应在前层混凝土初凝之前将次层混凝土浇筑完毕。当层间间歇时间超过混凝土的初凝时间时，层面应按施工缝处理；

  3 大体积混凝土应进行保温保湿养护，保湿养护的持续时间不得少于 14d，应保持混凝土表面湿润；保温覆盖层的拆除应分层逐步进行，当混凝土的表面温度与环境最大温差小于 20℃ 时，可全部拆除。

检查数量：按楼层、施工段划分检验批。在同一检验批内，对梁、柱，应抽查构件数量的 10%，且不少于 3 件；对墙、板，应按有代表性的自然间抽查 10%，且不少于 3 间；对设备基础，应全数检查。

检验方法：观察，检查施工记录。

6.6.13 补偿收缩混凝土施工应符合下列规定：

  1 补偿收缩混凝土宜使用 32.5 级及以上硅酸盐水泥、普通硅酸盐水泥和矿渣硅酸盐水泥。不得使用硫铝酸盐水泥、铁铝酸盐水泥和高铝水泥；

  2 混凝土膨胀剂可与减水剂、缓凝剂、早强剂、速凝剂、抗冻剂复合使用；

  3 补偿收缩混凝土的浇筑温度不宜超过 35℃；

  4 补偿收缩混凝土的养护时间不得少于 7d。

检查数量：按楼层、施工段划分检验批。在同一检验批内，对梁、柱，应抽查构件数量的 10%，且不少于 3 件；对墙、板，应按有代表性的自然间抽查 10%，且不少于 3 间；对设备基础，应全数检查。

检验方法：观察，检查施工记录。

6.6.14 混凝土应连续浇筑，宜少留施工缝。当留设施工缝时，外墙水平施工缝应留在高出底板表面 300mm~500mm、低于顶板表面不少于 500mm 的墙体上。

检查数量：全数检查。

检验方法：观察，检查施工记录。

6.6.15 变形缝应设在工程口部与主体连接处，并设在防密门外。

变形缝处混凝土结构的厚度不应小于 300mm，变形缝的宽度宜为 20mm~30mm。

检查数量：全数检查。

检验方法：观察，检查施工记录。

6.6.16 后浇带施工应符合下列规定：

  1 后浇带应设在受力和变形较小的部位，间距宜为 30m~60m，宽度宜为 800mm~1000mm；

  2 后浇带可做成平直缝，结构主筋不宜在缝中断开，如必须断开，主筋搭接长度应大于 45 倍主筋直径，并应按设计要求加设附加钢筋；

  3 后浇带应在其两侧混凝土龄期达到 42d 后再施工；

  4 后浇带混凝土施工前，后浇缝部位和外贴式止水带应予以保护，严防落入杂物和损伤外贴式止水带；

  5 后浇带应采用补偿收缩混凝土浇筑，其强度等级应高于两侧混凝土一个等级；

  6 后浇带混凝土的养护时间不得少于 28d。

检查数量：全数检查。

检验方法：观察，检查施工记录。

6.6.17 混凝土浇筑完毕后，应按施工技术方案及时采取有效的养护措施，并应符合下列规定：

    1 应在浇筑完毕后的 12h 以内对混凝土加以覆盖并保湿养护；

    2 混凝土浇水养护的时间：对采用硅酸盐水泥、普通硅酸盐水泥或矿渣硅酸盐水泥拌制的混凝土，不得少于 7d；对掺用缓凝型外加剂或有抗渗要求的混凝土，不得少于 14d；

    3 浇水次数应能保持混凝土处于湿润状态，混凝土养护用水应与拌制用水相同；

    4 采用塑料布覆盖养护的混凝土，其敞露的全部表面应覆盖严密，并应保持塑料布内有凝结水；

    5 混凝土强度达到 $1.2N/mm^2$ 前，不得在其上踩踏或安装模板及支架。

注：1 当日平均气温低于 5℃，不得浇水；
    2 当采用其他品种水泥时，混凝土的养护时间应根据所采用水泥的技术性能确定；
    3 混凝土表面不便浇水或使用塑料布时，宜涂刷养护剂。

检查数量：全数检查。
检验方法：观察，检查施工记录。

6.6.18 现浇结构的外观质量不宜有一般缺陷，一般缺陷按表 6.6.8 确定。

对已经出现的一般缺陷，应由施工单位按技术处理方案进行处理，并重新检查验收。

检查数量：全数检查。
检验方法：观察，检查技术处理方案。

6.6.19 现浇结构和混凝土设备基础拆模后尺寸允许偏差应符合表 6.6.19-1、表 6.6.19-2 的规定。

表 6.6.19-1 现浇结构尺寸允许偏差和检验方法

项目		允许偏差（mm）	检验方法
轴线位置	基础	15	钢尺检查
	独立基础	10	
	柱、墙、梁	8	
垂直度	层高 ≤5m	8	经纬仪或吊线、钢尺检查
	层高 >5m	10	经纬仪或吊线、钢尺检查
	全高（H）	$H/1000$ 且 ≤30	经纬仪、钢尺检查
标高	层高	±10	水准仪或拉线、钢尺检查
	全高	±30	
截面尺寸		+8，-5	钢尺检查
电梯井	井筒长、宽对定位中心线	+25，0	钢尺检查
	井筒全高（H）垂直度	$H/1000$ 且 ≤30	经纬仪、钢尺检查
表面平整度		8	2m 靠尺和塞尺量检查
预埋件中心位置	预埋板	10	钢尺检查
	预埋螺栓	5	
	预埋管	5	
预留洞中心线位置		15	钢尺检查

注：检查轴线、中心线位置时，应沿纵、横两个方向量测，并取其中的较大值。

表 6.6.19-2 混凝土设备基础尺寸允许偏差和检验方法

项目		允许偏差（mm）	检验方法
坐标位置		20	钢尺检查
不同平面标高		0，−20	水准仪或拉线、钢尺检查
平面外形尺寸		±20	钢尺检查
凸台上平面外形尺寸		0，−20	钢尺检查
凹穴尺寸		+20，0	钢尺检查
平面水平度	每米	5	水平尺、塞尺检查
	全长	10	水准仪或拉线、钢尺检查
垂直度	每米	5	经纬仪或吊线、钢尺检查
	全高	10	
预埋地脚螺栓	标高（顶部）	+20，0	水准仪或拉线、钢尺检查
	中心距	±2	钢尺检查
预埋地脚螺栓孔	中心线位置	10	钢尺检查
	深度	+20，0	钢尺检查
	孔垂直度	10	吊线、钢尺检查
预埋活动地脚螺栓锚板	中心线位置	5	水准仪或拉线、钢尺检查
	标高	+20，0	钢尺检查
	带槽锚板平整度	5	钢尺、塞尺检查
	带螺纹孔锚板平整度	2	钢尺、塞尺检查

注：检查坐标、中心线位置时，应沿纵、横两个方向量测，并取其中的较大值。

检查数量：按楼层、结构缝或施工段划分检验批。在同一检验批内，对梁、柱和独立基础，应抽查构件数量的10%，且不少于3件；对墙和板，应按有代表性的自然间抽查10%，且不少于3间；对大空间结构，墙可按相邻轴线间高度5m左右划分检查面，板可按纵、横轴线划分检查面，抽查10%，且均不少于3面；对电梯井，应全数检查。对设备基础，应全数检查。

表 3.5.11 爆破掘进工程检验批质量验收记录表

编号：001

单位工程名称	××大厦地下室人防工程	分项工程名称	爆破掘进工程	分部工程名称	结构工程
施工单位	××建设集团有限公司	项目负责人	×××	检验批容量	60m
分包单位	/	分包单位项目负责人	/	检验批部位	～/～轴防护单元三坑道
验收依据	《人民防空工程质量验收与评价标准》（RFJ01—2015）				

		验收项目	设计要求及规范规定	最小/实际抽样数量	检查记录	检查结果
主控项目	1	第6.7.2条	坑（地）道坡度应符合设计要求	全/5	共5处，全部检查，合格5处	√
一般项目	1	第6.7.3条	坑（地）道掘进偏差和检验方法应符合规定	3/3	抽查3处，合格3处	100%

施工单位检查结果	主控项目全部合格，一般项目满足规范要求。	专业工长：××× 项目专业质量检查员：××× ××××年××月××日
监理单位验收结论	验收合格。	专业监理工程师：××× ××××年××月××日

爆破掘进工程检验批质量验收记录表
填表说明

检验批划分

爆破掘进工程按工作班施工段等划分检验批。

主控项目

6.7.2 坑（地）道坡度必须符合设计要求；毛洞表面应平整。

检查数量：全数检查。

检验方法：观察和尺量检查。

一般项目

6.7.3 坑（地）道掘进允许偏差和检验方法应符合表6.7.3的规定。

检查数量：口部坐标、标高和毛洞两口间坡度，按每个口进行检查；其他按不同规格毛洞每20m检查1处；预留孔、预留洞逐个检查。

表6.7.3 坑道、地道掘进的允许偏差和检验方法

序号	项目	允许偏差（mm）	检验方法
1	口部坐标	100	用经纬仪检查
2	口部标高	±100	用水准仪检查
3	两洞口间坡度	±10%	观察或用坡度尺检查
4	局部坡度	±20%且超过部分累计长度不大于全长的20%	观察或用坡度尺检查
5	毛洞宽度（由中心线向两帮量）	+100 −20	拉线和尺量检查
6	毛洞高度（由腰线分别向底板、顶板量）	+100 −30	拉线和尺量检查
7	毛洞局部超挖	0~150且累计超挖面积不大于总面积的15%	拉线和尺量检查
8	毛洞中心线局部偏移	0~200且偏移部分的累计长度不大于全长的15%	拉线和尺量检查
9	预留孔中心线局部偏移	20	拉线和尺量检查
10	预留洞中心线位置	50	拉线和尺量检查

表 3.5.12 喷射混凝土工程检验批质量验收记录表

编号：001

单位工程名称	××大厦地下室人防工程	分项工程名称	喷射混凝土工程	分部工程名称	结构工程
施工单位	××建设集团有限公司	项目负责人	×××	检验批容量	480m²
分包单位	/	分包单位项目负责人	/	检验批部位	～/～轴基础边坡
验收依据	《人民防空工程质量验收与评价标准》（RFJ01—2015）				

		验收项目	设计要求及规范规定	最小/实际抽样数量	检查记录	检查结果
主控项目	1	第6.8.1条	水泥、骨料等应符合设计要求和施工规范的规定	/	质量合格证明文件齐全、符合要求	√
	2	第6.8.2条	喷射混凝土配合比等应符合设计要求和施工规范的规定	全/13	共13处，全部检查，合格13处；施工记录编号××	√
	3	第6.8.3条	评定喷射混凝土强度的试块强度应符合规定	/	试验合格，报告编号×××	√
	4	第6.8.4条	锚杆抗拔力应符合规定	/	试验合格，报告编号××	√
一般项目	1	第6.8.5条	锚杆孔的间距和深度偏差应符合规定	8/8	抽查8处，合格8处	100%
	2	第6.8.6条	喷射混凝土厚度允许偏差应符合规定	3/3	抽查3处，合格3处；施工记录编号××	100%
	3	第6.8.7条	喷射混凝土层面质量应符合规定	5/5	抽查5处，合格5处	100%

施工单位检查结果	主控项目全部合格，一般项目满足规范要求。	专业工长：××× 项目专业质量检查员：××× ××××年××月××日
监理单位验收结论	验收合格。	专业监理工程师：××× ××××年××月××日

喷射混凝土工程检验批质量验收记录表
填表说明

检验批划分

喷射混凝土工程按工作班施工段等划分检验批。

主控项目

6.8.1 喷射混凝土所用的水泥、水、骨料、外加剂以及锚杆、钢筋网等必须符合设计要求和施工规范的规定。

检查数量：全数检查。

检验方法：检查出厂合格证或试验报告。

6.8.2 喷射混凝土的配合比、原材料计量搅拌、喷射、养护、锚杆和钢筋网的安装均必须符合设计要求和施工规范的规定。

检查数量：全数检查。

检验方法：观察检查和检查施工记录。

6.8.3 评定喷射混凝土强度的试块，必须按《岩土锚杆与喷射混凝土支护工程技术规范》（GB 50086）的规定取样、制作、养护和试验，其强度必须符合下列规定。

当同批试件组数 $n \geq 10$ 时，

1 对于重要工程，必须同时符合下列两式的规定：

$$f_{ck} - K_1 S_n \geq 0.9 f_c \tag{6.8.3-1}$$

$$f_{ckmin} \geq K_2 f_c \tag{6.8.3-2}$$

2 对于一般工程，必须同时符合下列两式的规定：

$$f_{ck} \geq f_c \tag{6.8.3-3}$$

$$f_{ckmin} \geq 0.85 f_c \tag{6.8.3-4}$$

式中：f_{ck}——施工阶段同批 n 组喷射混凝土试块抗压强度的平均值（N/mm²）；

n——施工阶段同批喷射混凝土试块的抽样组数；

S_n——施工阶段同批 n 组喷射混凝土试块抗压强度的标准差（N/mm²）；

$$S_n = \sqrt{\frac{\sum_{i=1}^{n} f_{cki}^2 - n \cdot f_{ck}^2}{n-1}} \tag{6.8.3-5}$$

f_c——喷射混凝土立方体抗压强度设计值（N/mm²）；

f_{ckmin}——施工阶段同批 n 组喷射混凝土试块抗压强度的最小值（N/mm²）；

f_{cki}——第 i 组试块抗压强度（N/mm²）；

K_1、K_2——合格判定系数，按表 6.8.3 取值。

表 6.8.3 合格判定系数

合格判定系数	允许偏差（mm）		
	10～14	15～14	≥25
K_1	1.70	1.65	1.60
K_2	0.90	0.85	0.85

当同批试块组数 $n<10$ 时，可按 $f_{ck} \geqslant 1.15 f_c$ 以及 $f_{ckmin} \geqslant 0.95 f_c$ 验收。

检查数量：全数检查。

检验方法：检查标准养护龄期28d试块抗压强度的试验报告。

6.8.4 检查锚杆质量必须做抗拔力试验。锚杆抗拔力必须同时符合下列两式的规定。

$$P_{An} \geqslant P_A \tag{6.8.4-1}$$
$$P_{Amin} \geqslant 0.9 P_A \tag{6.8.4-2}$$

式中：P_{An}——同批试件抗拔力的平均值（kN）；

P_A——锚杆设计锚固力（kN）；

P_{Amin}——同批试件抗拔力的最小值（kN）。

检查数量：每300根锚杆抽样一组；设计变更或材料变更时，另做一组。每组不得少于3根。

检验方法：检查锚杆抗拔力试验报告。

一般项目

6.8.5 锚杆孔的间距和深度允许偏差应符合下列规定：锚杆孔的间距允许偏差为150mm。深度允许偏差：水泥砂浆锚杆孔深允许偏差宜为50mm。

检查数量：按不同深度、不同间距的锚杆数量分别抽查20％。

检验方法：尺量检查。

6.8.6 喷射混凝土厚度应符合下列规定：

每个断面上，全部检查孔处的喷层厚度，60％及以上不小于设计厚度；最小值不小于设计厚度的1/2；检查孔处厚度的平均值，不小于设计厚度值。

检查数量：当毛洞跨度小于5m时，每40m～50m设一个检查断面；当跨度为5m～15m时，每20m～40m设一个检查断面；当跨度为15m～25m时，每10m～20m设一个检查断面。

每一个检查断面的检查点，应从拱部中线起，每间隔2m～3m设一个，且一个断面上，拱部不应少于3个点，总计不应少于5个点。

检验方法：检查施工记录或用凿孔法检查。

6.8.7 喷射混凝土层面质量应符合下列规定：喷射层与岩石层粘结牢固；无漏喷、空鼓，表面基本无干斑、裂缝、脱落、露筋现象；锚杆尾端和钢筋网基本无外露；无渗漏水。

检查数量：每100m² 检查1处，每处3m²，且不少于5处。

检验方法：观察检查。

表 3.5.13 砌体工程检验批质量验收记录表

编号：001

单位工程名称	××大厦地下室人防工程		分项工程名称	砌体工程	分部工程名称	结构工程
施工单位	××建设集团有限公司		项目负责人	×××	检验批容量	30间
分包单位	/		分包单位项目负责人	/	检验批部位	~/~轴防护单元三地下一层墙体
验收依据	《人民防空工程质量验收与评价标准》（RFJ01—2015）					

	验收项目		设计要求及规范规定	最小/实际抽样数量	检查记录	检查结果
主控项目	1	第6.9.2条	砌体的品种、抗压强度必须符合设计要求	/	质量合格证明文件齐全、符合要求	√
	2	第6.9.3条	砂浆品种、抗压强度应符合规定	/	试验合格，报告编号××	√
	3	第6.9.4条	砌体砂浆必须密实饱满	5/5	抽查5处，合格5处	√
	4	第6.9.5条	砌体的位置及垂直度允许偏差应符合规定	3/3	抽查3处，合格3处	√
一般项目	1	第6.9.6条	砌体组砌方法应正确	3/3	抽查3处，合格3处	100%
	2	第6.9.7条	砌体的灰缝应横平竖直，厚薄均匀	30/30	抽查30处，合格30处	100%
	3	第6.9.8条	预埋拉结筋应符合规定	/	/	/
	4	第6.9.9条	砌体一般尺寸允许偏差应符合规定	3/3	抽查3处，合格3处	100%
施工单位检查结果	主控项目全部合格，一般项目满足规范要求。				专业工长：××× 项目专业质量检查员：××× ××××年××月××日	
监理单位验收结论	验收合格。				专业监理工程师：××× ××××年××月××日	

表 3.5.14 现场验收检查原始记录

共1页第1页

单位工程名称	××大厦地下室人防工程		
分部工程名称	结构工程	分项工程名称	砌体工程
检验批名称	砌体工程检验批	检验批编号	001

验收规范条文编号	验收项目（设计要求及规范规定）	检查部位及质量情况	备注
6.9.6	砌体组砌方法应正确	随机抽查3间：/～轴地下一层墙体、/～轴地下一层墙体、～/轴地下一层墙体：上下错缝、内外搭砌	
6.9.7	砌体的灰缝应横平竖直，厚薄均匀	每面墙进行检查，灰缝横平竖直，厚薄均在8mm～12mm之间	

验收规范条文编号	验收项目（设计要求及规范规定）	测量部位/测量数据						备注
		/～轴	/～轴	/～轴	～/轴	～/轴		
6.9.4	砌体砂浆必须密实饱满	85%	90%	90%	85%	95%		
6.9.5	轴线位置偏移	8mm	6mm	5mm				
	垂直度			3mm	4mm	5mm		
6.9.9	表面平整度		6mm	5mm	6mm			
	水平灰缝平直度		8mm	6mm	5mm			

监理校核：×××　　检查：×××　　记录：×××　　验收日期：××××年××月××日

本表由施工单位手工填写并保存。

砌体工程检验批质量验收记录表和现场验收检查原始记录填表说明

检验批划分

砌体工程按材料类型相同、同类型材料的强度等级相同、不超过250m³砌体划分为一个检验批。

主控项目

6.9.2 砌体的品种、抗压强度必须符合设计要求。

检查数量：全数检查。

检验方法：观察检查，检查出厂合格证或试验报告。

6.9.3 砂浆品种必须符合设计要求，抗压强度必须符合下列规定：

    1 同品种、同强度等级砂浆各组试块的平均抗压强度不低于设计强度等级；

    2 任意一组试块的抗压强度不低于设计强度等级的75%。

检查数量：全数检查。

检验方法：检查试块试验报告。

6.9.4 砌体砂浆必须密实饱满，实心砖砌体水平灰缝的砂浆饱满度不小于80%。

检查数量：每检验批抽查不应少于5处。

检验方法：用百格网检查砖底面与砂浆的粘结痕迹面积。每处检查3块砖，取其平均值。

6.9.5 砌体的位置及垂直度允许偏差应符合表6.9.5的规定。

检查数量：按有代表性的自然间抽查10%，但不应少于3间，每间不应少于2处。

表6.9.5 砌体的位置及垂直度允许偏差

序号	项目	允许偏差（mm）	检验方法
1	轴线位置偏移	10	用经纬仪检查
2	垂直度	5	用2m托线板检查

一般项目

6.9.6 砌体组砌方法应正确，上、下错缝，内外搭砌。

检查数量：按有代表性的自然间抽查10%，且不应少于3间。

检验方法：观察检查。

6.9.7 砌体的灰缝应横平竖直，厚薄均匀。水平灰缝厚度宜为10mm，但不应小于8mm，也不应大于12mm。

检查数量：每步脚手架施工的砌体，每20m抽查1处。

检验方法：用尺量10皮砖砌体高度折算。

6.9.8 预埋拉结筋应符合下列规定：数量、长度均应符合设计要求和施工规范的规定，留置间距偏差不超过3皮砖。

检查数量：按有代表性的自然间抽查10%，且不应少于3间。

检验方法：观察或尺量检查。

6.9.9 砌体一般尺寸允许偏差应符合表 6.9.9 的规定。

表 6.9.9 砌体一般尺寸允许偏差

序号	项目		允许偏差（mm）	检验方法	抽检数量
1	表面平整度	清水墙	5	用 2m 靠尺和楔形塞尺检查	有代表性的自然间抽查 10%，但不应少于 3 间，每间不应少于 2 处
		混水墙	8		
2	门窗洞口高、宽		±5	用尺检查	检验批洞口 10%，且不应少于 5 处
3	水平灰缝平整度	清水墙	7	拉 10m 线和尺检查	有代表性的自然间抽查 10%，但不应少于 3 间，每间不应少于 2 处
		混水墙	10		
4	清水墙游丁走缝		20	吊线和尺检查	有代表性的自然间抽查 10%，但不应少于 3 间，每间不应少于 2 处

3.6 孔口防护工程检验批填写示例及说明

表 3.6.1 门框墙制作检验批质量验收记录表

编号：001

单位工程名称		××大厦地下室人防工程	分项工程名称	门框墙制作	分部工程名称	孔口防护工程
施工单位		××建设集团有限公司	项目负责人	×××	检验批容量	10樘
分包单位		/	分包单位项目负责人	/	检验批部位	地下一层～/～轴防护单元三
验收依据		\multicolumn{5}{c}{《人民防空工程质量验收与评价标准》（RFJ01—2015）}				

		验收项目	设计要求及规范规定	最小/实际抽样数量	检查记录	检查结果
主控项目	1	第7.2.2条	门框墙混凝土强度等级不应低于C30	/	检验合格，报告编号××	√
	2	第7.2.3条	门框墙受力钢筋直径、间距及设置拉结筋应符合要求	全/10	共10处，全部检查，合格10处	√
	3	第7.2.4条	防护密闭门和密闭门的门框墙厚度应符合要求	全/10	共10处，全部检查，合格10处	√
	4	第7.2.5条	防护门、防护密闭门门洞四角的斜向钢筋配置应符合要求	全/10	共10处，全部检查，合格10处	√
	5	第7.2.6条	门框墙周边宽度应满足门扇安装和启闭要求	全/10	共10处，全部检查，合格10处	√
	6	第7.2.7条	钢材的品种和质量等应符合设计要求和规定	/	质量证明文件齐全、符合要求；试验报告编号××	√
	7	第7.2.8条	钢材的规格、形状等应符合设计要求和规定	全/10	共10处，全部检查，合格10处	√
	8	第7.2.9条	钢筋有瑕疵，严禁按原规格使用	/	/	/
	9	第7.2.10条	混凝土所用水泥、骨料等应符合施工规定	/	质量证明文件齐全、符合要求	√
	10	第7.2.11条	混凝土的配合比等应符合规定	全/10	共10处，全部检查，合格10处；施工记录编号××	√
	11	第7.2.12条	商品混凝土质量应符合规定	/	质量证明文件齐全、符合要求	√
	12	第7.2.13条	钢门框与门框墙连接成整体；活门槛与门窗墙连接牢固	全/10	共10处，全部检查，合格10处；施工记录编号××	√
	13	第7.2.14条	钢筋混凝土门框墙无蜂窝无孔洞无露筋	全/10	共10处，全部检查，合格10处	√
一般项目	1	第7.2.15条	门框墙的混凝土应振捣密实；门框墙麻面积应符合规定	全/10	共10处，全部检查，合格10处	100%
	2	第7.2.16条	门框制作的允许偏差和检验方法应符合规定	全/10	共10处，全部检查，合格10处	100%
施工单位检查结果			主控项目全部合格，一般项目满足规范要求。		专业工长：××× 项目专业质量检查员：××× ××××年××月××日	
监理单位验收结论			验收合格。		专业监理工程师：××× ××××年××月××日	

门框墙制作检验批质量验收记录表
填表说明

检验批划分

门框墙制作应与结构工程钢筋安装、混凝土施工同步划分检验批。

检查数量：全数检查。

主控项目

7.2.2 门框墙混凝土强度等级不应低于C30。

检验方法：检查混凝土强度试验报告。

7.2.3 门框墙受力钢筋直径不应小于12mm，间距不应大于250mm；应设置拉结筋，其直径不应小于6mm，间距不大于500mm，呈梅花型布置。

检查方法：观察，尺量检查。

7.2.4 防护密闭门门框墙厚度不应小于300mm，密闭门门框墙厚度不应小于250mm。

检验方法：尺量检查。

7.2.5 防护门、防护密闭门门洞四角应配置2根（当墙厚大于400mm时为3根）斜向钢筋，其直径不应小于16mm，长度不应小于1000mm。

防爆波活门门洞四角应配置2根斜向钢筋，其直径不应小于12mm，长度不应小于800mm。

斜向钢筋宜采用HRB400级或HRB335级钢筋。

检验方法：观察，尺量检查。

7.2.6 门框墙周边宽度应满足门扇安装和启闭要求。

检验方法：观察，尺量检查。

7.2.7 钢材的品种和质量及焊条、焊剂的牌号、性能均必须符合设计要求和有关标准的规定。

检验方法：检查出厂质量证明书和试验报告。

7.2.8 钢筋的规格、形状、尺寸、数量、接头位置、钢筋保护层厚度必须符合设计要求和施工规范的规定。

检验方法：观察，尺量检查。

7.2.9 钢筋经现场除锈仍留有麻点的，严禁按原规格使用。

检验方法：观察检查。

7.2.10 混凝土所用水泥、水、骨料必须符合施工规范的规定。

检验方法：检查出厂合格证或试验报告。

7.2.11 混凝土的配合比、原材料计量、搅拌、养护必须符合混凝土施工规范的规定。

检验方法：观察，检查施工记录。

7.2.12 商品混凝土质量必须符合现行国家标准的规定。

检验方法：检查出厂合格证或试验报告。

7.2.13 钢门框与门框墙之间应有足够的连接强度，相互连成整体。活门槛与门框连接应牢固、严密。

检验方法：观察，检查施工记录。

7.2.14 钢筋混凝土门框墙严禁有蜂窝、孔洞、露筋。

检验方法：观察检查。

一般项目

7.2.15 门框墙的混凝土应振捣密实。每道门框墙的任何一处麻面面积不应大于门框墙总面积的0.5%，且应修整完好。

检验方法：观察，尺量检查。

7.2.16 门框墙制作的允许偏差和检验方法应符合表7.2.16的规定。

表7.2.16 门框墙制作的允许偏差和检验方法

序号	项目		允许偏差（mm）	检验方法
1	门框孔宽度 L（mm）	$L \leqslant 1500$	2.0	尺量检查
		$1500 < L \leqslant 2500$	3.0	
		$L > 2500$	4.0	
2	门框孔高度 H（mm）	$H \leqslant 1500$	2.0	
		$1500 < H \leqslant 2500$	3.0	
		$H > 2500$	4.0	
3	门框孔对角线长度 X（mm）	$X \leqslant 2000$	4.5	
		$X > 2000$	5.5	
4	门框垂直度（mm）	$L \leqslant 2000$	2.5	用磁力线锤、尺量检查
		$2000 < L \leqslant 3000$	3.0	
		$3000 < L \leqslant 5000$	4.0	
		$L > 5000$	5.0	

表 3.6.2 防护门、防护密闭门、密闭门安装检验批质量验收记录表

编号：001

单位工程名称	××大厦地下室人防工程	分项工程名称	防护门、防护密闭门、密闭门安装	分部工程名称	孔口防护工程
施工单位	××建设集团有限公司	项目负责人	×××	检验批容量	10樘
分包单位	/	分包单位项目负责人	/	检验批部位	地下一层～/～轴 防护单元三
验收依据	《人民防空工程质量验收与评价标准》（RFJ01—2015）					

		验收项目	设计要求及规范规定	最小/实际抽样数量	检查记录	检查结果
主控项目	1	第7.3.1条	防护门、防护密闭门、密闭门性能等指标应符合设计要求和规定	/	质量证明文件齐全、符合要求	√
	2	第7.3.2条	门扇与门框应贴合严密	全/10	共10处，全部检查，合格10处	√
	3	第7.3.3条	门扇铰页连接处受力均匀，设置垫片应符合要求	全/10	共10处，全部检查，合格10处	√
	4	第7.3.4条	密封条粘接牢固、平整。胶条接头搭接应符合要求	全/10	共10处，全部检查，合格10处	√
	5	第7.3.5条	门扇应自动开到终止位置，传动部件涂油润滑	全/10	共10处，全部检查，合格10处	√
	6	第7.3.6条	钢筋混凝土门扇无蜂窝等瑕疵。钢门扇无严重变形	全/10	共10处，全部检查，合格10处	√
	7	第7.3.7条	门扇应开关轻便，闭锁启闭灵活	全/10	共10处，全部检查，合格10处	√
一般项目	1	第7.3.8条	门扇的零部件齐全，无锈蚀，无损坏	全/10	共10处，全部检查，合格10处	100%
	2	第7.3.9条	双扇拱形门的上下两端与门框间，有符合要求的间隙	/	/	/
	3	第7.3.10条	门扇安装允许偏差和检验方法应符合规定	全/10	共10处，全部检查，合格10处	100%

施工单位检查结果	主控项目全部合格，一般项目满足规范要求。	专业工长：××× 项目专业质量检查员：××× ××××年××月××日
监理单位验收结论	验收合格。	专业监理工程师：××× ××××年××月××日

防护门、防护密闭门、密闭门安装检验批质量验收记录表填表说明

检验批划分

按防护单元划分检验批。

主控项目

7.3.1 防护门、防护密闭门、密闭门的产品标牌齐全,规格、型号、性能必须符合设计要求和人防工程防护设备产品质量检验标准的规定。

检查数量:逐扇检查。

检验方法:检查出厂合格证或试验报告。

7.3.2 门扇与门框应贴合严密,门扇与门框贴合的传力部位严禁抹灰,门扇关闭时密封条压缩均匀、严密不漏气。

检查数量:逐扇检查。

检验方法:观察,灯光检查。

7.3.3 门扇铰页连接处应受力均匀,铰页与门框连接处不宜设置垫片;确需设置时,垫片厚度不应大于3mm,且只能一层。

检查数量:逐扇检查。

检验方法:观察,尺量检查。

7.3.4 密封条粘接应牢固、平整。胶条接头应采用45度坡口搭接。

检查数量:逐扇检查。

检验方法:观察检查。

7.3.5 门扇应自动开到终止位置,表面平整光滑,面漆均匀,传动部件涂油润滑。

检查数量:逐扇检查。

检验方法:观察检查。

7.3.6 钢筋混凝土门扇严禁有贯通裂缝、蜂窝孔洞和露筋。钢门扇严禁有影响防护密闭功能的变形。

检查数量:逐扇检查。

检验方法:观察检查。

7.3.7 门扇应开关轻便,闭锁启闭灵活,门扇外表面标有闭锁开关方向。

检查数量:逐扇检查。

检验方法:观察和手扳检查。

一般项目

7.3.8 门扇的零部件应齐全,无锈蚀,无损坏。

检查数量:逐扇检查。

检验方法:观察检查。

7.3.9 双扇拱形门的上下两端与门框之间,均应有5mm~10mm间隙。

7.3.10 门扇安装允许偏差和检验方法应符合表7.3.10的规定。

检查数量:逐扇检查。

表 7.3.10 门扇安装允许偏差和检验方法

序号	项目		允许偏差（mm）	检验方法
1	门扇宽度 L （mm）	$L \leqslant 1500$	2.0	尺量检查
		$1500 < L \leqslant 2500$	3.0	
		$L > 2500$	4.0	
2	门扇高度 H （mm）	$H \leqslant 1500$	2.0	
		$1500 < H \leqslant 2500$	3.0	
		$H > 2500$	4.0	
3	门扇对角线长度 X （mm）	$X \leqslant 2000$	4.5	
		$X > 2000$	5.5	
4	门扇与门框贴合面间隙 LH （mm）	$LH \leqslant 3000$	2.5	塞尺检查
		$LH > 3000$	3.5	

注：LH 为门孔宽度和高度中较大值。

表 3.6.3 防爆波活门安装检验批质量验收记录表

编号：001

单位工程名称	××大厦地下室人防工程		分项工程名称	防爆波活门安装	分部工程名称	孔口防护工程
施工单位	××建设集团有限公司		项目负责人	×××	检验批容量	10樘
分包单位	/		分包单位项目负责人	/	检验批部位	地下一层～/～轴防护单元三
验收依据	《人民防空工程质量验收与评价标准》（RFJ01—2015）					

		验收项目	设计要求及规范规定	最小/实际抽样数量	检查记录	检查结果
主控项目	1	第7.4.1条	防爆波悬摆活门、胶管活门的规格等应符合设计要求和规定	全/10	共10处，全部检查，合格10处；质量证明文件齐全，符合要求	√
	2	第7.4.2条	防爆波悬摆活门安装牢固，开启方向、位置正确	全/10	共10处，全部检查，合格10处	√
	3	第7.4.3条	胶管活门门框与胶板粘贴牢固，位置正确	全/10	共10处，全部检查，合格10处	√
	4	第7.4.4条	防爆波悬摆活门和胶管活门凹入墙面的距离应符合设计要求和规定	全/10	共10处，全部检查，合格10处	√
	5	第7.4.5条	防爆波悬摆活门安装应符合规定	全/10	共10处，全部检查，合格10处	√
	6	第7.4.6条	胶管活门安装应符合规定	全/10	共10处，全部检查，合格10处	√
一般项目	1	第7.4.7条	防爆波悬摆活门、胶管活门安装允许偏差和检验方法应符合规定	全/10	共10处，全部检查，合格10处	100%

施工单位检查结果	主控项目全部合格，一般项目满足规范要求。	专业工长：××× 项目专业质量检查员：××× ××××年××月××日
监理单位验收结论	验收合格。	专业监理工程师：××× ××××年××月××日

防爆波活门安装检验批质量验收记录表填表说明

检验批划分

按防护单元划分检验批。

主控项目

7.4.1 防爆波悬摆活门、胶管活门的规格、型号、性能必须符合设计要求和施工规范的规定。

检查数量：逐个检查。

检验方法：检查出厂合格证，按图纸检查实物。

7.4.2 防爆波悬摆活门安装必须牢固，开启方向、位置应正确。

检查数量：逐个检查。

检验方法：观察和手扳检查。

7.4.3 胶管活门门框与胶板粘贴必须牢固，其位置应正确。

检查数量：逐个检查。

检验方法：观察检查。

7.4.4 防爆波悬摆活门和胶管活门凹入墙面的距离应符合设计要求和施工规范的规定。

检查数量：逐个检查。

检验方法：观察检查。

7.4.5 防爆波悬摆活门安装应符合下列规定：悬板关闭与底座胶垫贴合严密；门扇铰页处应受力均匀；悬板启闭灵活，能自动复位。

检查数量：逐个检查。

检验方法：用手摆动和压紧贴合面检查。

7.4.6 胶管活门安装应符合下列规定：门扇与门框贴合严密，胶管、卡箍配套、编号，胶管密封保存。

检查数量：逐个检查。

检验方法：观察和启闭检查。

一般项目

7.4.7 防爆波悬摆活门、胶管活门安装允许偏差和检验方法应符合表7.4.7的规定。

检查数量：逐个检查。

表7.4.7 防爆波悬摆活门和胶管活门安装的允许偏差和检验方法

项目		允许偏差（mm）	检验方法
防爆波悬摆活门、胶管活门	坐标	10	用经纬仪或拉线和尺量检查
	标高	±5	用水准仪或尺量检查
	框正、侧面垂直度	5	用磁力线锥、尺量检查

表 3.6.4 自动排气活门、防爆超压排气活门安装检验批质量验收记录表

编号：001

单位工程名称	××大厦地下室人防工程	分项工程名称	自动排气活门、防爆超压排气活门安装	分部工程名称	孔口防护工程
施工单位	××建设集团有限公司	项目负责人	×××	检验批容量	10 樘
分包单位	/	分包单位项目负责人	/	检验批部位	地下一层～/～轴防护单元三
验收依据	《人民防空工程质量验收与评价标准》（RFJ01—2015）				

		验收项目	设计要求及规范规定	最小/实际抽样数量	检查记录	检查结果
主控项目	1	第7.5.1条	自动排气活门等开启方向须朝向排风方向	全/10	共10处，全部检查，合格10处	√
	2	第7.5.2条	自动排气活门等应与工程内的通风短管在垂直和水平方向错开布置	全/10	共10处，全部检查，合格10处	√
	3	第7.5.3条	自动排气活门等安装应符合规定	全/10	共10处，全部检查，合格10处	√
一般项目	1	第7.5.4条	自动排气活门等安装允许偏差和检验方法应符合规定	全/10	共10处，全部检查，合格10处	100%

施工单位检查结果	主控项目全部合格，一般项目满足规范要求。	专业工长：××× 项目专业质量检查员：××× ××××年××月××日
监理单位验收结论	验收合格。	专业监理工程师：××× ××××年××月××日

表 3.6.5 现场验收检查原始记录

共1页第1页

单位工程名称	××大厦地下室人防工程		
分部工程名称	孔口防护工程	分项工程名称	自动排气活门、防爆超压排气活门安装
检验批名称	动排气活门、防爆超压排气活门安装检验批	检验批编号	001

验收规范条文编号	验收项目（设计要求及规范规定）	检查部位及质量情况	备注
7.5.1	自动排气活门等开启方向须朝向排风方向	～/轴、～/轴、～/轴、～/轴、～/轴、/～轴、/～轴、～/轴、～/轴、/～轴，均朝向排风方向，平衡锤连杆与穿墙管法兰平行，平衡锤垂直向下	
7.5.2	自动排气活门等应与工程内的通风短管在垂直和水平方向错开布置	部位同上，与工程内的通风短管、密闭阀门在垂直和水平方向均错开布置	
7.5.3	自动排气活门等安装应符合规定	部位同上，在设计超压下能自动关闭，关闭后与风管法兰和无缝橡胶密封圈贴合严密	

验收规范条文编号	验收项目（设计要求及规范规定）	测量部位/测量数据										备注
		～/轴	～/轴	～/轴	～/轴	～/轴	/～轴	/～轴	～/轴	～/轴	/～轴	
7.5.4	坐标（10mm）	8	6	4	7	5	6	2	6	7	5	
	标高（±5mm）	3	−4	2	3	−2	1	0	−1	−5	1	
	平衡锤杆铅垂度（5mm）	2	3	2	4	2	3	2	1	0	1	

监理校核：×××　　　检查：×××　　　记录：×××　　　验收日期：××××年××月××日

本表由施工单位手工填写并保存。

自动排气活门、防爆超压排气活门安装检验批质量验收记录表和现场验收检查原始记录
填表说明

检验批划分

按防护单元划分检验批。

主控项目

7.5.1 自动排气活门、防爆超压排气活门开启方向必须朝向排风方向,平衡锤连杆应与穿墙管法兰平行,平衡锤应垂直向下。

检查数量:逐个检查。

检验方法:观察检查。

7.5.2 自动排气活门、防爆超压排气活门应与工程内的通风短管(或密闭阀门)在垂直和水平方向错开布置。

检查数量:逐个检查。

检验方法:观察检查。

7.5.3 自动排气活门、防爆超压排气活门安装应符合下列规定:

排气活门在设计超压下能自动开启,关闭后与风管法兰和无缝橡胶密封圈贴合严密。

检查数量:逐个检查。

检验方法:观察,手扳检查。

一般项目

7.5.4 自动排气活门、防爆超压排气活门安装允许偏差和检验方法应符合表7.5.4的规定。

检查数量:逐个检查。

表7.5.4 自动排气活门和防爆超压排气活门安装的允许偏差和检验方法

项目		允许偏差(mm)	检验方法
自动排气活门、防爆超压排气活门	坐标	10	用经纬仪或拉线和尺量检查
	标高	±5	用水准仪或尺量检查
	平衡锤杆铅垂度	5	用磁力线锤、尺量检查

表3.6.6 密闭穿墙管施工检验批质量验收记录表

编号：001

单位工程名称	××大厦地下室人防工程	分项工程名称	密闭穿墙管施工	分部工程名称	孔口防护工程
施工单位	××建设集团有限公司	项目负责人	×××	检验批容量	10处
分包单位	/	分包单位项目负责人	/	检验批部位	地下一层～/～轴防护单元三
验收依据	《人民防空工程质量验收与评价标准》(RFJ01—2015)				

		验收项目	设计要求及规范规定	最小/实际抽样数量	检查记录	检查结果
主控项目	1	第7.6.1条	当管道穿过工程外墙等时，预埋带有密闭翼环的密闭穿墙管	全/2	共2处，全部检查，合格2处；施工记录编号××	√
	2	第7.6.2条	密闭穿墙管管材应符合规定	全/10	共10处，全部检查，合格10处；施工记录编号××	√
	3	第7.6.3条	密闭翼环采用钢板制作，钢板平整，厚度和翼高应符合规定	全/2	共2处，全部检查，合格2处	√
	4	第7.6.4条	密闭翼环应位于墙体中间，与周围结构钢筋焊牢	全/2	共2处，全部检查，合格2处；施工记录编号××	√
一般项目	1	第7.6.5条	密闭穿墙短管两端伸出墙面的长度应符合规定	全/10	共10处，全部检查，合格10处	100%
	2	第7.6.6条	密闭穿墙管作套管应符合规定	全/10	共10处，全部检查，合格10处；施工记录编号××	100%
	3	第7.6.7条	当管线穿过临空墙等预埋的套管时，设置防护抗力片	全/10	共10处，全部检查，合格10处	100%
	4	第7.6.8条	密闭穿墙管施工应符合规定	全/10	共10处，全部检查，合格10处	100%
	5	第7.6.9条	进出工程管道安装防护阀门，距离墙体不宜大于200mm	全/10	共10处，全部检查，合格10处	100%
施工单位检查结果			主控项目全部合格，一般项目满足规范要求。		专业工长：××× 项目专业质量检查员：××× ××××年××月××日	
监理单位验收结论			验收合格。		专业监理工程师：××× ××××年××月××日	

密闭穿墙管施工检验批质量验收记录表
填表说明

检验批划分

密闭穿墙管施工应与结构工程钢筋安装、混凝土施工同步划分检验批。

主控项目

7.6.1 当管道穿过工程外墙（板）、临空墙、防护密闭隔墙、密闭隔墙时，应预埋带有密闭翼环的密闭穿墙管（短管或套管）。

检查数量：逐个检查。

检验方法：观察，检查工程施工记录。

7.6.2 密闭穿墙管管材应符合下列规定：

1 给水管道采用钢塑复合管或热镀锌钢管；
2 排水管道采用钢塑复合管或其他经过可靠防腐处理的钢管；
3 电缆管线和预留备用管采用管壁厚度不小于2.5mm的热镀锌钢管；
4 通风管采用厚度2mm～3mm的钢板焊接制作。

检查数量：全数检查。

检验方法：观察，检查工程施工记录。

7.6.3 密闭翼环应采用钢板制作，钢板应平整，其厚度和翼高应符合下列规定：

1 给水管、通风管的密闭翼环厚度不小于10mm；
2 电缆管的密闭翼环厚度不小于5mm；
3 密闭翼环翼高不小于50mm。

检查数量：全数检查。

检验方法：观察、尺量检查。

7.6.4 密闭翼环应位于墙体中间，并与周围结构钢筋焊牢。

检查数量：逐个检查。

检验方法：观察，检查工程施工记录。

一般项目

7.6.5 密闭穿墙短管两端伸出墙面的长度应符合下列规定：

1 电缆、电线穿墙短管不小于50mm；
2 给排水穿墙短管不小于40mm；
3 通风穿墙短管不小于100mm。

检查数量：逐个检查。

检验方法：观察、尺量检查。

7.6.6 密闭穿墙管作套管时，应符合下列规定：

1 在套管与管道之间应用密封材料填充密实，并在管口两端进行密闭处理；填料长度应为管径的3～5倍，且不得小于100mm；
2 管道在套管内不得有接口；
3 套管内径比管道外径大30mm～40mm。

检查数量：逐个检查。

检验方法：观察，检查工程施工记录。

7.6.7 当管线穿过临空墙、防护密闭隔墙上预埋的套管时，应按下列规定（设计另有要求的除外）在朝向空气冲击波端设置防护抗力片：

  1 管径大于 $DN150mm$ 的给排水管、风管；

  2 管径不大于 $DN150mm$ 的给排水管、风管穿过核 4B 级及以上的工程；

  3 电气管线穿过常 5 级、核 5 级及以上的工程（其他情况，应在管两端用环氧树脂封堵）；

  4 防护抗力片应用钢板制作，钢板应平整，其厚度不小于 10mm。

检查数量：全数检查。

检验方法：观察、尺量检查。

7.6.8 密闭穿墙管施工应符合下列规定：

  1 预埋管应随土建施工时一起浇筑在墙内；

  2 预埋管直径应与所连接的管道或阀门实际内径相一致；

  3 预埋管预埋时应先焊好密闭翼环，管道与管道、管道与法兰、管道与密闭翼环的连接应采用满焊，保证密封。

检查数量：全数检查。

检验方法：观察检查。

7.6.9 进出工程管道，应在工程内部安装防护（密闭）阀门，其距离墙体（顶板）不宜大于 200mm。

检查数量：逐个检查。

检验方法：观察、尺量检查。

表 3.6.7 平战转换封堵构件施工检验批质量验收记录表

编号：001

单位工程名称	××大厦地下室人防工程		分项工程名称	平战转换封堵构件施工	分部工程名称	孔口防护工程
施工单位	××建设集团有限公司		项目负责人	×××	检验批容量	10件
分包单位	/		分包单位项目负责人	/	检验批部位	地下一层～/～轴防护单元三
验收依据	《人民防空工程质量验收与评价标准》（RFJ01—2015）					

		验收项目	设计要求及规范规定	最小/实际抽样数量	检查记录	检查结果
主控项目	1	第7.7.1条	防护功能平战转换预埋件的材质等应符合设计要求和规定	全/10	共10处，全部检查，合格10处；隐蔽验收合格，记录编号××	√
	2	第7.7.2条	人防工程的各项在施工安装时一次完成	全/10	共10处，全部检查，合格10处	√
	3	第7.7.3条	焊条的保护气体等应符合设计要求和钢结构焊接的专门规定	全/10	共10处，全部检查，合格10处；烘焙记录编号××	√
	4	第7.7.4条	经工艺处理的钢材表面应符合规定	全/10	共10处，全部检查，合格10处	√
一般项目	1	第7.7.5条	钢结构构件表面无明显凹面和损伤	3/3	抽查3处，合格3处	100%
	2	第7.7.6条	钢结构油漆外观涂刷均匀，无明显皱皮、流坠	3/3	抽查3处，合格3处	100%
	3	第7.7.7条	焊缝应焊波均匀，焊渣和飞溅物清除干净	5/5	抽查5处，合格5处	100%
	4	第7.7.8条	焊缝尺寸的允许偏差和检验方法应符合规定	5/5	抽查5处，合格5处	100%
施工单位检查结果			主控项目全部合格，一般项目满足规范要求。		专业工长：××× 项目专业质量检查员：××× ××××年××月××日	
监理单位验收结论			验收合格。		专业监理工程师：××× ××××年××月××日	

平战转换封堵构件施工检验批质量验收记录表
填表说明

检验批划分
平战转换封堵构件施工应与结构工程钢筋安装、混凝土施工同步划分检验批。

主控项目

7.7.1 防护功能平战转换预埋件的材质规格型号、位置、防腐、主体结构连接等必须符合设计要求和施工规范的规定。

　　检查数量：全数检查。

　　检验方法：按设计文件检查工程实体和隐蔽工程施工记录。

7.7.2 人防工程的下列各项应在施工安装时一次完成：

　　1 采用钢筋混凝土或混凝土浇筑的结构或构件；

　　2 战时使用的出入口、连通口及其他孔口的防护设施；

　　3 防爆波清扫口、给排水进出户管。

　　检查数量：全数检查。

　　检验方法：按施工图及施工规范检查工程实体。

7.7.3 焊条、焊剂、焊丝和施焊的保护气体等，必须符合设计要求和钢结构焊接的专门规定。

　　检查数量：全数检查。

　　检验方法：观察检查和检查出厂合格证、烘焙记录。

7.7.4 经酸洗和喷丸（砂）工艺处理的钢材表面必须露出金属色泽；机械除锈的钢材表面严禁有锈皮，涂漆基层必须无焊渣、焊疤、灰尘、油污和水等杂质。

　　检查数量：全数检查。

　　检验方法：观察检查。

一般项目

7.7.5 钢结构构件表面无明显凹面和损伤。

钢柱等主要构件有中心和标高标记。

　　检查数量：按各种构件件数各抽查10％，且均不少于3件。

　　检验方法：观察检查。

7.7.6 钢结构油漆外观应涂刷均匀，无明显皱皮、流坠。

　　检查数量：按各种构件件数各抽查10％，且均不少于3件，每件检查3处。

　　检验方法：观察检查。

7.7.7 焊缝应焊波均匀，明显处的焊渣和飞溅物清除干净。

　　检查数量：按焊缝数量抽查5％，每条焊缝检查1处，且均不少于5处。

　　检验方法：观察检查。

7.7.8 焊缝尺寸的允许偏差和检验方法应符合表7.7.8的规定。

　　检查数量：按焊缝数量抽查5％，每条焊缝检查1处，且均不少于5处。

表 7.7.8 焊缝尺寸的允许偏差和检验方法

序号	项目			允许偏差（mm）			检验方法
				一级	二级	三级	
1	对接焊缝	焊缝余高 (mm)	$b<20$	0.5～2	0.5～2.5	0.3～3.5	用焊缝量规检查
			$b\geqslant 20$	0.5～3	0.5～3.5	0.5～4	
		焊缝错边		$<0.1\delta$ 且不大于 2	$<0.1\delta$ 且不大于 2	$<0.1\delta$ 且不大于 3	
2	贴角焊缝	焊缝余高 (mm)	$k\leqslant 6$	0～1.5			
			$k>6$	0～3			
		焊角宽 (mm)	$k\leqslant 6$	0～1.5			
			$k>6$	0～3			
3	T 型接头要求焊透的 k 型焊缝		$k=\delta/2$	0～1.5			

注：b 为焊缝宽度；k 为焊角尺寸；δ 为母材厚度。

3.7 防水工程检验批填写示例及说明

表 3.7.1 防水混凝土工程检验批质量验收记录表

编号：001

单位工程名称	××大厦地下室人防工程		分项工程名称	防水混凝土工程	分部工程名称	防水工程
施工单位	××建设集团有限公司		项目负责人	×××	检验批容量	600m²
分包单位	/		分包单位项目负责人	/	检验批部位	地下一层～/～轴防护单元三，基础底板
验收依据	《人民防空工程质量验收与评价标准》(RFJ01—2015)					

		验收项目	设计要求及规范规定	最小/实际抽样数量	检查记录	检查结果
主控项目	1	第8.2.2条	防水混凝土的原材料等应符合设计要求和规定	/	质量证明文件齐全、符合要求；试验合格，报告编号××	√
	2	第8.2.3条	防水混凝土的抗渗等级应符合设计要求	/	试验合格，报告编号××	√
	3	第8.2.4条	防水混凝土结构的施工缝等设置和构造应符合设计要求和规定	6/6	抽查6处，合格6处隐蔽验收合格，记录编号××	√
一般项目	1	第8.2.5条	防水混凝土结构表面坚实、平整；埋设件位置准确	6/6	抽查6处，合格6处	100%
	2	第8.2.6条	防水混凝土结构表面的裂缝不得贯通	6/6	抽查6处，合格6处	100%
	3	第8.2.7条	防水混凝土结构厚度等允许偏差应符合规定	6/6	抽查6处，合格6处；隐蔽验收合格，记录编号××	100%
施工单位检查结果			主控项目全部合格，一般项目满足规范要求。		专业工长：××× 项目专业质量检查员：××× ××××年××月××日	
监理单位验收结论			验收合格。		专业监理工程师：××× ××××年××月××日	

表 3.7.2 现场验收检查原始记录

共1页第1页

单位工程名称		××大厦地下室人防工程		
分部工程名称		防水工程	分项工程名称	防水混凝土工程
检验批名称		防水混凝土工程检验批	检验批编号	001

验收规范条文编号	验收项目（设计要求及规范规定）	检查部位及质量情况	备注
8.2.4	防水混凝土结构的施工缝等设置和构造应符合设计要求和规定	～/～轴基础底板，～/～轴基础底板，～/～轴基础底板，～/～轴基础底板，～/～轴基础底板，～/～轴基础底板，埋设件采用预埋孔槽，预埋孔槽底部混凝土厚度＞250mm，孔槽内的防水与孔槽外的结构防水层保持连续	
8.2.5	防水混凝土结构表面坚实，平整；埋设件位置准确	部位同上，表面坚实、平整，无露筋、蜂窝等缺陷，埋设件位置准确	
8.2.6	防水混凝土结构表面的裂缝不得贯通	部位同上，无裂缝	

验收规范条文编号	验收项目（设计要求及规范规定）	测量部位/测量数据							备注
		～/～轴	～/～轴	～/～轴	～/～轴	～/～轴	～/～轴		
8.2.7	厚度允许偏差（+8mm，-5mm）	5	6	-2	5	-4	2		

监理校核：×××　　　检查：×××　　　记录：×××　　　验收日期：××××年××月××日
本表由施工单位手工填写并保存。

防水混凝土工程检验批质量验收记录表
和现场验收检查原始记录
填表说明

检验批划分

按结构层、施工缝、后浇带、施工段等划分检验批。

检查数量

应按混凝土外露面积每100m²抽查1处,每处10m²,且不得少于3处(另有规定的除外)。

主控项目

8.2.2 防水混凝土的原材料、配合比及坍落度应符合设计要求及施工规范的规定。

检验方法:检查产品合格证、产品性能检测报告、计量措施和材料进场检验报告。

8.2.3 防水混凝土的抗渗等级应符合设计要求。防水混凝土试件应在顶板、底板、外墙混凝土浇筑地点随机取样。连续浇筑混凝土每500m³应留置1组,且每项工程不得少于2组;采用预拌混凝土的抗渗试件,留置组数应按结构的规模和要求而定。

检查数量:全数检查。

检验方法:检查防水混凝土抗渗等级试验报告。

8.2.4 防水混凝土结构的施工缝、变形缝、后浇带、穿墙管、埋设件等设置和构造应符合设计要求和施工规范的规定。

检验方法:观察,检查隐蔽工程验收记录。

一般项目

8.2.5 防水混凝土结构表面应坚实、平整,不得有露筋、蜂窝等缺陷;埋设件位置应准确。

检验方法:观察检查。

8.2.6 防水混凝土结构表面的裂缝宽度不应大于0.2mm,且不得贯通。

检验方法:用刻度放大镜检查。

8.2.7 防水混凝土结构厚度允许偏差为+8mm、-5mm;主体结构迎水面钢筋保护层厚度允许偏差为±5mm。

检验方法:尺量检查和检查隐蔽工程验收记录。

第3章 人防工程质量验收

表 3.7.3 水泥砂浆防水层工程检验批质量验收记录表

编号：001

单位工程名称		××大厦地下室人防工程	分项工程名称	水泥砂浆防水层工程	分部工程名称	防水工程
施工单位		××建设集团有限公司	项目负责人	×××	检验批容量	480m²
分包单位		/	分包单位项目负责人	/	检验批部位	地下一层～/～轴防护单元三，外墙
验收依据		《人民防空工程质量验收与评价标准》（RFJ01—2015）				

	验收项目		设计要求及规范规定	最小/实际抽样数量	检查记录	检查结果
主控项目	1	第8.3.2条	防水砂浆的原材料及配合比应符合设计要求和规定	/	质量证明文件齐全、符合要求；试验合格，报告编号××	√
	2	第8.3.3条	防水砂浆的粘结强度等应符合设计要求和规定	/	试验合格，粘结强度报告编号××，抗渗性能报告编号××	√
	3	第8.3.4条	水泥砂浆防水层与基层之间结合牢固，无空鼓现象	5/5	抽查5处，合格5处	100%
一般项目	1	第8.3.5条	水泥砂浆防水层面表面密实、平整，无裂纹等缺陷	5/5	抽查5处，合格5处	100%
	2	第8.3.6条	水泥砂浆防水层施工缝留槎位置正确，接槎层层搭接密实	5/5	抽查5处，合格5处；隐蔽验收合格，记录编号××	100%
	3	第8.3.7条	水泥砂浆防水层的平均厚度应符合设计要求	5/5	抽查5处，合格5处	100%
	4	第8.3.8条	水泥砂浆防水层表面平整度的允许偏差为5mm	5/5	抽查5处，合格5处	100%

施工单位检查结果	主控项目全部合格，一般项目满足规范要求。	专业工长：××× 项目专业质量检查员：××× ××××年××月××日
监理单位验收结论	验收合格。	专业监理工程师：××× ××××年××月××日

水泥砂浆防水层工程检验批质量验收记录表
填表说明

检验批划分

按结构层、施工缝、后浇带、施工段等划分检验批。

检查数量

按施工面积每 100m² 抽查 1 处，每处 10m²，且不得少于 3 处。

主控项目

8.3.2 防水砂浆的原材料及配合比必须符合设计要求和施工规范的规定。

检验方法：检查产品合格证、产品性能检测报告、计量措施和材料进场检验报告。

8.3.3 防水砂浆的粘结强度和抗渗性能必须符合设计要求和施工规范的规定。

检验方法：检查砂浆粘结强度、抗渗性能检验报告。

8.3.4 水泥砂浆防水层与基层之间应结合牢固，无空鼓现象。

检验方法：观察和用小锤轻击检查。

一般项目

8.3.5 水泥砂浆防水层表面应密实、平整，不得有裂纹、起砂、麻面等缺陷。

检验方法：观察检查。

8.3.6 水泥砂浆防水层施工缝留槎位置应正确，接槎应按层次顺序操作，层层搭接紧密。

检验方法：观察检查和检查隐蔽工程验收记录。

8.3.7 水泥砂浆防水层的平均厚度应符合设计要求，最小厚度不得小于设计厚度的 85％。

检验方法：用针测法检查。

8.3.8 水泥砂浆防水层表面平整度的允许偏差应为 5mm。

检验方法：用 2m 靠尺和楔形塞尺检查。

第3章 人防工程质量验收

表3.7.4 涂料防水层工程检验批质量验收记录表

编号：001

单位工程名称	××大厦地下室人防工程	分项工程名称	涂料防水层工程	分部工程名称	防水工程
施工单位	××建设集团有限公司	项目负责人	×××	检验批容量	480m²
分包单位	/	分包单位项目负责人	/	检验批部位	地下一层～/～轴防护单元三，外墙
验收依据	《人民防空工程质量验收与评价标准》(RFJ01—2015)				

		验收项目	设计要求及规范规定	最小/实际抽样数量	检查记录	检查结果
主控项目	1	第8.4.2条	涂料防水层所用的材料及配合比应符合设计要求和规定	/	质量证明文件齐全、符合要求；试验合格，报告编号××	√
	2	第8.4.3条	涂料防水层的平均厚度应符合设计要求	5/5	抽查5处，合格5处	√
	3	第8.4.4条	涂料防水层在转角处等部位做法应符合设计要求和规定	5/5	抽查5处，合格5处；隐蔽验收合格，记录编号××	√
一般项目	1	第8.4.5条	涂料防水层应与基层粘结牢固，涂刷均匀	5/5	抽查5处，合格5处	100%
	2	第8.4.6条	涂层间夹铺胎体增强材料，浸透胎体覆盖完全，无胎体外露现象	/	/	/
	3	第8.4.7条	侧墙涂料防水层的保护层与防水层应结合紧密厚度应符合设计要求和规定	5/5	抽查5处，合格5处	100%
施工单位检查结果	主控项目全部合格，一般项目满足规范要求。				专业工长：××× 项目专业质量检查员：××× ××××年××月××日	
监理单位验收结论	验收合格。				专业监理工程师：××× ××××年××月××日	

涂料防水层工程检验批质量验收记录表
填表说明

检验批划分

按结构层、施工缝、后浇带、施工段等划分检验批。

检查数量

应按涂层面积每100m² 抽查1处，每处10m²，且不得少于3处。

主控项目

8.4.2 涂料防水层所用的材料及配合比必须符合设计要求和施工规范的规定。

检验方法：检查产品合格证、产品性能检测报告、计量措施和材料进场检验报告。

8.4.3 涂料防水层的平均厚度应符合设计要求，最小厚度不得小于设计厚度的90％。

检验方法：用针测法检查。

8.4.4 涂料防水层在转角处、变形缝、施工缝、穿墙管等部位做法必须符合设计要求和施工规范的规定。

检验方法：观察检查和检查隐蔽工程验收记录。

一般项目

8.4.5 涂料防水层应与基层粘结牢固，涂刷均匀，不得流淌、鼓泡、露槎。

检验方法：观察检查。

8.4.6 涂层间夹铺胎体增强材料时，应使防水涂料浸透胎体覆盖完全，不得有胎体外露现象。

检验方法：观察检查。

8.4.7 侧墙涂料防水层的保护层与防水层应结合紧密，保护层厚度应符合设计要求和施工规范的规定。

检验方法：观察检查。

表3.7.5 卷材防水层工程检验批质量验收记录表

编号：001

单位工程名称	××大厦地下室人防工程	分项工程名称	卷材防水层工程	分部工程名称	防水工程
施工单位	××建设集团有限公司	项目负责人	×××	检验批容量	600m²
分包单位	/	分包单位项目负责人	/	检验批部位	地下一层～/～轴防护单元三，基础底板
验收依据	《人民防空工程质量验收与评价标准》(RFJ01—2015)				

		验收项目	设计要求及规范规定	最小/实际抽样数量	检查记录	检查结果
主控项目	1	第8.5.2条	卷材防水层所使用卷材及其配套材料应符合设计要求和规定	/	质量证明文件齐全、符合要求；试验合格，报告编号××	√
	2	第8.5.3条	卷材防水层在转角等部位做法应符合设计要求和规定	6/6	抽查6处，合格6处；隐蔽验收合格，记录编号××	√
一般项目	1	第8.5.4条	卷材防水层的搭接缝粘贴或焊接牢固，密封严密	6/6	抽查6处，合格6处	100%
	2	第8.5.5条	外防外贴法铺贴卷材防水层，卷材搭接应符合规定	/	/	/
	3	第8.5.6条	侧墙卷材防水层的保护层与防水层应结合紧密	/	/	/
	4	第8.5.7条	卷材搭接宽度的允许偏差为－10mm	6/6	抽查6处，合格6处	100%
施工单位检查结果	主控项目全部合格，一般项目满足规范要求。				专业工长：××× 项目专业质量检查员：××× ××××年××月××日	
监理单位验收结论	验收合格。				专业监理工程师：××× ××××年××月××日	

卷材防水层工程检验批质量验收记录表
填表说明

检验批划分

按结构层、施工缝、后浇带、施工段等划分检验批。

检查数量

应按铺贴面积每100m² 抽查1处，每处10m²，且不得少于3处。

主控项目

8.5.2 卷材防水层所用卷材及其配套材料必须符合设计要求和施工规范的规定。

检验方法：检查产品合格证、产品性能检测报告和材料进场检验报告。

8.5.3 卷材防水层在转角处、变形缝、施工缝、穿墙管等部位做法必须符合设计要求和施工规范的规定。

检验方法：观察检查和检查隐蔽工程验收记录。

一般项目

8.5.4 卷材防水层的搭接缝应粘贴或焊接牢固，密封严密，不得有扭曲、折皱翘边和起泡等缺陷。

检验方法：观察检查。

8.5.5 采用外防外贴法铺贴卷材防水层时，立面卷材接槎的搭接宽度，高聚物改性沥青类卷材应大于150mm，合成高分子类卷材应大于100mm，且上层卷材应盖过下层卷材。

检验方法：观察和尺量检查。

8.5.6 侧墙卷材防水层的保护层与防水层应结合紧密，保护层厚度应符合设计要求。

检验方法：观察和尺量检查。

8.5.7 卷材搭接宽度的允许偏差应为－10mm。

检验方法：观察和尺量检查。

表 3.7.6 金属板防水层工程检验批质量验收记录表

编号：001

单位工程名称	××大厦地下室人防工程		分项工程名称	金属板防水层工程	分部工程名称	防水工程
施工单位	××建设集团有限公司		项目负责人	×××	检验批容量	480m²
分包单位	/		分包单位项目负责人	/	检验批部位	地下一层～/～轴防护单元三，外墙
验收依据	《人民防空工程质量验收与评价标准》（RFJ01—2015）					

		验收项目	设计要求及规范规定	最小/实际抽样数量	检查记录	检查结果
主控项目	1	第8.6.2条	金属板和焊接材料应符合设计要求	/	质量证明文件齐全、符合要求；试验合格，报告编号××	√
	2	第8.6.3条	焊工持有有效的执业资格证书	/	齐全、有效	√
一般项目	1	第8.6.4条	金属板表面不得有明显凹面和损伤	48/48	抽查48处，合格48处	100%
	2	第8.6.5条	焊缝不得有裂纹、未熔合等缺陷	48/48	抽查48处，合格48处	100%
	3	第8.6.6条	焊缝的焊波均匀，焊渣等清除干净，保护涂层无漏涂等现象	48/48	抽查48处，合格48处	100%

施工单位检查结果	主控项目全部合格，一般项目满足规范要求。	专业工长：××× 项目专业质量检查员：××× ××××年××月××日
监理单位验收结论	验收合格。	专业监理工程师：××× ××××年××月××日

金属板防水层工程检验批质量验收记录表
填表说明

检验批划分

按结构层、施工缝、后浇带、施工段等划分检验批。

检查数量

应按铺设面积每 10m² 抽查 1 处，每处 1m²，且不少于 3 处。焊缝表面缺陷检验应按焊缝的条数抽查 5%，且不得少于 1 条焊缝；每条焊缝检查 1 处，总抽查数不得少于 10 处。

主控项目

8.6.2 金属板和焊接材料必须符合设计要求。

检验方法：检查产品合格证、产品性能检测报告和材料进场检验报告。

8.6.3 焊工应持有有效的执业资格证书。

检验方法：检查焊工执业资格证书和考核日期。

一般项目

8.6.4 金属板表面不得有明显凹面和损伤。

检验方法：观察检查。

8.6.5 焊缝不得有裂纹、未熔合、夹渣、焊瘤、咬边、烧穿、弧坑、针状气孔等缺陷。

检验方法：观察检查和使用放大镜、焊缝量规及钢尺检查，必要时采用渗透或磁粉探伤检查。

8.6.6 焊缝的焊波应均匀，焊渣和飞溅物应清除干净；保护涂层不得有漏涂、脱皮和反锈现象。

检验方法：观察检查。

第3章 人防工程质量验收

表3.7.7 塑料防水板防水层工程检验批质量验收记录表

编号：001

单位工程名称	××大厦地下室人防工程		分项工程名称	塑料防水板防水层工程	分部工程名称	防水工程
施工单位	××建设集团有限公司		项目负责人	×××	检验批容量	480m²
分包单位	/		分包单位项目负责人	/	检验批部位	地下一层～/～轴防护单元三，外墙
验收依据	《人民防空工程质量验收与评价标准》RFJ01—2015					

		验收项目	设计要求及规范规定	最小/实际抽样数量	检查记录	检查结果
主控项目	1	第8.7.2条	塑料防水板及其配套材料应符合设计要求	/	质量证明文件齐全、符合要求；试验合格，报告编号××	√
	2	第8.7.3条	塑料防水板的搭接缝采用双缝热熔焊接，焊缝有效宽度应符合规定	5/5	抽查5处，合格5处	√
一般项目	1	第8.7.4条	塑料防水板采用无钉孔铺设，固定点的间距根据基面平整情况确定	5/5	抽查5处，合格5处	100%
	2	第8.7.5条	塑料防水板与暗钉圈焊接牢固，不得漏焊、假焊和焊穿	/	/	/
	3	第8.7.6条	塑料防水板的铺设平顺，不得有下垂、绷紧和破损现象	5/5	抽查5处，合格5处	100%
	4	第8.7.7条	塑料防水板搭接宽度的允许偏差为－10mm	5/5	抽查5处，合格5处	100%
施工单位检查结果	主控项目全部合格，一般项目满足规范要求。				专业工长：××× 项目专业质量检查员：××× ××××年××月××日	
监理单位验收结论	验收合格。				专业监理工程师：××× ××××年××月××日	

161

塑料防水板防水层工程检验批质量验收记录表
填表说明

检验批划分

按结构层、施工缝、后浇带、施工段等划分检验批。

检查数量

应按铺设面积每100m²抽查1处,每处10m²,且不少于3处。焊缝检验应按焊缝条数抽查5‰,每条焊缝为1处,且不得少于3处。

主控项目

8.7.2 塑料防水板及其配套材料必须符合设计要求。

检验方法:检查产品合格证、产品性能检测报告和材料进场检验报告。

8.7.3 塑料防水板的搭接缝必须采用双缝热熔焊接,每条焊缝的有效宽度不应小于10mm。

检验方法:双焊缝间空腔内充气检查和尺量检查。

一般项目

8.7.4 塑料防水板应采用无钉孔铺设,其固定点的间距应根据基面平整情况确定,拱部宜为0.5m~0.8m,边墙宜为1.0m~1.5m,底部宜为1.5m~2.0m;局部凸凹较大时,应在凹处加密固定点。

检验方法:观察和尺量检查。

8.7.5 塑料防水板与暗钉圈应焊接牢固,不得漏焊、假焊和焊穿。

检验方法:观察检查。

8.7.6 塑料防水板的铺设应平顺,不得有下垂、绷紧和破损现象。

检验方法:观察检查。

8.7.7 塑料防水板搭接宽度的允许偏差应为-10mm。

检验方法:尺量检查。

表3.7.8 膨润土防水材料防水层工程检验批质量验收记录表

编号：001

单位工程名称	××大厦地下室人防工程	分项工程名称	膨润土防水材料防水层工程	分部工程名称	防水工程
施工单位	××建设集团有限公司	项目负责人	×××	检验批容量	600m²
分包单位	/	分包单位项目负责人	/	检验批部位	地下一层～/～轴防护单元三，基础底板
验收依据	《人民防空工程质量验收与评价标准》（RFJ01—2015）				

		验收项目	设计要求及规范规定	最小/实际抽样数量	检查记录	检查结果
主控项目	1	第8.8.2条	膨润土防水材料应符合设计要求	/	质量证明文件齐全、符合要求；试验合格，报告编号××	√
	2	第8.8.3条	膨润土防水材料防水层在转角处等部位做法应符合设计要求	6/6	抽查6处，合格6处；隐蔽验收合格，记录编号××	√
一般项目	1	第8.8.4条	织布面或防水板的膨润土面，朝向工程主体结构的迎水面	6/6	抽查6处，合格6处	100%
	2	第8.8.5条	膨润土防水材料应上层压住下层，防水层与基层等贴合紧密	6/6	抽查6处，合格6处	100%
	3	第8.8.6条	膨润土防水材料应采用水泥钉和垫片固定；各面固定间距应符合规定	6/6	抽查6处，合格6处	100%
	4	第8.8.7条	膨润土防水材料搭接宽度的允许偏差为－10mm	6/6	抽查6处，合格6处	100%
施工单位检查结果		主控项目全部合格，一般项目满足规范要求。			专业工长：××× 项目专业质量检查员：××× ××××年××月××日	
监理单位验收结论		验收合格。			专业监理工程师：××× ××××年××月××日	

膨润土防水材料防水层工程检验批质量验收记录表填表说明

检验批划分

按结构层、施工缝、后浇带、施工段等划分检验批。

检查数量

应按铺设面积每100m² 抽查1处，每处10m²，且不得少于3处。

主控项目

8.8.2 膨润土防水材料必须符合设计要求。

检验方法：检查产品合格证、产品性能检测报告和材料进场检验报告。

8.8.3 膨润土防水材料防水层在转角处和变形缝、施工缝、后浇缝、穿墙管等部位做法必须符合设计要求。

检验方法：观察检查和检查隐蔽工程验收记录。

一般项目

8.8.4 膨润土防水毯的织布面或防水板的膨润土面，应朝向工程主体结构的迎水面。

检验方法：观察检查。

8.8.5 立面或斜面铺设的膨润土防水材料应上层压住下层，防水层与基层、防水层与防水层之间应贴合紧密，并应平整无折皱。

检验方法：观察检查。

8.8.6 膨润土防水材料应采用水泥钉和垫片固定；立面和斜面上的固定间距宜为400mm～500mm，平面上应在搭接缝处固定；搭接宽度应大于100mm；搭接部位的固定间距宜为200mm～300mm，固定点与搭接边缘的距离宜为25mm～30mm，搭接处应涂抹膨润土密封膏。

检验方法：观察和尺量检查。

8.8.7 膨润土防水材料搭接宽度的允许偏差应为－10mm。

检验方法：观察和尺量检查。

表3.7.9 止水带防水工程检验批质量验收记录表

编号：001

单位工程名称	××大厦地下室人防工程		分项工程名称	止水带防水工程	分部工程名称	防水工程
施工单位	××建设集团有限公司		项目负责人	×××	检验批容量	60m
分包单位	/		分包单位项目负责人	/	检验批部位	地下一层～/～轴防护单元三，外墙施工缝
验收依据	《人民防空工程质量验收与评价标准》（RFJ01—2015）					

		验收项目	设计要求及规范规定	最小/实际抽样数量	检查记录	检查结果
主控项目	1	第8.9.2条	止水带材料的规格、质量应符合设计要求和规定	/	质量证明文件齐全、符合要求；试验合格，报告编号××	√
	2	第8.9.3条	止水带严禁折裂、脱焊或脱胶；封严缝隙；紧固预埋件螺栓	全/13	共13处，全部检查，合格13处	√
	3	第8.9.4条	埋入式橡胶止水带等的敷设位置应准确；止水带固定可靠	/	/	/
一般项目	1	第8.9.5条	可卸式橡胶止水带应敷设平整，打孔位置准确，衬垫严密	/	/	/
	2	第8.9.6条	变形缝凹槽内防水层表面平整、粗糙、清洁、干燥	全/13	全部检查，合格13处；隐蔽验收合格，记录编号××	100%
	3	第8.9.7条	金属止水带接头处焊缝应严密平整；混凝土覆盖层密实平整	全/13	全部检查，合格13处；隐蔽验收合格，记录编号××	100%
施工单位检查结果	主控项目全部合格，一般项目满足规范要求。				专业工长：××× 项目专业质量检查员：××× ××××年××月××日	
监理单位验收结论	验收合格。				专业监理工程师：××× ××××年××月××日	

止水带防水工程检验批质量验收记录表
填表说明

检验批划分

按结构层、施工缝、后浇带、施工段等划分检验批。

检查数量：全数检查。

主控项目

8.9.2 止水带材料的规格、质量必须符合设计要求和施工规范的规定。

检验方法：检查产品的出厂合格证、试验报告。

8.9.3 止水带严禁折裂、脱焊或脱胶；缝隙必须用填缝材料封严；预埋件螺栓必须紧固。

检验方法：观察和手扳检查。

8.9.4 埋入式橡胶止水带、塑料止水带的敷设位置应准确，其圆环中心处于变形缝的中心线上，并平整地置于墙（板、拱）厚度的中间部位；止水带固定可靠，止水带处的混凝土密实、无施工缝，覆盖层密实、平整。

检验方法：观察检查和检查隐蔽工程验收记录。

一般项目

8.9.5 可卸式橡胶止水带应敷设平整，打孔位置准确，其与夹板之间以及与预埋件之间均衬垫严密。

检验方法：观察检查和检查隐蔽工程验收记录。

8.9.6 粘贴式橡胶板止水带敷设时，变形缝凹槽内防水层表面应平整、粗糙、清洁、干燥；涂胶厚度均匀，无漏刷处；橡胶板与基面粘结牢固；混凝土或水泥砂浆覆盖层密实平整。

检验方法：观察检查和检查隐蔽工程验收记录。

8.9.7 金属止水带敷设时接头处焊缝应严密平整，转角处呈圆弧形；混凝土或水泥砂浆覆盖层密实平整。

检验方法：观察检查和检查隐蔽工程验收记录。

3.8 建筑装饰装修工程检验批填写示例及说明

表3.8.1 一般抹灰工程检验批质量验收记录表

编号：001

单位工程名称		××大厦地下室人防工程	分项工程名称	一般抹灰工程	分部工程名称	建筑装饰装修工程
施工单位		××建设集团有限公司	项目负责人	×××	检验批容量	30间
分包单位		/	分包单位项目负责人	/	检验批部位	地下一层～/～轴防护单元三，墙体
验收依据		\multicolumn{5}{l}{《人民防空工程质量验收与评价标准》（RFJ01—2015）}				
\multicolumn{2}{l}{验收项目}		设计要求及规范规定	最小/实际抽样数量	检查记录		检查结果
主控项目	1	第9.2.2条	抹灰前基层表面的尘土等应清除干净，并洒水润湿	3/3	抽查3处，合格3处；施工记录编号××		√
	2	第9.2.3条	一般抹灰所用材料的品种和性能应符合设计要求	/	质量证明文件齐全、符合要求；进场验收合格，记录编号××		√
	3	第9.2.4条	抹灰工程应分层进行。抹灰操作应符合规定	3/3	抽查3处，合格3处；隐蔽验收合格，记录编号××		√
	4	第9.2.5条	抹灰层与基层之间及各抹灰层之间粘结牢固	3/3	抽查3处，合格3处；施工记录编号××		√
一般项目	1	第9.2.6条	一般抹灰工程的表面质量应符合规定	3/3	抽查3处，合格3处		100%
	2	第9.2.7条	抹灰表面应整齐、光滑；抹灰表面应平整	3/3	抽查3处，合格3处		100%
	3	第9.2.8条	抹灰层的总厚度应符合设计要求	3/3	抽查3处，合格3处；施工记录编号××		100%
	4	第9.2.9条	抹灰分格缝的设置应符合设计要求，操作符合规范	/	/		/
	5	第9.2.10条	有排水要求的部位应做滴水线。滴水线应符合规范	/	/		/
	6	第9.2.11条	一般抹灰工程质量的允许偏差和检验方法应符合规定	3/3	抽查3处，合格3处		100%
\multicolumn{2}{l}{施工单位检查结果}		主控项目全部合格，一般项目满足规范要求。	\multicolumn{3}{l}{专业工长：××× 项目专业质量检查员：××× ××××年××月××日}		
\multicolumn{2}{l}{监理单位验收结论}		验收合格。	\multicolumn{3}{l}{专业监理工程师：××× ××××年××月××日}		

表 3.8.2 现场验收检查原始记录

共1页第1页

单位工程名称	××大厦地下室人防工程		
分部工程名称	建筑装饰装修工程	分项工程名称	一般抹灰工程
检验批名称	一般抹灰工程检验批	检验批编号	001

验收规范条文编号	验收项目（设计要求及规范规定）	检查部位及质量情况	备注
9.2.2	抹灰前基层表面的尘土等应清除干净，并洒水润湿	～/～轴地下一层滤毒室，～/～轴地下一层战时女旱厕，～/～轴地下一层战时男旱厕，基层表面的尘土、污垢等清理干净，并洒水湿润	
9.2.4	抹灰工程应分层进行。抹灰操作应符合规定	部位同上，分层抹灰，填充墙与混凝土梁、柱交界处挂玻纤网格布，搭接宽度110mm	
9.2.5	抹灰层与基层之间及各抹灰层之间粘结牢固	部位同上，粘结牢固，抹灰层无脱层、空鼓，面层无爆灰、裂缝	
9.2.6	一般抹灰工程的表面质量应符合规定	部位同上，表面光滑、洁净、接槎平整	
9.2.7	抹灰表面应整齐、光滑；抹灰表面应平整	部位同上，护角、孔洞、槽盒周围抹灰表面整齐、光滑	
9.2.8	抹灰层的总厚度应符合设计要求	部位同上，5mm厚1∶2水泥砂浆＋15mm厚2∶1∶8水泥石灰砂浆	

验收规范条文编号	验收项目（设计要求及规范规定）	测量部位/测量数据									备注
		～/～轴	～/～轴	～/～轴							
9.2.11	立面垂直度（4mm）	3	2	4							
	表面平整度（4mm）	1	3	2							
	阴阳角方正（4mm）	2	2	1							

监理校核：×××　　　检查：×××　　　记录：×××　　　验收日期：××××年××月××日

本表由施工单位手工填写并保存。

一般抹灰工程检验批质量验收记录表和现场验收检查原始记录填表说明

检验批划分

相同材料、工艺和施工条件的抹灰工程每50个自然间（大面积房间和走廊按30m²为一间）划分为一个检验批，不足50间也应划分为一个检验批。

检查数量：有代表性的自然间（通道按10延长米，车库、商场等大间按两轴线为一间）抽查10%，且不得少于3间。

主控项目

9.2.2 抹灰前基层表面的尘土、污垢、油渍等应清除干净，并应洒水润湿。

检验方法：检查施工记录。

9.2.3 一般抹灰所用材料的品种和性能应符合设计要求。水泥的凝结时间和安定性复验应合格。砂浆的配合比应符合设计要求。

检验方法：检查产品合格证书、进场验收记录、复验报告和施工记录。

9.2.4 抹灰工程应分层进行。当抹灰总厚度大于或等于35mm时，应采取加强措施。不同材料基体交接处表面的抹灰，应采取防止开裂的加强措施，当采用加强网时，加强网与各基体的搭接宽不应小于100mm。

检验方法：检查隐蔽工程验收记录和施工记录。

9.2.5 抹灰层与基层之间及各抹灰层之间必须粘结牢固，抹灰层应无脱层、空鼓，面层应无爆灰和裂缝。

检验方法：观察；用小锤轻击检查；检查施工记录。

一般项目

9.2.6 一般抹灰工程的表面质量应符合下列规定：

1 普通抹灰表面应光滑、洁净、接槎平整，分格缝应清晰；

2 高级抹灰表面应光滑、洁净、颜色均匀、无抹纹，分格缝灰线应清晰美观。

检验方法：观察，手摸检查。

9.2.7 护角、孔洞、槽、盒周围的抹灰表面应整齐、光滑；管道后面的抹灰表面应平整。

检验方法：观察检查。

9.2.8 抹灰层的总厚度应符合设计要求；水泥砂浆不得抹在石灰砂浆层上；罩面石膏灰不得抹在水泥砂浆层上。

检验方法：检查施工记录。

9.2.9 抹灰分格缝的设置应符合设计要求，宽度和深度应均匀，表面应光滑，棱角应整齐。

检验方法：观察，尺量检查。

9.2.10 有排水要求的部位应做滴水线（槽）。滴水线（槽）应整齐顺直，滴水线应内高外低，滴水槽的宽度和深度均不应小于10mm。

检验方法：观察，尺量检查。

9.2.11 一般抹灰工程质量的允许偏差和检验方法应符合表 9.2.11 的规定。

表 9.2.11 一般抹灰的允许偏差和检验方法

序号	项目	允许偏差（mm）		检验方法
		普通抹灰	高级抹灰	
1	立面垂直度	4	3	用 2m 垂直检测尺检查
2	表面平整度	4	3	用 2m 靠尺和塞尺检查
3	阴阳角方正	4	3	用直角检测尺检查
4	分格条（缝）直线度	4	3	拉 5m 线，不足 5m 拉通线，用钢直尺检查
5	墙裙、勒脚上口直线度	4	3	拉 5m 线，不足 5m 拉通线，用钢直尺检查

注：普通抹灰，本表第 3 项阴角方正可不检查。

表 3.8.3 涂饰工程检验批质量验收记录表

编号：001

单位工程名称	××大厦地下室人防工程	分项工程名称	涂饰工程	分部工程名称	建筑装饰装修工程
施工单位	××建设集团有限公司	项目负责人	×××	检验批容量	30间
分包单位	/	分包单位项目负责人	/	检验批部位	地下一层～/～轴防护单元三，墙体
验收依据	《人民防空工程质量验收与评价标准》（RFJ01—2015）				

		验收项目	设计要求及规范规定	最小/实际抽样数量	检查记录	检查结果
主控项目	1	第9.3.2条	涂饰工程所用涂料的品种、型号和性能应符合设计要求	/	质量证明文件齐全、符合要求；进场验收合格，记录编号××	√
	2	第9.3.3条	涂饰工程的颜色、图案应符合设计要求	3/3	抽查3处，合格3处	√
	3	第9.3.4条	预埋件、连接件的数量、规格等应符合设计要求	3/3	抽查3处，合格3处	√
	4	第9.3.5条	涂饰工程的基层处理应符合规定	3/3	抽查3处，合格3处；施工记录编号××	√
一般项目	1	第9.3.6条	水性薄涂料的涂饰质量和检验方法应符合规定	3/3	抽查3处，合格3处	100%
	2	第9.3.7条	水性厚涂料的涂饰质量和检验方法应符合规定	/	/	/
	3	第9.3.8条	水性复层涂料的涂饰质量和检验方法应符合规定	/	/	/
	4	第9.3.9条	溶剂型涂料色漆的涂饰质量和检验方法应符合规定	/	/	/
	5	第9.3.10条	溶剂型涂料清漆的涂饰质量和检验方法应符合规定	/	/	/
	6	第9.3.11条	涂层与其他装修材料和设备衔接处吻合，界面清晰	3/3	抽查3处，合格3处	100%
	7	第9.3.12条	美术涂饰表面洁净；仿花纹涂饰的饰面具有纹理；图案不得移位	/	/	/
施工单位检查结果	主控项目全部合格，一般项目满足规范要求。			专业工长：××× 项目专业质量检查员：××× ××××年××月××日		
监理单位验收结论	验收合格。			专业监理工程师：××× ××××年××月××日		

涂饰工程检验批质量验收记录表
填表说明

检验批划分

涂饰工程同类涂料涂饰的墙面每50间（大面积房间和走廊按涂饰面积$30m^2$为一间）划分为一个检验批，不足50间也应划分为一个检验批。

检查数量：有代表性的自然间（通道按10延长米，车库、商场等大间按两轴线为一间）抽查10%，且不得少于3间。

主控项目

9.3.2 涂饰工程所用涂料的品种、型号和性能应符合设计要求。

检验方法：观察，检查产品合格证书、性能检测报告和进场验收记录。

9.3.3 涂饰工程的颜色、图案应符合设计要求。

检验方法：观察检查。

9.3.4 涂饰工程应涂饰均匀、粘结牢固，不得漏涂、透底、起皮、掉粉或返锈。

检验方法：观察，手摸检查。

9.3.5 涂饰工程的基层处理应符合下列规定：

1. 新工程的混凝土或抹灰基层在涂饰涂料前应涂刷抗碱封闭底漆；
2. 旧墙面在涂饰涂料前应清除疏松的旧装修层，并涂刷界面剂；
3. 混凝土或抹灰基层涂刷溶剂型涂料时，含水率不得大于8%；涂刷乳液型涂料时，含水率不得大于10%。木材基层的含水率不得大于12%；
4. 基层腻子应平整、坚实、牢固、无粉化、起皮和裂缝；内墙腻子的粘结强度应符合国家现行标准的规定；
5. 卫生间墙面必须使用耐水腻子。

检验方法：观察，手摸检查；检查施工记录。

一般项目

9.3.6 水性薄涂料的涂饰质量和检验方法应符合表9.3.6的规定。

表9.3.6 水性薄涂料的涂饰质和检验方法

序号	项目	普通涂饰	高级涂饰	检验方法
1	颜色	均匀一致	均匀一致	观察
2	泛碱、咬色	允许少量轻微	不允许	
3	流坠、疙瘩	允许少量轻微	不允许	
4	砂眼、刷纹	允许少量轻微砂眼、刷纹通顺	无砂眼，无刷纹	
5	装饰线、分色线直线度允许偏差（mm）	2	1	拉5m线，不足5m拉通线，用钢直尺检查

9.3.7 水性厚涂料的涂饰质量和检验方法应符合表9.3.7的规定。

表9.3.7 水性厚涂料的涂饰质量和检验方法

序号	项目	普通涂饰	高级涂饰	检验方法
1	颜色	均匀一致	均匀一致	观察
2	泛碱、咬色	允许少量轻微	不允许	
3	点状分布	—	疏密均匀	

9.3.8 水性复层涂料的涂饰质量和检验方法应符合表9.3.8的规定。

表9.3.8 复层涂料的涂饰质量和检验方法

序号	项目	质量要求	检验方法
1	颜色	均匀一致	观察
2	泛碱、咬色	不允许	
3	喷点疏密程度	均匀、不允许连片	

9.3.9 溶剂型涂料色漆的涂饰质量和检验方法应符合表9.3.9的规定。

表9.3.9 色漆的涂饰质量和检验方法

序号	项目	普通涂饰	高级涂饰	检验方法
1	颜色	均匀一致	均匀一致	观察
2	光泽、光滑	光泽基本均匀，光滑无挡手感	光泽均匀一致，光滑	观察、手摸检查
3	刷纹	刷纹通顺	无刷纹	观察
4	裹棱、流坠、皱皮	明显处不允许	不允许	观察
5	装饰线、分色线直线度允许偏差（mm）	2	1	拉5m线，不足5m拉通线，用钢直尺检查

注：无光色漆不检查光泽。

9.3.10 溶剂型涂料清漆的涂饰质量和检验方法应符合表9.3.10的规定。

表9.3.10 清漆的涂饰质量和检验方法

序号	项目	普通涂饰	高级涂饰	检验方法
1	颜色	基本一致	均匀一致	观察
2	木纹	棕眼刮平，木纹清楚	棕眼刮平，木纹清楚	观察
3	光泽、光滑	光泽基本均匀，光滑无挡手感	光泽均匀一致光滑	观察、手摸检查
4	刷纹	无刷纹	无刷纹	观察
5	裹棱、流坠、皱皮	明显处不允许	不允许	观察

9.3.11 涂层与其他装修材料和设备衔接处应吻合，界面应清晰。

检验方法：观察检查。

9.3.12 美术涂饰表面应洁净，不得有流坠现象；仿花纹涂饰的饰面应具有被模仿材料的纹理；套色涂饰的图案不得移位，纹理和轮廓应清晰。

检验方法：观察检查。

表 3.8.4 饰面板（砖）工程检验批质量验收记录表

编号：001

单位工程名称	××大厦地下室人防工程	分项工程名称	饰面板（砖）工程	分部工程名称	建筑装饰装修工程
施工单位	××建设集团有限公司	项目负责人	×××	检验批容量	30间
分包单位	/	分包单位项目负责人	/	检验批部位	地下一层～/～轴防护单元三，墙体
验收依据	《人民防空工程质量验收与评价标准》（RFJ01—2015）				

		验收项目	设计要求及规范规定	最小/实际抽样数量	检查记录	检查结果
主控项目	1	第9.4.2条	饰面板的品种、规格、颜色和性能应符合设计要求	/	质量证明文件齐全、符合要求；进场验收合格，记录编号××	√
	2	第9.4.3条	饰面板孔、槽的数量、位置和尺寸应符合设计要求	/	进场验收合格，报告编号××；施工记录编号××	√
	3	第9.4.4条	预埋件、连接件的数量等和防腐处理应符合设计要求	3/3	抽查3处，合格3处；进场验收合格，记录编号××；隐蔽验收合格，记录编号××	√
	4	第9.4.5条	饰面砖的品种、规格、图案、颜色和性能应符合设计要求及规定	/	质量证明文件齐全、符合要求；进场验收合格，记录编号××	√
	5	第9.4.6条	找平、防水、粘结和勾缝材料及施工方法应符合设计要求规定	3/3	抽查3处，合格3处；隐蔽验收合格，记录编号××	√
	6	第9.4.7条	饰面砖粘贴必须牢固	3/3	抽查3处，合格3处；施工记录编号××	√
	7	第9.4.8条	满粘法施工的饰面砖工程无空鼓、裂缝	3/3	抽查3处，合格3处	√
一般项目	1	第9.4.9条	饰面板表面平整、洁净、色泽一致，无裂痕和缺损	3/3	抽查3处，合格3处	100%
	2	第9.4.10条	饰面板嵌缝应密实、平直，宽度和深度应符合设计要求	3/3	抽查3处，合格3处	100%
	3	第9.4.11条	饰面板工程的石材进行防碱背涂处理。灌注材料饱满、密实	/	/	/
	4	第9.4.12条	饰面板上的孔洞套割吻合，边缘应整齐	3/3	抽查3处，合格3处	100%
	5	第9.4.13条	饰面板安装的允许偏差和检验方法应符合规定	3/3	抽查3处，合格3处	100%
	6	第9.4.14条	饰面砖表面平整、洁净、色泽一致、无裂痕和损缺	3/3	抽查3处，合格3处	100%
	7	第9.4.15条	饰面砖接缝平直、光滑；宽度和深度应符合设计要求	3/3	抽查3处，合格3处	100%
	8	第9.4.16条	有排水要求的部位应做滴水线。滴水线应符合设计要求	/	/	/
	9	第9.4.17条	饰面砖粘贴的允许偏差和检验方法应符合规定	3/3	抽查3处，合格3处	100%
施工单位检查结果	主控项目全部合格，一般项目满足规范要求。			专业工长：××× 项目专业质量检查员：××× ××××年××月××日		
监理单位验收结论	验收合格。			专业监理工程师：××× ××××年××月××日		

饰面板（砖）工程检验批质量验收记录表
填表说明

检验批划分

相同材料、工艺和施工条件的饰面板（砖）安装工程每50个自然间（大面积房间和走廊按30m² 为一间）划分为一个检验批，不足50间也应划分为一个检验批。

检查数量

有代表性的自然间（通道按10延长米，车库、商场等大间按两轴线为一间）抽查10%，且不得少于3间。

主控项目

9.4.2 饰面板的品种、规格、颜色和性能应符合设计要求。

检验方法：观察，检查产品合格证书、进场验收记录和性能检测报告。

9.4.3 饰面板孔、槽的数量、位置和尺寸应符合设计要求。

检验方法：检查进场验收记录和施工记录。

9.4.4 饰面板安装工程的预埋件（或后置埋件）、连接件的数量、规格、位置、连接方法和防腐处理必须符合设计要求，后置埋件的现场拉拔强度必须符合设计要求。饰面板安装必须牢固。

检验方法：手扳检查；检查进场验收记录、现场拉拔检测报告、隐蔽工程验收记录和施工记录。

9.4.5 饰面砖的品种、规格、图案、颜色和性能应符合设计要求。

检验方法：观察，检查产品合格证书、进场验收记录、性能检测报告和复验报告。

9.4.6 饰面砖粘贴工程的找平、防水、粘结和勾缝材料及施工方法应符合设计要求及国家现行产品标准和工程技术标准的规定。

检验方法：检查产品合格证书、复验报告和隐蔽工程验收记录。

9.4.7 饰面砖粘贴必须牢固。

检验方法：检查样板件粘结强度检测报告和施工记录。

9.4.8 满粘法施工的饰面砖工程应无空鼓、裂缝。

检验方法：观察，用小锤轻击检查。

一般项目

9.4.9 饰面板表面应平整、洁净、色泽一致，无裂痕和缺损。石材表面应无泛碱等污染。

检验方法：观察检查。

9.4.10 饰面板嵌缝应密实、平直，宽度和深度应符合设计要求，嵌填材料色泽应一致。

检验方法：观察，尺量检查。

9.4.11 采用湿作业法施工的饰面板工程，石材应进行防碱背涂处理。饰面板与基体之间的灌注材料应饱满、密实。

检验方法：用小锤轻击检查，检查施工记录。

9.4.12 饰面板上的孔洞应套割吻合，边缘应整齐。

检验方法：观察检查。

9.4.13 饰面板安装的允许偏差和检验方法应符合表 9.4.13 的规定。

表 9.4.13 饰面板安装的允许偏差和检验方法

序号	项目	允许偏差（mm）							检验方法
		石材			瓷板	木材	塑料	金属	
		光面	剁斧石	蘑菇石					
1	立面垂直度	2	3	2	2	1.5	2	2	用2m垂直检测尺检查
2	表面平整度	2	3	—	1.5	1	3	3	用2m靠尺和塞尺检查
3	阴阳角方正	2	4	4	2	1.5	3	3	用直角检测尺检查
4	接缝直线度	2	4	4	2	1	1	1	拉5m线，不足5m拉通线，用钢直尺检查
5	墙裙、勒脚上口直线度	2	3	3	2	2	2	2	拉5m线，不足5m拉通线，用钢直尺检查
6	接缝高低差	0.5	3	—	0.5	0.5	1	1	用钢直尺和塞尺检查
7	接缝宽度	1	2	2	1	1	1	1	用钢直尺检查

9.4.14 饰面砖表面应平整、洁净、色泽一致，无裂痕和损缺；阴阳角处搭接方式、非整砖使用部位应符合设计要求。

检验方法：观察检查。

9.4.15 饰面砖接缝应平直、光滑，填嵌应连续、密实；宽度和深度应符合设计要求；墙面突出物周围的饰面砖应整砖套割吻合，边缘应整齐。墙裙、贴脸突出墙面的厚度应一致。

检验方法：观察，尺量检查。

9.4.16 有排水要求的部位应做滴水线（槽）。滴水线（槽）应顺直，流水坡向应正确，坡度应符合设计要求。

检验方法：观察，用水平尺检查。

9.4.17 饰面砖粘贴的允许偏差和检验方法应符合表 9.4.17 的规定。

表 9.4.17 饰面砖粘贴的允许偏差和检验方法

序号	项目	允许偏差（mm）		检验方法
		外墙面砖	内墙面砖	
1	立面垂直度	3	2	用2m垂直检测尺检查
2	表面平整度	4	3	用2m靠尺和塞尺检查
3	阴阳角方正	3	3	用直角检测尺检查
4	接缝直线度	3	2	拉5m线，不足5m拉通线，用钢直尺检查
5	接缝高低差	1	0.5	用钢直尺和塞尺检查
6	接缝宽度	1	1	用钢直尺检查

表 3.8.5 整体面层铺设工程检验批质量验收记录表

编号：001

单位工程名称	××大厦地下室人防工程		分项工程名称	整体面层铺设工程	分部工程名称	建筑装饰装修工程
施工单位	××建设集团有限公司		项目负责人	×××	检验批容量	30间
分包单位	/		分包单位项目负责人	/	检验批部位	地下一层～/～轴防护单元三，地面
验收依据	《人民防空工程质量验收与评价标准》（RFJ01—2015）					
		验收项目	设计要求及规范规定	最小/实际抽样数量	检查记录	检查结果
主控项目	1	第9.5.2条	面层的材质、厚度应符合设计要求和规定	/	质量证明文件齐全、符合要求	√
	2	第9.5.3条	面层与下一层应结合牢固，无空鼓和开裂	3/3	抽查3处，合格3处	√
一般项目	1	第9.5.4条	整体面层铺设工程表面质量应符合规定	3/3	抽查3处，合格3处	100%
	2	第9.5.5条	面层表面的坡度应符合设计要求，无倒泛水和积水现象	3/3	抽查3处，合格3处；检查合格，泼水试验记录编号××	100%
	3	第9.5.6条	踢脚线与柱、墙面应紧密结合，踢脚线高度等应符合设计要求	3/3	抽查3处，合格3处	100%
	4	第9.5.7条	楼梯、台阶踏步的宽度、高度应符合设计要求	1/1	抽查1处，合格1处	100%
	5	第9.5.8条	整体面层的允许偏差和检验方法应符合规定	3/3	抽查3处，合格3处	100%
施工单位检查结果	主控项目全部合格，一般项目满足规范要求。				专业工长：××× 项目专业质量检查员：××× ××××年××月××日	
监理单位验收结论	验收合格。				专业监理工程师：××× ××××年××月××日	

整体面层铺设工程检验批质量验收记录表
填表说明

检验批划分

地面工程按基层（各构造层）和各类面层的每一层次或每层施工段划分检验批。

检查数量

各种面层应按有代表性的自然间（通道按10延长米，商场等大间按两轴线为一间）抽查10％，且不少于3间；楼梯踏步按每层梯段为一处，且不少于3处。

主控项目

9.5.2 各种面层的材质、厚度、强度（配合比）和密实度应符合设计要求和施工规范的规定。

检验方法：观察、检查质量合格证明文件。

9.5.3 面层与下一层应结合牢固，且应无空鼓和开裂。

检验方法：观察和用小锤轻击检查。

注：当出现空鼓时，空鼓面积不应大于400cm^2，且每自然间或标准间不应多于2处。

一般项目

9.5.4 整体面层铺设工程表面质量应符合下列规定：

1 水泥混凝土面层

面层表面应洁净，不应有裂纹、脱皮、麻面、起砂等缺陷。

2 水泥砂浆面层

面层表面应洁净，不应有裂纹、脱皮、麻面、起砂等现象。

3 水磨石面层

面层表面应光滑，且应无裂纹、砂眼和磨痕；石粒应密实，显露应均匀；颜色图案应一致，不混色；分格条应牢固、顺直和清晰。

4 硬化耐磨面层

面层表面应色泽一致，切缝应顺直，不应有裂纹、脱皮、麻面、起砂等缺陷。

5 涂料面层

面层应光洁，色泽应均匀、一致，不应有起泡、起皮、泛砂等现象。

检验方法：观察检查。

9.5.5 面层表面的坡度应符合设计要求，不应有倒泛水和积水现象。

检验方法：观察，泼水或用坡度尺检查。

9.5.6 踢脚线与柱、墙面应紧密结合，踢脚线高度和出柱、墙厚度应符合设计要求且均匀一致。当出现空鼓时，局部空鼓长度不应大于300mm，且每自然间或标准间不应多于2处。

检验方法：用小锤轻击、钢尺和观察检查。

9.5.7 楼梯、台阶踏步的宽度、高度应符合设计要求。楼层梯段相邻踏步高度差不应大于10mm；每踏步两端宽度差不应大于10mm，旋转楼梯梯段的每踏步两端宽度的允许偏差不应大于5mm。踏步面层应做防滑处理，齿角应整齐，防滑条应顺直、牢固。

检验方法：观察和用钢尺检查。

9.5.8 整体面层的允许偏差和检验方法应符合表 9.5.8 的规定。

表 9.5.8 整体面层的允许偏差和检验方法

序号	项目	允许偏差（mm）						检验方法
		水泥混凝土面层	水泥砂浆面层	普通水磨石面层	高级水磨石面层	硬化耐磨面层	涂料面层	
1	表面平整度	5	4	3	2	4	2	用2m靠尺和楔形塞尺检查
2	踢脚线上口平直	4	4	3	3	4	3	拉5m线和用钢尺检查
3	缝格顺直	3	3	3	2	3	2	

表 3.8.6 板块面层铺设工程检验批质量验收记录表

编号：001

单位工程名称	××大厦地下室人防工程	分项工程名称	板块面层铺设工程	分部工程名称	建筑装饰装修工程
施工单位	××建设集团有限公司	项目负责人	×××	检验批容量	30间
分包单位	/	分包单位项目负责人	/	检验批部位	地下一层～/～轴防护单元三，地面
验收依据	《人民防空工程质量验收与评价标准》（RFJ01—2015）				

		验收项目	设计要求及规范规定	最小/实际抽样数量	检查记录	检查结果
主控项目	1	第9.6.2条	面层所用板块产品应符合设计要求和规定	/	质量证明文件齐全、符合要求	√
	2	第9.6.3条	面层与下一层应结合牢固，无空鼓	3/3	抽查3处，合格3处	√
一般项目	1	第9.6.4条	整体面层铺设工程表面质量应符合规定	3/3	抽查3处，合格3处	100%
	2	第9.6.5条	面层表面的坡度应符合设计要求，无倒泛水、无积水；结合处无渗漏	3/3	抽查3处，合格3处；检查合格，泼水试验记录编号××	100%
	3	第9.6.6条	踢脚线表面应洁净，与柱、墙面的结合应牢固	3/3	抽查3处，合格3处	100%
	4	第9.6.7条	楼梯、台阶踏步的宽度、高度应符合设计要求	1/1	抽查1处，合格1处	100%
	5	第9.6.8条	板块面层的允许偏差和检验方法应符合规定	3/3	抽查3处，合格3处	100%
施工单位检查结果			主控项目全部合格，一般项目满足规范要求。		专业工长：××× 项目专业质量检查员：××× ××××年××月××日	
监理单位验收结论			验收合格。		专业监理工程师：××× ××××年××月××日	

板块面层铺设工程检验批质量验收记录表
填表说明

检验批划分

地面工程按基层（各构造层）和各类面层的每一层次或每层施工段划分检验批。

检查数量

各种面层应按有代表性的自然间（通道按10延长米，商场等大间按两轴线为一间）抽查10%，且不少于3间；楼梯踏步按每层梯段为一处，且不少于3处。

主控项目

9.6.2 各种面层所用板块产品应符合设计要求和国家现行有关标准的规定。

检验方法：观察；检查质量合格证明文件。

9.6.3 面层与下一层应结合（粘接）牢固，无空鼓（脱胶）。

检验方法：用小锤轻击检查。

注：单块砖（板）块边角允许有局部空鼓，但每自然间或标准间的空鼓板块不应超过总数的5%。

一般项目

9.6.4 板块面层铺设工程表面质量应符合下列规定：

1 砖面层

面层表面应洁净、图案清晰，色泽、深浅应一致，接缝应平整，周边应顺直。板块应无裂纹、掉角和缺楞等缺陷。

2 大理石面层和花岗石面层

面层表面应洁净、平整、无磨痕，且应图案清晰，色泽一致，接缝均匀，周边顺直，镶嵌正确，板块应无裂纹、掉角、缺棱等缺陷。

3 预制板块面层

面层表面应无裂缝、掉角、翘曲等明显缺陷。

4 料石面层

面层应组砌合理，无十字缝；块石面层石料缝隙应相互错开，通缝不应超过两块石料。

5 塑料板面层

面层表面应洁净，图案清晰，色泽一致，接缝应严密、美观。拼缝处的图案、花纹应吻合，无胶痕；与柱、墙边交接应严密，阴阳角收边应方正。

6 活动地板面层

面层应排列整齐、表面洁净、色泽一致、接缝均匀、周边顺直。

7 金属板面层

面层表面应无裂痕、刮伤、刮痕、翘曲等外观质量缺陷。

检验方法：观察检查。

9.6.5 面层表面的坡度应符合设计要求，不倒泛水、无积水；与地漏、管道结合处应严密牢固，无渗漏。

检验方法：观察、泼水或用坡度尺及蓄水检查。

9.6.6 踢脚线表面应洁净，与柱、墙面的结合应牢固。踢脚线高度及出柱、墙厚度应符合设计要求,且均匀一致。

检验方法:观察和用小锤轻击及钢尺检查。

9.6.7 楼梯、台阶踏步的宽度、高度应符合设计要求。踏步板块的缝隙宽度应一致;楼层梯段相邻踏步高度差不应大于10mm;每踏步两端宽度差不应大于10mm,旋转楼梯梯段的每踏步两端宽度的允许偏差不应大于5mm。踏步面层应做防滑处理,齿角应整齐,防滑条应顺直、牢固。

检验方法:观察和用钢尺检查。

9.6.8 板块面层的允许偏差和检验方法应符合表9.6.8的规定。

表9.6.8 板块面层的允许偏差和检验方法

序号	项目	允许偏差(mm)											检验方法
		陶瓷砖面层、高级水磨石板、陶瓷地砖面层	缸砖面层	水泥花砖面层	水磨石板块面层	大理石面层、花岗石面层、人造石面层、金属板面层	塑料板面层	水泥混凝土板块面层	碎拼大理石、碎拼花岗石面层	活动地板面层	条石面层	块石面层	
1	表面平整度	2.0	4.0	3.0	3.0	1.0	2.0	4.0	3.0	2.0	1.0	10.0	用2m靠尺和楔形塞尺检查
2	缝格平齐	3.0	3.0	3.0	3.0	2.0	3.0	3.0	—	2.5	8.0	8.0	拉5m线和用钢尺检查
3	接缝高低差	0.5	1.5	0.5	1.0	0.5	0.5	1.5	—	0.4	2.0	—	用钢尺和楔形塞尺检查
4	踢脚线上口平直	3.0	4.0	—	4.0	1.0	2.0	4.0	1.0	—	—	—	拉5m线和用钢尺检查
5	板块间隙宽度	2.0	2.0	2.0	2.0	1.0	—	6.0	—	0.3	5.0	—	用钢尺检查

表 3.8.7 吊顶工程检验批质量验收记录表

编号:001

单位工程名称	××大厦地下室人防工程	分项工程名称	吊顶工程	分部工程名称	建筑装饰装修工程
施工单位	××建设集团有限公司	项目负责人	×××	检验批容量	30间
分包单位	/	分包单位项目负责人	/	检验批部位	地下一层～～轴防护单元三,顶棚
验收依据	《人民防空工程质量验收与评价标准》(RFJ01—2015)					

		验收项目	设计要求及规范规定	最小/实际抽样数量	检查记录	检查结果
主控项目	1	第9.7.6条	吊顶标高、尺寸、起拱和造型应符合设计要求	3/3	抽查3间,合格3间	√
	2	第9.7.7条	饰面材料的材质、品种、规格、图案和颜色应符合设计要求	/	质量证明文件齐全,进场检验记录编号××	√
	3	第9.7.8条	龙骨吊顶工程的吊杆、龙骨和饰面材料的安装必须牢固	3/3	抽查3间,合格3间;隐蔽验收合格,记录编号××	√
	4	第9.7.9条	吊杆、龙骨的材质、规格、安装间距及连接方式应符合设计要求。金属吊杆、龙骨应经过表面防腐处理	3/3	抽查3间,合格3间;隐蔽验收合格,记录编号××	√
	5	第9.7.10条	石膏板的接缝防裂处理。安装双层石膏板时,面层板与基层板的接缝情况	/3	抽查3间,合格3间	√
	6	第9.7.11条	饰面材料的安装应稳固严密。饰面材料与龙骨的搭接宽度应大于龙骨受力面宽度的2/3	3/3	抽查3间,合格3间	√
一般项目	1	第9.7.12条	饰面材料表面质量;饰面板与明龙骨的搭接质量;压条质量	/3	抽查3间,合格3间	100%
	2	第9.7.13条	饰面板上的灯具、烟感器、喷淋头、风口篦子等设备的位置质量	3/3	抽查3间,合格3间	100%
	3	第9.7.14条	金属龙骨的接缝质量	/	/	/
	4	第9.7.15条	吊顶内填充吸声材料的品种和铺设厚度应符合设计要求,并应有防散落措施	/	/	/
	5	第9.7.16条	明龙骨吊顶工程安装	3/3	抽查3间,合格3间	100%
	6	第9.7.17条	暗龙骨吊顶工程安装	/	/	/
施工单位检查结果	主控项目全部合格,一般项目满足规范要求。					专业工长:××× 项目专业质量检查员:××× ××××年××月××日
监理单位验收结论	验收合格。					专业监理工程师:××× ××××年××月××日

吊顶工程检验批质量验收记录表
填表说明

检查数量

同一品种的吊顶工程每50间（大面积房间和走廊按吊顶面积30m² 为一间）应划分为一个检验批，不足50间也应划分为一个检验批。

每个检验批应至少抽查10％，并不得少于3间；不足3间时应全数检查。

主控项目

9.7.6 吊顶标高、尺寸、起拱和造型应符合设计要求。

检验方法：观察；尺量检查。

9.7.7 饰面材料的材质、品种、规格、图案和颜色应符合设计要求。

检验方法：观察；检查产品合格证书、性能检测报告、进场检验记录和复验报告。

9.7.8 龙骨吊顶工程的吊杆、龙骨和饰面材料的安装必须牢固。

检验方法：观察；手扳检查；检查隐蔽工程验收记录和施工记录。

9.7.9 吊杆、龙骨的材质、规格、安装间距及连接方式应符合设计要求。金属吊杆、龙骨应经过表面防腐处理。

检验方法：观察；尺量检查；检查产品合格证书、性能检测报告、进场检验记录和隐蔽工程验收记录。

9.7.10 石膏板的接缝应按其施工工艺标准进行板缝防裂处理。安装双层石膏板时，面层板与基层板的接缝应错开，并不得在同一根龙骨上接缝。

检验方法：观察。

9.7.11 饰面材料的安装应稳固严密。饰面材料与龙骨的搭接宽度应大于龙骨受力面宽度的2/3。

检验方法：观察；手扳检查；尺量检查。

一般项目

9.7.12 饰面材料表面应洁净、色泽一致，不得有翘曲裂缝及缺损。饰面板与明龙骨的搭接应平整、吻合，压条应平直、宽窄一致。

检验方法：观察；尺量检查。

9.7.13 饰面板上的灯具、烟感器、喷淋头、风口箅子等设备的位置应合理、美观，与饰面板的交接应吻合、严密。

检验方法：观察。

9.7.14 金属龙骨的接缝应平整、吻合、颜色一致，不得有划伤、擦伤等表面缺陷。

检验方法：观察。

9.7.15 吊顶内填充吸声材料的品种和铺设厚度应符合设计要求，并应有防散落措施。

检验方法：检查隐蔽工程验收记录和施工记录。

9.7.16 明龙骨吊顶工程安装的允许偏差和检验方法应符合表9.7.16的规定。

表 9.7.16 明龙骨吊顶工程安装的允许偏差和检验方法

项次	项目	允许偏差（mm）				检验方法
		石膏板	金属板	矿棉板	塑料板、玻璃板	
1	表面平整度	3	2	3	2	用2m靠尺和塞尺检查
2	接缝直线度	3	2	3	3	拉5m线，不足5m拉通线，用钢直尺检查
3	接缝高低差	1	1	2	1	用钢直尺和塞尺检查

9.7.17 暗龙骨吊顶工程安装的允许偏差和检验方法应符合表9.7.17的规定。

表 9.7.17 暗龙骨吊顶工程安装的允许偏差和检验方法

项次	项目	允许偏差（mm）				检验方法
		纸面石膏板	金属板	矿棉板	木板、塑料板、格栅	
1	表面平整度	3	2	2	2	用2m靠尺和塞尺检查
2	接缝直线度	3	1.5	3	3	拉5m线，不足5m拉通线，用钢直尺检查
3	接缝高低差	1	1	1.5	1	用钢直尺和塞尺检查

表 3.8.8 门窗安装工程检验批质量验收记录表

编号：001

单位工程名称	××大厦地下室人防工程	分项工程名称	门窗安装工程	分部工程名称	建筑装饰装修工程
施工单位	××建设集团有限公司	项目负责人	×××	检验批容量	35樘
分包单位	/	分包单位项目负责人	/	检验批部位	地下一层～/～轴防护单元三，防火门
验收依据	《人民防空工程质量验收与评价标准》（RFJ01—2015）				

		验收项目	设计要求及规范规定	最小/实际抽样数量	检查记录	检查结果
主控项目	1	第9.8.2条	门窗的品种、类型等应符合设计要求和质量要求	/	进场验收合格，记录编号××	√
	2	第9.8.3条	门窗框的安装应牢固，预埋件的数量应符合设计要求	4/4	抽查4处，合格4处；隐蔽验收合格，编号××	√
	3	第9.8.4条	门窗配件的型号等应符合设计要求，功能满足使用要求	4/4	抽查4处，合格4处	√
	4	第9.8.5条	防火门的耐火等级及其附件质量应符合设计要求	/	质量证明文件齐全、符合要求	√
一般项目	1	第9.8.6条	门窗的安装质量应符合规定	4/4	抽查4处，合格4处	100%
	2	第9.8.7条	木门窗安装的允许偏差和检验方法应符合规定	/	/	/
	3	第9.8.8条	钢门窗安装的允许偏差和检验方法应符合规定	/	/	/
	4	第9.8.9条	铝合金门窗安装的允许偏差和检验方法应符合规定	/	/	/
	5	第9.8.10条	塑料门窗安装的允许偏差和检验方法应符合规定	/	/	/
	6	第9.8.11条	推拉自动门安装的允许偏差和检验方法应符合规定	/	/	/
	7	第9.8.12条	旋转门安装的允许偏差和检验方法应符合规定	/	/	/
	8	第9.8.13条	防火门和防火卷帘安装的允许偏差和检验方法应符合规定	4/4	抽查4处，合格4处	100%

施工单位检查结果	主控项目全部合格，一般项目满足规范要求。	专业工长：××× 项目专业质量检查员：××× ××××年××月××日
监理单位验收结论	验收合格。	专业监理工程师：××× ××××年××月××日

门窗安装工程检验批质量验收记录表
填表说明

检验批划分

同一品种、类型和规格的木门窗、金属门窗、塑料门窗及门窗玻璃每100樘划分为一个检验批,不足100樘也应划分为一个检验批。同一品种类型和规格的特种门每50樘划分为一个检验批,不足50樘也应划分为一个检验批。

检查数量

按不同规格和类型的樘数,各抽查至少5%,并不得少于3樘;防火门、防火卷帘应全数检查。

主控项目

9.8.2 门窗的品种、类型、规格、尺寸、性能、开启方向安装位置及连接方式应符合设计要求和国家现行产品标准的质量要求。

检验方法:观察;检查产品合格证书、性能检测报告和进场验收记录。

9.8.3 门窗框的安装应牢固,预埋件的数量、位置、埋设方式、与框的连接方式必须符合设计要求。

检验方法:手扳检查;检查隐蔽工程验收记录。

9.8.4 门窗配件的型号、规格、数量应符合设计要求,安装应牢固,位置应正确,功能应满足使用要求。

检验方法:观察,开启和关闭检查,手扳检查。

9.8.5 防火门的耐火等级及其附件质量必须符合设计要求。

检验方法:检查产量合格证。

一般项目

9.8.6 门窗的安装质量应符合下列规定:

1. 木门窗:表面应洁净,不得有刨痕、锤印;割角、拼缝应严密平整。门窗框、扇裁口应顺直,刨面应平整;木门窗上的槽、孔应边缘整齐,无毛刺。
2. 金属门窗:表面应洁净、平整光滑、色泽一致,无锈蚀。大面应无划痕、碰伤。漆膜或保护层应连续。
3. 塑料门窗:表面应洁净、平整、光滑,大面应无划痕、碰伤。
4. 防火门:关闭严密,开关灵活,无阻滞和倒翘;附件齐全,位置正确,安装牢固;活动部件转动灵活。
5. 防火卷帘:卷帘升降灵活,关闭严密;无迟滞卡阻现象;与楼板、梁和墙、柱之间空隙的防火封堵材料应填嵌饱满,表面平整,符合设计要求。
6. 门窗玻璃:表面应洁净,不得有腻子、密封胶、涂料等污渍。中空玻璃内外表面均应洁净,玻璃中空层内不得有灰尘和水蒸气。

检验方法:观察检查。

9.8.7 木门窗安装的允许偏差和检验方法应符合表9.8.7的规定。

表 9.8.7 木门窗安装的允许偏差和检验方法

序号	项目	允许偏差（mm）		检验方法
		普通	高级	
1	门窗槽口对角线长度差	3	2	用钢尺检查
2	门窗框的正、侧面垂直度	2	1	用1m垂直检测尺检查
3	框与扇、扇与扇接缝高低差	2	1	用钢直尺或塞尺检查
4	双扇门窗内外框间距	4	3	用钢尺检查

9.8.8 钢门窗安装的允许偏差和检验方法应符合表 9.8.8 的规定。

表 9.8.8 钢门窗安装的允许偏差和检验方法

序号	项目		允许偏差（mm）	检验方法
1	门窗槽口宽度、高度	≤1500mm	2.2	用钢尺检查
		>1500mm	3.5	
2	门窗槽口对角线长度差	≤2000mm	5	用钢尺检查
		>2000mm	6	
3	门窗框的正、侧面垂直度		3	用1m垂直检测尺检查
4	门窗横框的水平度		3	用1m水平尺和塞尺检查
5	门窗横框标高		5	用钢尺检查
6	门窗竖向偏离中心		4	用钢尺检查
7	双层门窗内外框间距		5	用钢尺检查

9.8.9 铝合金门窗安装的允许偏差和检验方法应符合表 9.8.9 的规定。

表 9.8.9 铝合金门窗安装的允许偏差和检验方法

序号	项目		允许偏差（mm）		检验方法
			铝合金门窗	涂色镀锌钢板门窗	
1	门窗槽口宽度、高度	≤1500mm	1.5	2	用钢尺检查
		>1500mm	2	3	
2	门窗槽口对角线长度差	≤2000mm	3	4	用钢尺检查
		>2000mm	4	5	
3	门窗框的正、侧面垂直度		2.5	3	用垂直检测尺检查
4	门窗横框的水平度		2	3	用1m水平尺和塞尺检查
5	门窗横框标高		5	5	用钢尺检查
6	门窗竖向偏离中心		5	5	用钢尺检查
7	双层门窗内外框间距		4	4	用钢尺检查
8	推拉门窗扇与框搭接量		1.5	2	用钢直尺检查

9.8.10 塑料门窗安装的允许偏差和检验方法应符合表 9.8.10 的规定。

表9.8.10 塑料门窗安装的允许偏差和检验方法

序号	项目		允许偏差（mm）	检验方法
1	门窗槽口宽度、高度	≤1500mm	2	用钢尺检查
		>1500mm	3	
2	门窗槽口对角线长度差	≤2000mm	3	用钢尺检查
		>2000mm	5	
3	门窗框的正、侧面垂直度		3	用1m垂直检测尺检查
4	门窗横框的水平度		3	用1m水平尺和塞尺检查
5	门窗横框标高		5	用钢尺检查
6	门窗竖向偏离中心		5	用钢直尺检查
7	双层门窗内外框间距		4	用钢尺检查
8	同樘平开门窗相邻扇的高度差		2	用钢直尺检查
9	平开门窗铰链部位配合间隙		+2，−1	用塞尺检查
10	推拉门窗扇与框搭接量		+1.5，−2.5	用钢直尺检查
11	推拉门窗扇与竖框平行度		2	用1m水平尺和塞尺检查

9.8.11 推拉自动门安装的允许偏差和检验方法应符合表9.8.11的规定。

表9.8.11 推拉自动门安装的允许偏差和检验方法

序号	项目		允许偏差（mm）	检验方法
1	门槽口宽度、高度	≤1500mm	1.5	用钢尺检查
		>1500mm	2	
2	门槽口对角线长度差	≤2000mm	2	用钢尺检查
		>2000mm	2.5	
3	门框的正、侧面垂直度		1	用1m垂直检测尺检查
4	门构件装配间隙		0.3	用塞尺检查
5	门梁导轨水平度		1	用1m水平尺和塞尺检查
6	下导轨与门梁导轨平行度		1.5	用钢尺检查

9.8.12 旋转门安装的允许偏差和检验方法应符合表9.8.12的规定。

表9.8.12 旋转门安装的允许偏差和检验方法

序号	项目	允许偏差（mm）		检验方法
		金属框架玻璃旋转门	木质旋转门	
1	门扇正、侧面垂直度	1.5	1.5	用1m垂直检测尺检查
2	门扇对角线长度差	1.5	1.5	用钢尺检查
3	相邻扇高低差	1	1	用钢尺检查
4	扇与圆弧边留缝	1.5	2	用塞尺检查
5	扇与上顶间留缝	2	2.5	用塞尺检查
6	扇与地面间留缝	2	2.5	用塞尺检查

9.8.13 防火门和防火卷帘安装的允许偏差和检验方法应符合表 9.8.13 的规定。

表 9.8.13 防火门和防火卷帘安装的允许偏差和检验方法

序号	项目			允许偏差（mm）	检验方法
1	防火门	门框两角线长度差	门口高度 ≤2m	5	尺量检查
			门口高度 >2m	6	
2		门框正、侧面的垂直度（每1m）		2	用1m托线板检查
3		门无下槛时，门扇与地面之间留缝限值		4~8	用楔形塞尺检查
4	防火卷帘	卷筒轴水平度		2	用水平尺检查
5		导轨正、侧面的垂直度（每1m）		2	用1m托线板检查

3.9 给水排水工程检验批填写示例及说明

表3.9.1 给水管道安装检验批质量验收记录表

编号：001

单位工程名称	××大厦地下室人防工程		分项工程名称	给水管道安装	分部工程名称	给水排水工程
施工单位	××建设集团有限公司		项目负责人	×××	检验批容量	40米
分包单位	/		分包单位项目负责人	/	检验批部位	地下一层～/～轴防护单元三
验收依据			《人民防空工程质量验收与评价标准》（RFJ01—2015）			
		验收项目	设计要求及规范规定	最小/实际抽样数量	检查记录	检查结果
主控项目	1	第10.2.2条	给水管道采用与管材相适应的管件	/	试验合格，报告编号××	√
	2	第10.2.3条	镀锌钢管应根据管径尺寸采用螺纹连接或法兰连接	全/4	共4处，全部检查，合格4处	√
	3	第10.2.4条	给水塑料管和复合管可以采用橡胶圈接口等连接形式	/	/	√
	4	第10.2.5条	给水铸铁管管道采用水泥捻口等方式进行连接	/	/	√
	5	第10.2.6条	铜管连接可采用专用接头或焊接，根据管径选择焊接方式	/	/	√
	6	第10.2.7条	冷、热水管道同时安装应符合规定	全/4	共4处，全部检查，合格4处	√
一般项目	1	第10.2.8条	管道坡度的正负偏差不超过设计要求坡度值的1/3	1/1	抽查1处，合格1处	100%
	2	第10.2.9条	碳素钢管道的螺纹连接应符合规定	/	/	/
	3	第10.2.10条	法兰连接应对应平行、紧密；衬垫材质应符合设计要求和规定	/	/	/
	4	第10.2.11条	非镀锌碳素钢管的焊接应符合规定	/	/	/
	5	第10.2.12条	阀门的安装位置、进出口方向应正确，连接牢固、紧密	10/10	抽查10处，合格10处	100%
	6	第10.2.13条	管道、箱类和金属支架涂漆应附着良好，无缺陷	5/5	抽查5处，合格5处	100%
	7	第10.2.14条	室内给水管道安装的允许偏差和检验方法应符合规定	5/5	抽查5处，合格5处	100%
施工单位检查结果			主控项目全部合格，一般项目满足规范要求。		专业工长：××× 项目专业质量检查员：××× ××××年××月××日	
监理单位验收结论			验收合格。		专业监理工程师：××× ××××年××月××日	

给水管道安装检验批质量验收记录表
填表说明

主控项目

10.2.2 给水管道必须采用与管材相适应的管件。生活给水系统所涉及的材料必须达到饮用水卫生标准。

　　检查数量：全数检查。

　　检验方法：检查材料检验报告。

10.2.3 管径小于或等于100mm的镀锌钢管应采用螺纹连接，套丝扣时破坏的镀锌层表面及外露螺纹部分应做防腐处理；管径大于100mm的镀锌钢管应采用法兰或卡套式专用管件连接，镀锌钢管与法兰的焊接处应二次镀锌。

　　检查数量：全数检查。

　　检验方法：观察检查。

10.2.4 给水塑料管和复合管可以采用橡胶圈接口、粘接接口、热熔连接、专用管件连接及法兰连接形式。塑料管和复合管与金属管件、阀门等的连接应使用专用管件连接，不得在塑料管上套丝。

　　检查数量：全数检查。

　　检验方法：观察检查。

10.2.5 给水铸铁管管道应采用水泥捻口或橡胶圈接口方式进连接。

　　检查数量：全数检查。

　　检验方法：观察检查。

10.2.6 铜管连接可采用专用接头或焊接，当管径小于22mm时采用承插或套管焊接，承接口应迎介质流向安装；当管径大于或等于22mm时宜采用对口焊接。

　　检查数量：全数检查。

　　检验方法：观察检查。

10.2.7 冷、热水管道同时安装应符合下列规定：

　　1　上、下平行安装时，热水管应在冷水管上方。

　　2　垂直平行安装时，热水管应在冷水管左侧。

　　检查数量：全数检查。

　　检验方法：观察检查。

一般项目

10.2.8 管道坡度的正负偏差应不超过设计要求坡度值的1/3。

　　检查数量：按系统内直线管段长度每50m抽查2段，小于50m抽查1段；有分隔墙的，以隔墙为分段，抽查5%，且不少于5段。

　　检验方法：用水准仪（水平尺）、拉线和尺量检查或检查隐蔽工程记录。

10.2.9 碳素钢管道的螺纹连接应符合以下规定：螺纹清洁、规整，断丝或缺丝不大于螺纹全扣数的10%；连接牢固；管螺纹根部有外露螺纹；镀锌碳素钢管无焊接口且镀锌碳素钢管和管件的镀锌层无破损，螺纹露出部分防腐蚀良好；接口处无外露油麻等缺陷。

检查数量：不少于10个接口。

检验方法：观察检查。

10.2.10 碳素钢管道的法兰连接应对接平行、紧密，与管道中心线垂直，螺杆露出螺母；衬垫材质符合设计要求和施工规范的规定，无双层且螺母在同侧，螺杆露出螺母长度一致，不大于螺杆直径1/2。

检查数量：不少于5副。

检验方法：观察检查。

10.2.11 非镀锌碳素钢管的焊接应符合以下规定：焊口平直度、焊缝加强面符合施工规范的规定；焊口表面无烧穿、裂纹和明显的结瘤、夹渣及气孔等缺陷。

检查数量：不少于10个焊口。

检验方法：观察或用焊接检测尺检查。

10.2.12 阀门的安装位置、进出口方向应正确，连接牢固、紧密且启闭灵活，朝向合理，表面清洁。

检查数量：按不同规格、型号抽查5%，且不少于10个。

检验方法：手扳检查和检查出厂合格证、试验单。

10.2.13 管道、箱类和金属支架涂漆应附着良好，无脱皮、起泡和漏涂且漆膜厚度均匀，色泽一致，无流淌及污染现象。

检查数量：各不少于5处。

检验方法：观察检查。

10.2.14 室内给水管道安装的允许偏差和检验方法应符合表10.2.14的规定。

表10.2.14 室内给水管道安装的允许偏差和检验方法

序号	项目			允许偏差（mm）	检验方法
1	水平管道纵、横方向弯曲	给水铸铁管	每1m	1	用水平尺、拉线和尺量检查
			全长（25m以上）	25	
		碳素钢管	每1m 管径小于或等于100mm	0.5	
			每1m 管径大于100mm	1	
			全长（25m以上）管径小于或等于100mm	13	
			全长（25m以上）管径大于100mm	25	
2	立管垂直度	给水铸铁管	每1m	3	用磁力线锥、尺量检查
			全长（5m以上）	15	
		碳素钢管	每1m	2	
			全长（5m以上）	10	
3	隔热层	表面平整度	卷材或板材	4	用塞尺检查
			涂材或其他	8	
		厚度		$+0.1\delta$ -0.05δ	用钢针刺隔热层和尺量检查

注：δ为隔热层厚度。

检查数量。

1 水平管道纵、横方向弯曲：按系统直线段长度每50m抽查2段，小于50m抽查1段。有分隔墙的建筑，以隔墙为分段，抽查5%，且不少于5段。

2 立管垂直度：一个立管为1段，两层及以上按层数分段，各抽查5%，且均不少于10段。

3 隔热层：水平管和立管，凡能按隔墙和层数分段的，均以每层分隔墙内的管段为一个抽查点，抽查数为5%，且不少于5处；不能按隔墙、层数分段的，每20m抽查1处，且不少于5处。

表 3.9.2 给水管道附件及卫生器具给水配件安装检验批质量验收记录表

编号：001

单位工程名称	××大厦地下室人防工程		分项工程名称	给水管道附件及卫生器具给水配件安装	分部工程名称	给水排水工程
施工单位	××建设集团有限公司		项目负责人	×××	检验批容量	20件
分包单位	/		分包单位项目负责人	/	检验批部位	地下一层～/～轴防护单元三
验收依据	《人民防空工程质量验收与评价标准》（RFJ01—2015）					
		验收项目	设计要求及规范规定	最小/实际抽样数量	检查记录	检查结果
主控项目	1	第10.3.2条	室内给水管道的水压试验应符合设计要求	/	试压试验合格，记录编号××	√
	2	第10.3.3条	给水系统交付使用前必须进行通水试验并做好记录	/	通水试验合格，记录编号××	√
	3	第10.3.4条	生活给水系统管道取样检验，符合标准方可使用	/	检测合格，报告编号××	√
	4	第10.3.5条	室内直埋给水管道做防腐处理。防腐层应符合设计要求	/	/	/
	5	第10.3.6条	预埋水管的柔性、刚性防水套管等应符合设计要求和规定	/	/	/
一般项目	1	第10.3.7条	给水引入管与排水排出管的水平净距离不得小于1m	全/3	共3处，全部检查，合格3处	100%
	2	第10.3.8条	管道及管件焊接的焊缝表面质量应符合规定	/	/	/
	3	第10.3.9条	给水水平管道应有的坡度坡向泄水口	全/3	共3处，全部检查，合格3处	100%
	4	第10.3.10条	给水管道和阀门安装的允许偏差应符合规定	全/3	共3处，全部检查，合格3处	100%
	5	第10.3.11条	管道的支、吊架安装应平整牢固，间距应符合规定	全/5	共5处，全部检查，合格5处	100%
	6	第10.3.12条	试验消火栓等做试射试验，达到设计要求为合格	/	/	/
	7	第10.3.13条	箱式消火栓的安装应符合规定	/	/	/
	8	第10.3.14条	镀铬件应完好不损伤，接口严密，启闭部分灵活	全/5	共5处，全部检查，合格5处	100%
	9	第10.3.15条	给水管道附件等安装高度的允许偏差和检验方法应符合规定	5/5	检查5处，合格5处	100%
施工单位检查结果		主控项目全部合格，一般项目满足规范要求。			专业工长：××× 项目专业质量检查员：××× ××××年××月××日	
监理单位验收结论		验收合格。			专业监理工程师：××× ××××年××月××日	

给水管道附件及卫生器具给水配件安装检验批质量验收记录表填表说明

检查数量

全数检查（另有规定的除外）。

主控项目

10.3.2 室内给水管道的水压试验必须符合设计要求。当设计未注明时，各种材质的给水管道系统试验压力均为工作压力的1.5倍，但不得小于0.6MPa。

检验方法：金属及复合管给水管道系统在试验压力下观测10min，压力降不应大于0.02MPa，然后降到工作压力进行检查，应不渗不漏；塑料管给水系统应在试验压力下稳压1h，压力降不得超过0.05MPa，然后在工作压力的1.15倍状态下稳压2h，压力降不得超过0.03MPa，同时检查各连接处不得渗漏。

10.3.3 给水系统交付使用前必须进行通水试验并做好记录。

检验方法：观察和开启阀门、水嘴等放水。

10.3.4 生活给水系统管道在交付使用前必须冲洗和消毒，并经有关部门取样检验，符合国家《生活饮用水卫生标准》（GB 5749—2022）方可使用。

检验方法：检查有关部门提供的检测报告。

10.3.5 室内直埋给水管道（塑料管和复合管道除外）应做防腐处理。埋地管道防腐层材质和结构应符合设计要求。

检验方法：观察或局部解剖检查。

10.3.6 穿越水库水位线以下的水管，预埋的柔性、刚性防水套管或带有翼环的防护密闭穿墙短管，必须符合设计要求和施工规范规定。

检验方法：观察检查和检查隐蔽工程记录。

一般项目

10.3.7 给水引入管与排水排出管的水平净距离不得小于1m。室内给水与排水管道平行敷设时，两管间的最小水平净距不得小于0.5m；交叉铺设时，垂直净距不得小于0.15m。给水管应铺在排水管上面，若给水管必须铺在排水管的下面时，给水管应加套管，其长度不得小于排水管管径的3倍。

检验方法：尺量检查。

10.3.8 管道及管件焊接的焊缝表面质量应符合下列规定：
1. 焊缝外形尺寸应符合图纸和工艺文件的规定，焊缝高度不得低于母材表面，焊缝与母材应圆滑过渡；
2. 焊缝及热影响区表面应无裂纹、未熔合、未焊接、夹渣、弧坑和气孔等缺陷。

检验方法：观察检查。

10.3.9 给水水平管道应有2‰~5‰的坡度坡向泄水口。

检验方法：水平尺和尺量检查。

10.3.10 给水管道和阀门安装的允许偏差应符合表10.3.10的规定。

表 10.3.10 管道和阀门安装的允许偏差和检验方法

序号	项目			允许偏差（mm）	检验方法
1	水平管道纵横方向弯曲	钢管	每1m	1	用水平尺、拉线和尺量检查
			全长（25m以上）	≯25	
		塑料管复合管	每1m	1.5	
			全长（25m以上）	≯25	
		铸铁管	每1m	2	
			全长（25m以上）	≯25	
2	立管垂直度	钢管	每1m	3	吊线和尺量检查
			5m以上	≯8	
		塑料管复合管	每1m	2	
			5m以上	≯8	
		铸铁管	每1m	3	
			5m以上	≯8	
3	成排管段和成排阀门		在同一平面上间距	3	尺量检查

10.3.11 管道的支、吊架安装应平整牢固，其间距应符合表10.3.11-1、10.3.11-2的规定。

检验方法：观察、尺量及手扳检查。

表 10.3.11-1 钢管管道支架的最大间距

公称直径（mm）		15	20	25	32	40	50	70	80	100	125	150	200	250	300
支架的最大间距（m）	保温管	2	2.5	2.5	2.5	3	3	4	4	4.5	6	7	7	8	8.5
	不保温管	2.5	3	3.5	4	4.5	5	6	6	6.5	7	8	9.5	11	12

表 10.3.11-2 塑料管及复合管管道支架的最大间距

管径（mm）			12	14	16	18	20	25	32	40	50	63	75	90	110
最大间距（m）	立管		0.5	0.6	0.7	0.8	0.9	1.0	1.1	1.3	1.6	1.8	2.0	2.2	2.4
	水平管	冷水管	0.4	0.4	0.5	0.5	0.6	0.7	0.8	0.9	1.0	1.1	1.2	1.35	1.55
		热水管	0.2	0.2	0.25	0.3	0.3	0.35	0.4	0.5	0.6	0.7	0.8		

10.3.12 室内消火栓系统安装完成后应取屋顶层（或水箱间内）试验消火栓和首层取二处消火栓做试射试验，达到设计要求为合格。

检验方法：实地试射检查。

10.3.13 箱式消火栓的安装应符合下列规定：

1 栓口应朝外，并不应安装在门轴侧；

2 栓口中心距地面为1.1m，允许偏差±20mm；

3 阀门中心距箱侧面为140mm，距箱后内面为100mm，允许偏差±5mm；

4 消火栓箱体安装的垂直度允许偏差为3mm。

检验方法：观察和尺量检查。

10.3.14 卫生器具给水配件安装的镀铬件应完好不损伤，接口严密，启闭部分灵活。安装端正,表面洁净,无外露油麻。

检验方法:观察和启闭检查。

10.3.15 给水管道附件及卫生器具给水配件安装高度的允许偏差和检验方法应符合表10.3.15的规定。

检查数量:各抽查10%,且不少于5组。

表 10.3.15 给水管道附件及卫生器具给水配件安装高度的允许偏差和检验方法

序号	检查项目		允许偏差（mm）	检验方法
1	大便器、高低水箱、角阀及截止阀		±10	尺量检查
2	水龙头		±10	
3	水位尺	宽度	±10	
4		厚度	±5	
3	洗手盆		±20	

表 3.9.3 给水附属设备安装检验批质量验收记录表

编号：001

单位工程名称	××大厦地下室人防工程		分项工程名称	给水附属设备安装	分部工程名称	建筑装饰装修工程
施工单位	××建设集团有限公司		项目负责人	×××	检验批容量	5台
分包单位	/		分包单位项目负责人	/	检验批部位	地下一层～/～轴防护单元三，战时饮水箱
验收依据	《人民防空工程质量验收与评价标准》（RFJ01—2015）					

		验收项目	设计要求及规范规定	最小/实际抽样数量	检查记录	检查结果
主控项目	1	第10.4.2条	基础混凝土强度、坐标等应符合设计规定	全/5	共5处，全部检查，合格5处；检测合格，报告编号××	√
	2	第10.4.3条	水泵试运转的轴承温升应符合规定	全/2	共2处，全部检查，合格2处	√
	3	第10.4.4条	满水试验和水压试验应符合设计要求和规定	/	满水试验合格，记录编号××；水压试验合格，记录编号××	√
一般项目	1	第10.4.5条	水箱支架或底座安装，尺寸及位置应符合设计要求	全/2	共2处，全部检查，合格2处	100%
	2	第10.4.6条	水箱溢流管和泄放管设置不得与排水管直接连接	全/2	共2处，全部检查，合格2处	100%
	3	第10.4.7条	手摇泵的规格等应符合设计要求；角钢支架拼装外涂应符合要求	/	/	/
	4	第10.4.8条	室内给水设备安装的允许偏差应符合规定	全/5	共5处，全部检查，合格5处	100%
	5	第10.4.9条	管道保温层厚度和平整度的允许偏差应符合规定	全/5	共5处，全部检查，合格5处	100%

施工单位检查结果	主控项目全部合格，一般项目满足规范要求。	专业工长：××× 项目专业质量检查员：××× ××××年××月××日
监理单位验收结论	验收合格。	专业监理工程师：××× ××××年××月××日

给水附属设备安装检验批质量验收记录表填表说明

检查数量
全数检查。

主控项目

10.4.2 水泵就位前的基础混凝土强度、坐标、标高、尺寸和螺栓孔位置必须符合设计规定。

检验方法：对照图纸用仪器和尺量检查。

10.4.3 水泵试运转的轴承温升必须符合设备说明书的规定。

检验方法：温度计实测检查。

10.4.4 敞口水箱的满水试验和密闭水箱（罐）的水压试验必须符合设计要求和本标准的规定。

检验方法：满水试验静置 24h 观察，不渗不漏；水压试验在试验压力下 10min 压力不降，不渗不漏。

一般项目

10.4.5 水箱支架或底座安装，其尺寸及位置应符合设计要求，埋设平整牢固。

检验方法：观察、尺量检查。

10.4.6 水箱溢流管和泄放管应设置在排水地点附近但不得与排水管直接连接。

检验方法：观察检查。

10.4.7 手摇泵的规格、型号和安装高度应符合设计要求；角钢支架拼装应采用焊接方法，并外涂樟丹和银粉漆各两道。

检验方法：观察检查。

10.4.8 室内给水设备安装的允许偏差应符合表 10.4.8 的规定。

表 10.4.8 室内给水设备安装的允许偏差和检验方法

序号	项目			允许偏差（mm）	检验方法
1	静置设备	坐标		15	经纬仪或拉线、尺量
		标高		±5	用水准仪、拉线和尺量检查
		垂直度（每1m）		5	吊线和尺量检查
2	离心式水泵	立式泵体垂直度（每1m）		0.1	水平尺和塞尺检查
		卧式泵体垂直度（每1m）		0.1	水平尺和塞尺检查
		联轴器同心度	轴向倾斜（每1m）	0.8	在联轴器互相垂直的四个位置上用水准仪、百分表或测微螺钉和塞尺检查
			径向位移	0.1	

10.4.9 管道保温层厚度和平整度的允许偏差应符合表 10.4.9 的规定。

表 10.4.9 管道保温层厚度的允许偏差和检验方法

序号	项目		允许偏差（mm）	检验方法
1	厚度		$+0.1\delta$，-0.05δ	用钢针刺入
2	表面平整度	卷材	5	用2m靠尺和楔形塞尺检查
		涂抹	10	

注：δ为保温层厚度。

表 3.9.4 排水管道安装检验批质量验收记录表

编号：001

单位工程名称	××大厦地下室人防工程	分项工程名称	排水管道安装	分部工程名称	给水排水工程
施工单位	××建设集团有限公司	项目负责人	×××	检验批容量	40m
分包单位	/	分包单位项目负责人	/	检验批部位	地下一层～/～轴防护单元三
验收依据	《人民防空工程质量验收与评价标准》(RFJ01—2015)				

		验收项目	设计要求及规范规定	最小/实际抽样数量	检查记录	检查结果
主控项目	1	第10.5.2条	排水管四周应用混凝土包裹，厚度应符合设计要求和规定	全/5	共5处，全部检查，合格5处；隐蔽验收合格，记录编号××	√
	2	第10.5.3条	生活污水铸铁管道的坡度应符合设计或规定	/	/	/
	3	第10.5.4条	生活污水塑料管道的坡度应符合设计要求或规定	全/5	共5处，全部检查，合格5处	√
	4	第10.5.5条	排水塑料管按设计要求及位置装设伸缩节	全/5	共5处，全部检查，合格5处	√
	5	第10.5.6条	排水主立管及水平管管道均做通球试验	/	通球试验合格，记录编号××	√
	6	第10.5.7条	隐蔽或埋地的排水管道在隐蔽前作灌水试验	/	灌水试验合格，记录编号××	√
一般项目	1	第10.5.8条	设置生活污水管道的检查口等，当设计无要求时应符合规定	全/5	共5处，全部检查，合格5处	100%
	2	第10.5.9条	排水管道的检查口应设在检查井内。坡向检查口设定应符合规范	全/5	共5处，全部检查，合格5处	100%
	3	第10.5.10条	吊钩或卡箍应固定在承重结构上。支墩采取固定措施	全/5	共5处，全部检查，合格5处	100%
	4	第10.5.11条	排水塑料管道支、吊架间距应符合规定	全/5	共5处，全部检查，合格5处	100%
	5	第10.5.12条	室内排水管道安装的允许偏差应符合规定	全/5	共5处，全部检查，合格5处	100%
施工单位检查结果			主控项目全部合格，一般项目满足规范要求。		专业工长：××× 项目专业质量检查员：××× ××××年××月××日	
监理单位验收结论			验收合格。		专业监理工程师：××× ××××年××月××日	

排水管道安装检验批质量验收记录表
填表说明

检查数量

全数检查。

主控项目

10.5.2 埋设在钢筋混凝土底板中的排水管，当管道埋深超过底板厚度时，四周应用混凝土包裹，其厚度应符合设计要求和施工规范的规定。

检验方法：检查隐蔽工程记录。

10.5.3 生活污水铸铁管道的坡度必须符合设计或本标准表10.5.3的规定。

表10.5.3 生活污水铸铁管道的坡度

序号	管径（mm）	标准坡度（‰）	最小坡度（‰）
1	50	35	25
2	75	25	15
3	100	20	12
4	125	15	10
5	150	10	7
6	200	8	5

检验方法：水平尺、拉线和尺量检查。

10.5.4 生活污水塑料管道的坡度应符合设计要求或本标准表10.5.4的规定。

表10.5.4 生活污水塑料管道的坡度

序号	管径（mm）	标准坡度（‰）	最小坡度（‰）
1	50	25	12
2	75	15	8
3	110	12	6
4	125	10	5
5	160	7	4

检验方法：水平尺、拉线和尺量检查。

10.5.5 排水塑料管必须按设计要求及位置装设伸缩节。如设计无要求时，伸缩节间距不得大于4m。

检验方法：观察检查。

10.5.6 排水主立管及水平干管管道均应做通球试验，通球球径不得小于排水管道管径的2/3，通球必须达到100%。

检验方法：通球检查（排水管道做通球和灌水试验）。

10.5.7 隐蔽或埋地的排水管道在隐蔽前应作灌水试验，其灌水高度应不低于底层卫生器具的上边缘或底层地面高度。

检验方法：满水15min水面下降后，再灌满观察5min，液面不降，管道及接口无渗漏为合格。

一般项目

10.5.8 在生活污水管道上设置的检查口或清扫口，当设计无要求时应符合下列规定：

1 在立管上应每隔一层设置一个检查口,但在最底层和有卫生器具的最高层必须设置。检查口中心高度距操作地面一般为1m,允许偏差±20mm。检查口的朝向应便于检修。暗装立管,在检查口处应安装检修门;

2 在连接2个及2个以上大便器或3个及3个以上卫生器具的污水横管上应设置清扫口;

3 在转角小于135°的污水横管上,应设置检查口或清扫口;

4 污水横管的直线管段,应按设计要求的距离设置检查口或清扫口。

检验方法：观察和尺量检查。

10.5.9 埋在地板下的排水管道的检查口,应设在检查井内。井底表面标高与检查口的法兰相平,井底表面应有5%坡度,坡向检查口。

检验方法：尺量检查。

10.5.10 金属排水管道上的吊钩或卡箍应固定在承重结构上。固定件间距：横管不大于2m,立管不大于3m。工程层高小于或等于4m,立管可安装1个固定件。立管底部的弯管处应设支墩或采取固定措施。

检验方法：观察和尺量检查。

10.5.11 排水塑料管道支、吊架间距应符合表10.5.11的规定。

表10.5.11 排水塑料管道支吊架最大间距

管径（mm）	50	75	110	125	160
立管	1.2	1.5	2.0	2.0	2.0
横管	0.5	0.75	1.10	1.30	1.6

检验方法：尺量检查。

10.5.12 室内排水管道安装的允许偏差应符合表10.5.12的规定。

表10.5.12 室内排水管道安装的允许偏差和检验方法

序号	项目			允许偏差（mm）	检验方法
1	标高			±15	
2	横管纵横方向弯曲	铸铁管	每1m	≯1	用水平尺、拉线和尺量检查
			全长（25m以上）	≯25	
		钢管	每1m 管径小于或等于100mm	1	
			每1m 管径大于100mm	1.5	
			全长（25m以上）管径小于或等于100mm	≯25	
			全长（25m以上）管径大于100mm	≯38	
		塑料管	每1m	1.5	
			全长（25m以上）	≯38	
		钢筋混凝土管、混凝土管	每1m	3	
			全长（25m以上）	≯75	
3	立管垂直度	铸铁管	每1m	3	吊线和尺量检查
			全长（25m以上）	≯15	
		钢管	每1m	3	
			全长（25m以上）	≯10	
		塑料管	每1m	3	
			全长（25m以上）	≯15	

表3.9.5 卫生器具安装检验批质量验收记录表

编号：001

单位工程名称	××大厦地下室人防工程	分项工程名称	卫生器具安装	分部工程名称	给水排水工程
施工单位	××建设集团有限公司	项目负责人	×××	检验批容量	32件
分包单位	/	分包单位项目负责人	/	检验批部位	地下一层～/～轴防护单元三
验收依据	《人民防空工程质量验收与评价标准》（RFJ01—2015）				

		验收项目	设计要求及规范规定	最小/实际抽样数量	检查记录	检查结果
主控项目	1	第10.6.2条	卫生器具的安装采用预埋螺栓或膨胀螺栓安装固定	5/5	抽查5处，合格5处	√
	2	第10.6.3条	地漏的安装应平正、牢固，周边无渗漏	5/5	抽查5处，合格5处；试水试验合格，记录编号××	√
	3	第10.6.4条	卫生器具交工前做满水和通水试验	/	满水和通水试验合格，记录编号××	√
	4	第10.6.5条	卫生器具给水配件完好无损伤，接口严密，启闭灵活	5/5	抽查5处，合格5处	√
	5	第10.6.6条	卫生器具的受水口和立管均采取可靠的固定措施	5/5	抽查5处，合格5处	√
	6	第10.6.7条	排水管道接口紧密不漏，固定支架等支撑位置应正确、牢固	5/5	抽查5处，合格5处；通水验合格，记录编号××	√
一般项目	1	第10.6.8条	卫生器具安装的允许偏差应符合规定	5/5	抽查5处，合格5处	100%
	2	第10.6.9条	卫生器具给水配件安装的允许偏差应符合规定	5/5	抽查5处，合格5处	100%
	3	第10.6.10条	卫生器具排水管道安装的允许偏差应符合规定	5/5	抽查5处，合格5处	100%
施工单位检查结果	主控项目全部合格，一般项目满足规范要求。				专业工长：××× 项目专业质量检查员：××× ××××年××月××日	
监理单位验收结论	验收合格。				专业监理工程师：××× ××××年××月××日	

卫生器具安装检验批质量验收记录表
填表说明

检查数量

各抽查10%，且不少于5个（处、组）。

主控项目

10.6.2 卫生器具的安装应采用预埋螺栓或膨胀螺栓安装固定。

检验方法：观察检查。

10.6.3 地漏的安装应平正、牢固，低于排水表面，周边无渗漏。地漏水封高度不得小于50mm。

检验方法：试水观察检查。

10.6.4 卫生器具交工前应做满水和通水试验。

检验方法：满水后各连接件不渗不漏；通水试验给、排水畅通。

10.6.5 卫生器具给水配件应完好无损伤，接口严密，启闭部分灵活。

检验方法：观察和手扳检查。

10.6.6 与排水横管连接的各卫生器具的受水口和立管均应采取可靠的固定措施。

检验方法：观察和手扳检查。

10.6.7 连接卫生器具的排水管道接口应紧密不漏，其固定支架、管卡等支撑位置应正确、牢固，与管道的接触应平整。

检验方法：观察和通水检查。

一般项目

10.6.8 卫生器具安装的允许偏差应符合表10.6.8的规定。

表10.6.8 卫生器具安装的允许偏差和检验方法

序号	项目		允许偏差（mm）	检验方法
1	坐标	单独器具	10	拉线、吊线和尺量检查
		成排器具	5	
2	标高	单独器具	±15	
		成排器具	±10	
3	器具水平度		2	用水平尺和尺量检查
4	器具垂直度		3	吊线和尺量检查

10.6.9 卫生器具给水配件安装的允许偏差应符合表10.6.9的规定。

检验方法：尺量检查。

表10.6.9 卫生器具给水配件安装的允许偏差和检验方法

序号	项目	允许偏差（mm）	检验方法
1	大便器高、低水箱角阀及截止阀	±10	尺量检查
2	水嘴	±10	
3	淋浴器喷头下沿	±15	
4	浴盆软管淋浴器挂钩	±20	

10.6.10 卫生器具排水管道安装的允许偏差应符合表10.6.10的规定。

表10.6.10 卫生器具排水管道安装的允许偏差和检测方法

序号	检查项目		允许偏差（mm）	检验方法
1	横管弯曲度	每1m长	2	用水平尺和尺量检查
		横管长度≤10m，全长	<8	
		横管长度>10m，全长	10	
2	卫生器具的排水管口及横支管的纵横坐标	单独器具	10	尺量检查
		成排器具	5	
3	卫生器具的接口标高	单独器具	±10	用水平尺和尺量检查
		成排器具	±5	

表3.9.6 洗消器具安装检验批质量验收记录表

编号：001

单位工程名称	××大厦地下室人防工程	分项工程名称	洗消器具安装	分部工程名称	给水排水工程
施工单位	××建设集团有限公司	项目负责人	×××	检验批容量	12件
分包单位	/	分包单位项目负责人	/	检验批部位	地下一层～/～轴防护单元三
验收依据	《人民防空工程质量验收与评价标准》（RFJ01—2015）					

		验收项目	设计要求及规范规定	最小/实际抽样数量	检查记录	检查结果
主控项目	1	第10.7.2条	电热淋浴器等的型号、规格应符合设计要求	全/4	共4处，全部检查，合格4处	√
	2	第10.7.3条	电热淋浴器安装应固定牢固，位置准确，预埋件与墙面平顺	全/4	共4处，全部检查，合格4处	√
	3	第10.7.4条	冲洗喷嘴安装应固定牢固，位置准确，接头严密、不漏水	全/4	共4处，全部检查，合格4处	√
	4	第10.7.5条	冲洗水龙头等安装位置准确，盖板与地面齐平	全/2	共2处，全部检查，合格2处	√
	5	第10.7.6条	口部冲洗阀安装应符合规定	全/2	共2处，全部检查，合格2处	√
一般项目	1	第10.7.7条	洗消器具安装允许偏差和检验方法应符合规定	全/12	共12处，全部检查，合格12处	100%

施工单位检查结果	主控项目全部合格，一般项目满足规范要求。	专业工长：××× 项目专业质量检查员：××× ××××年××月××日
监理单位验收结论	验收合格。	专业监理工程师：××× ××××年××月××日

洗消器具安装检验批质量验收记录表
填表说明

检查数量
全数检查。

主控项目

10.7.2 电热淋浴器、喷嘴、冲洗水龙头或冲洗阀的型号、规格必须符合设计要求。

检验方法：观察和对照设计图纸检查。

10.7.3 电热淋浴器安装应固定牢固，位置准确，管路连接紧密，支架防腐良好，预埋件与墙面平顺。

检验方法：观察检查。

10.7.4 冲洗喷嘴安装应固定牢固，位置准确，角度适宜，水流交叉喷至目标没有死角，接头严密、不漏水。

检验方法：观察检查。

10.7.5 冲洗水龙头或冲洗阀安装应位置准确、接口光滑、无外露油麻，连接紧密、不漏水，阀杆与地面垂直，盖板与地面或墙面齐平。

检验方法：观察检查。

10.7.6 口部冲洗阀安装，应符合下列规定：

1 暗装管道时，冲洗阀不应突出墙面；
2 明装管道时，冲洗阀应与墙面平行；
3 冲洗阀配用的冲洗水管和水枪应就近设置。

检验方法：观察检查。

一般项目

10.7.7 洗消器具安装允许偏差和检验方法应符合表10.7.7的规定。

表10.7.7 洗消器具安装允许偏差和检验方法

序号	项目			允许偏差（mm）	检验方法
1	电热淋浴器		坐标	20	尺量检查
			标高	±15	
2	冲洗喷嘴		间距	20	
			标高	±10	
3	冲洗水龙头或冲洗阀	壁龛式	坐标	10	
			标高	±10	
		地坑式	坐标	10	
			标高	±10	

表3.9.7 污水集水池施工检验批质量验收记录表

编号：001

单位工程名称	××大厦地下室人防工程		分项工程名称	污水集水池施工	分部工程名称	给水排水工程
施工单位	××建设集团有限公司		项目负责人	×××	检验批容量	2套
分包单位	/		分包单位项目负责人	/	检验批部位	地下一层～/～轴防护单元三
验收依据	《人民防空工程质量验收与评价标准》（RFJ01—2015）					

		验收项目	设计要求及规范规定	最小/实际抽样数量	检查记录	检查结果
主控项目	1	第10.8.1条	污水集水池顶上设有的密闭型人孔等设施应符合设计要求	全/2	共2处，全部检查，合格2处	√
	2	第10.8.2条	集水池房间等设有便于冲洗地面的冲洗水龙头及软管	全/2	共2处，全部检查，合格2处	√
	3	第10.8.3条	通气管的管径不宜小于污水泵出水管的管径	全/2	共2处，全部检查，合格2处	√
	4	第10.8.4条	通气管设置铜芯闸阀，阀门的近端面距离围护结构符合要求	全/2	共2处，全部检查，合格2处	√
	5	第10.8.5条	防爆地漏的安装应符合规定	全/2	共2处，全部检查，合格2处	√
一般项目	1	第10.8.6条	污水泵房设置通气管和防潮、隔音设施	全/2	共2处，全部检查，合格2处	100%
	2	第10.8.7条	污水排水泵宜选用潜水泵等。污水排水泵采用自动控制	全/2	共2处，全部检查，合格2处	100%
施工单位检查结果	主控项目全部合格，一般项目满足规范要求。				专业工长：××× 项目专业质量检查员：××× ××××年××月××日	
监理单位验收结论	验收合格。				专业监理工程师：××× ××××年××月××日	

现场验收检查原始记录

共1页第1页

单位工程名称	××大厦地下室人防工程			
分部工程名称	给水排水工程	分项工程名称	污水集水池施工	
检验批名称	污水集水池施工检验批	检验批编号	001	

验收规范条文编号	验收项目（设计要求及规范规定）	检查部位及质量情况	备注
10.8.1	污水集水池顶上设有的密闭型人孔等设施应符合设计要求	1#集水坑、2#集水坑池顶上设有的密闭型人孔等	
10.8.2	集水池房间等设有便于冲洗地面的冲洗水龙头及软管	部位同上，均设有冲洗水龙头及软管	
10.8.4	通气管设置铜芯闸阀，阀门的近端面距离围护结构符合要求	部位同上，通气管采用热镀锌钢管，内设公称压力1.0MPa的铜芯闸阀，阀门近端面距围护结构100mm	
10.8.5	防爆地漏的安装应符合规定	部位同上，防爆地漏为不锈钢材质，高度低于周围地面8mm，坡度1%坡向地漏	
10.8.6	污水泵房设置通气管和防潮、隔音设施	部位同上，泵房设置通气管和防潮、隔音设施	
10.8.7	污水排水泵宜选用潜水泵等。污水排水泵采用自动控制	部位同上，均采用潜水泵，设有备用泵，自动控制	

验收规范条文编号	验收项目（设计要求及规范规定）	测量部位/测量数据						备注
		1#集水坑	2#集水坑					
10.8.3	通气管的管径不宜小于污水泵出水管的管径	DN80	DN80					

监理校核：×××　　　检查：×××　　　记录：×××　　　验收日期：××××年××月××日

本表由施工单位手工填写并保存。

污水集水池施工检验批质量验收记录表
填表说明

主控项目

10.8.1 污水集水池顶上设有的密闭型人孔、通气管、爬梯及水位指示器等设施应符合设计要求。

  检查数量：全数检查。
  检验方法：观察检查。

10.8.2 集水池房间及污水泵房应设有便于冲洗地面的冲洗水龙头及软管。

  检查数量：全数检查。
  检验方法：观察检查。

10.8.3 通气管的管径不宜小于污水泵出水管的管径，且不得小于75mm。

  检查数量：全数检查。
  检验方法：尺量检查。

10.8.4 通气管在穿过人防围护结构时应采用热镀锌钢管，并在其内侧设置公称压力不小于1.0MPa的铜芯闸阀，阀门的近端面距离围护结构不宜大于200mm。

  检查数量：全数检查。
  检验方法：观察检查。

10.8.5 防爆地漏的安装，应符合下列规定：

  1 防爆地漏安装高度应低于周围地面5mm～10mm，并有1‰的坡度坡向地漏；
  2 防护盖板可采用HPB300级钢制造，表面光洁无毛刺，镀锌或镀铬；
  3 防爆地漏应为不锈钢或铜材质；
  4 防爆地漏平时处于开启状态位，战时处于密闭状态位。

  检查数量：全数检查。
  检验方法：观察检查。

一般项目

10.8.6 污水泵房应设置通气管和防潮、隔音设施。

  检查数量：全数检查。
  检验方法：观察检查。

10.8.7 污水排水泵宜选用潜水泵、无阻塞潜污泵。污水排水泵应按要求设有备用泵，启动方式应采用自动控制。

  检查数量：全数检查。
  检验方法：观察检查。

表 3.9.8 污水泵安装检验批质量验收记录表

编号：001

单位工程名称	××大厦地下室人防工程	分项工程名称	污水泵安装	分部工程名称	给水排水工程
施工单位	××建设集团有限公司	项目负责人	×××	检验批容量	6台
分包单位	/	分包单位项目负责人	/	检验批部位	地下一层～/～轴防护单元三
验收依据	《人民防空工程质量验收与评价标准》（RFJ01—2015）				

		验收项目	设计要求及规范规定	最小/实际抽样数量	检查记录	检查结果
主控项目	1	第10.9.2条	潜式污水泵的型号、规格应符合设计要求	/	质量证明文件齐全、符合要求	√
	2	第10.9.3条	潜式污水泵设置在集水坑中低于水位的位置	全/6	共6处，全部检查，合格6处	√
一般项目	1	第10.9.4条	潜式污水泵安装位置准确，支座与基础之间接触严密	全/6	共6处，全部检查，合格6处	100%
	2	第10.9.5条	橡胶软管连接位置准确，管路连接严密，不漏水	全/6	共6处，全部检查，合格6处	100%

施工单位检查结果	主控项目全部合格，一般项目满足规范要求。 专业工长：××× 项目专业质量检查员：××× ××××年××月××日
监理单位验收结论	验收合格。 专业监理工程师：××× ××××年××月××日

污水泵安装检验批质量验收记录表
填表说明

检查数量
全数检查。

主控项目

10.9.2 潜式污水泵的型号、规格必须符合设计要求。

检验方法：检查产品合格证和对照设计图纸检查。

10.9.3 潜式污水泵应设在集水坑中低于水位的位置。

检验方法：观察检查。

一般项目

10.9.4 潜式污水泵安装应位置准确，固定牢固，管路连接严密，运转无噪声，支座与基础之间接触严密。

检验方法：观察和试运转检查。

10.9.5 橡胶软管连接位置应准确，管路连接严密，不漏水。

检验方法：观察和试运转检查。

表 3.9.9 灭火器具安装检验批质量验收记录表

编号：001

单位工程名称	××大厦地下室人防工程	分项工程名称	灭火器具安装	分部工程名称	给水排水工程
施工单位	××建设集团有限公司	项目负责人	×××	检验批容量	42套
分包单位	/	分包单位项目负责人	/	检验批部位	地下一层～/～轴防护单元三
验收依据	《人民防空工程质量验收与评价标准》（RFJ01—2015）				

		验收项目	设计要求及规范规定	最小/实际抽样数量	检查记录	检查结果
主控项目	1	第10.10.2条	报警阀等必须检测合格，型号应符合设计要求和规定	全/42	共42处，全部检查，合格42处	√
	2	第10.10.3条	水流指示器等自动检测装置有铭牌等标志	全/3	共3处，全部检查，合格3处	√
	3	第10.10.4条	消防水泵和稳压泵的规格等应符合设计要求和规定	全/5	共5处，全部检查，合格5处	√
	4	第10.10.5条	气压罐容积、稳压泵的秒流量应符合设计要求和规定	全/3	共3处，全部检查，合格3处	√
	5	第10.10.6条	自动喷淋玻璃球喷头的位置等应符合设计要求和规定	20/20	抽查20处，合格20处	√
一般项目	1	第10.10.7条	湿式报警阀安装应符合规定	全/2	共2处，全部检查，合格2处	100%
	2	第10.10.8条	消防水泵安装应符合规定	全/2	共2处，全部检查，合格2处	100%
	3	第10.10.9条	消防水泵接合器安装应符合规定	全/2	共2处，全部检查，合格2处	100%
	4	第10.10.10条	报警阀组安装应符合规定	全/2	共2处，全部检查，合格2处	100%
	5	第10.10.11条	其他组件安装应符合规定	全/3	共3处，全部检查，合格3处	√
	6	第10.10.12条	玻璃球喷头安装应符合规定	20/20	抽查20处，合格20处	100%
	7	第10.10.13条	箱式消火栓安装应符合规定	/	/	/
	8	第10.10.14条	七氟丙烷灭火系统的泄压口位于防护区净高的2/3以上	/	/	/
	9	第10.10.15条	喷头的保护高度和保护半径应符合规定	全/20	共20处，全部检查，合格20处	100%
	10	第10.10.16条	喷头宜贴近防护区顶面安装，距顶面距离符合要求	全/20	共20处，全部检查，合格20处	100%
	11	第10.10.17条	根据增压压力，选择储存容器的焊接容器或无缝容器	/	/	/
	12	第10.10.18条	在容器阀和集流管之间的管道上应设单向阀	/	/	/
	13	第10.10.19条	湿式报警阀等的安装允许偏差和检验方法应符合规定	全/2	共2处，全部检查，合格2处	100%
施工单位检查结果	主控项目全部合格，一般项目满足规范要求。			专业工长：××× 项目专业质量检查员：××× ××××年××月××日		
监理单位验收结论	验收合格。			专业监理工程师：××× ××××年××月××日		

灭火器具安装检验批质量验收记录表
填表说明

检查数量

全数检查（另有规定的除外）。

主控项目

10.10.2 报警阀、喷头、水流指示器，必须经国家消防产品质量监督检验机构检测合格；型号、规格，喷头的型号、温标必须符合设计要求和施工规范的规定。

检验方法：观察和对照图纸检查。

10.10.3 水流指示器及水位、气压、阀门限位等自动监测装置必须有清晰的铭牌、安全操作指示标志；水流指示器应有水流方向永久性标志。水力警铃锤应转动灵活，无阻滞现象。

检验方法：观察检查。

10.10.4 消防水泵和稳压泵的规格、型号、安装方法必须符合设计要求和施工规范的规定。

检验方法：观察检查。

10.10.5 消防给水稳压设备气压罐的容积、稳压泵的秒流量必须符合设计要求和施工规范的规定。

检验方法：对照图纸检查。

10.10.6 自动喷淋玻璃球喷头的位置、间距和方向，必须符合设计要求和施工规范的规定。

检查数量：玻璃球喷头抽查5个房间，大厅抽查20个喷头。

检验方法：观察和尺量检查。

一般项目

10.10.7 湿式报警阀安装应符合下列规定：阀体的位置准确，轴线垂直，与管路连接紧密，不漏水。

检验方法：观察和手扳检查。

10.10.8 消防水泵安装应符合下列规定：消防水泵的出水管上安装止回阀、压力表和防水阀门；消防水泵泵组的总出水管上，安装压力表和泄压阀；安装压力表应加设缓冲装置。

检验方法：观察检查。

10.10.9 消防水泵接合器安装应符合下列规定：消防水泵接合器的进水口与井盖底面的距离不大于0.4m，且不小于井盖的半径。

检验方法：观察和尺量检查。

10.10.10 报警阀组安装应符合下列规定：水源控制阀、报警阀、压力表、排水管和试验阀安装的位置符合设计要求和施工规范的规定。

检验方法：观察和尺量检查。

10.10.11 其他组件安装应符合下列规定：水力警铃、水流指示器、信号阀、排气阀、控制阀、节流装置、压力开关和末端试水装置的位置、规格、型号符合设计要求和施工规范的规定。

检验方法：观察和尺量检查。

10.10.12 玻璃球喷头安装应符合下列规定：喷头与供水支管垂直，方向正确，连接紧密；吊顶型喷头装饰盘与顶棚面接触严密，顶棚不露孔洞。

检查数量：抽查5个房间；大厅抽查20个喷头。

检验方法：观察和手扳检查。

10.10.13 箱式消火栓安装应符合下列规定：消火栓箱底面管口位置与消防给水管位置一致。消火栓栓口朝外，距地面、箱壁的尺寸符合施工规范的规定。丝扣拧紧不湿水，油麻不外漏，外表洁净。

检查数量：当系统总组数少于5组时，全数检查；当大于5组时，抽查1/2，且不少于5组。

检验方法：观察和尺量检查。

10.10.14 七氟丙烷灭火系统的泄压口应位于防护区净高的2/3以上。

注：防护区系指满足全淹没灭火系统要求的有限封闭空间。

检验方法：观察、尺量检查。

10.10.15 喷头的保护高度和保护半径，应符合下列规定：

1 最大保护高度不宜大于6.5m；

2 最小保护高度不应小于0.3m；

3 喷头安装高度小于1.5m时，保护半径不宜大于4.5m；

4 喷头安装高度不小于1.5m时，保护半径不应大于7.5m。

检验方法：尺量检查。

10.10.16 喷头宜贴近防护区顶面安装，距顶面的最大距离不宜大于0.5m。

检验方法：尺量检查。

10.10.17 增压压力为2.5MPa的储存容器宜采用焊接容器；增压压力为4.2MPa的储存容器，可采用焊接容器或无缝容器；增压压力为5.6MPa的储存容器，应采用无缝容器。

检验方法：观察检查。

10.10.18 在容器阀和集流管之间的管道上应设单向阀。

检验方法：观察检查。

10.10.19 湿式报警阀、消火栓安装的允许偏差和检验方法应符合表10.10.19的规定。

表10.10.19 湿式报警阀、消火栓安装的允许偏差和检验方法

序号	项目		允许偏差（mm）	检验方法
1	湿式报警器	坐标	10	尺量检查
2		垂直度	2	吊线、尺量检查
3	消火栓口中心至地面距离		±10	尺量检查
4	消火栓箱	水平度	3	水平尺检查
		垂直度	3	吊线、尺量检查

3.10 通风与空调工程检验批填写示例及说明

表 3.10.1 金属风管制作检验批质量验收记录表

编号：001

单位工程名称	××大厦地下室人防工程	分项工程名称	金属风管制作	分部工程名称	通风与空调工程
施工单位	××建设集团有限公司	项目负责人	×××	检验批容量	50件
分包单位	/	分包单位项目负责人	/	检验批部位	地下一层～/～轴防火分区十四
验收依据	《人民防空工程质量验收与评价标准》(RFJ01—2015)				

		验收项目	设计要求及规范规定	最小/实际抽样数量	检查记录	检查结果
主控项目	1	第11.2.2条	风管的规格、尺寸、厚度应符合设计要求	10/10	抽查10处，合格10处	√
	2	第11.2.3条	风管咬缝必须紧密，宽度均匀，无孔洞等缺陷	10/10	抽查10处，合格10处	√
	3	第11.2.4条	焊缝严禁有烧穿等缺陷。纵向焊缝必须错开	10/10	抽查10处，合格10处	√
一般项目	1	第11.2.5条	风管外观质量应符合规定	10/10	抽查10处，合格10处	100%
	2	第11.2.6条	风管的法兰应符合规定	10/10	抽查10处，合格10处	100%
	3	第11.2.7条	风管加固应符合规定	10/10	抽查10处，合格10处	100%
	4	第11.2.8条	不锈钢、铝板和复合钢板风管外观应符合规定	10/10	抽查10处，合格10处	100%
	5	第11.2.9条	金属风管及法兰制作的允许偏差和检验方法应符合规定	10/10	抽查10处，合格10处	100%

施工单位检查结果	主控项目全部合格，一般项目满足规范要求。	专业工长：××× 项目专业质量检查员：××× ××××年××月××日
监理单位验收结论	验收合格。	专业监理工程师：××× ××××年××月××日

通风与空调工程检验批填写示例及说明
填表说明

检查数量

按制作数量抽查20%，且不得少于10件。

主控项目

11.2.2 风管的规格、尺寸必须符合设计要求。染毒区风管应采用厚度2mm～3mm钢板焊接成型。

检验方法：尺量检查。

11.2.3 风管咬缝必须紧密，宽度均匀，无孔洞、半咬口和胀裂等缺陷。直管纵向缝错开。

检验方法：观察检查。

11.2.4 焊缝严禁有烧穿、漏焊和裂缝等缺陷。纵向焊缝必须错开。

检验方法：观察检查。

一般项目

11.2.5 风管外观质量应符合下列规定：折角平直，圆弧均匀，两端面平行，无明显翘角，表面凹凸不大于10mm；风管与法兰连接牢固，翻边基本平整，宽度不小于6mm，紧贴法兰。

检验方法：观察和拉线、尺量检查。

11.2.6 风管的法兰应符合下列规定：法兰的孔距符合设计要求和施工规范的规定，焊接牢固，焊缝处不设置螺孔，螺孔具备互换性。在染毒区应采用厚度大于5mm的钢制法兰。

检验方法：观察和尺量检查。

11.2.7 风管加固应符合下列规定：加固牢固可靠、整齐，间距适宜、均匀。

检验方法：观察和手扳检查。

11.2.8 不锈钢、铝板和复合钢板风管外观应符合下列规定：

不锈钢板和铝板风管表面无明显刻痕，复合钢板风管表面无破损。

检验方法：观察和尺量检查。

11.2.9 金属风管及法兰制作的允许偏差和检验方法应符合表11.2.9的规定。

表11.2.9 金属风管及法兰制作的允许偏差和检验方法

序号	项目		允许偏差（mm）	检验方法
1	圆形风管外径	≤300mm	0，−1	用尺量互成90°的直径
		>300mm	0，−2	
2	矩形风管大边	≤300mm	0，−1	尺量检查
		>300mm	0，−2	
3	圆形法兰直径		+2，0	用尺量互成90°的直径
4	矩形法兰边长		+2，0	用尺量四边
5	矩形法兰两对角线之差		3	尺量检查
6	法兰平整度		2	法兰放在平台上，用塞尺检查
7	法兰焊缝对接处的平整度		1	

表 3.10.2 无机玻璃钢风管制作检验批质量验收记录表

编号：001

单位工程名称	××大厦地下室人防工程	分项工程名称	无机玻璃钢风管制作	分部工程名称	通风与空调工程
施工单位	××建设集团有限公司	项目负责人	×××	检验批容量	50件
分包单位	/	分包单位项目负责人	/	检验批部位	地下一层～/～轴防火分区十四
验收依据	《人民防空工程质量验收与评价标准》（RFJ01—2015）				

		验收项目	设计要求及规范规定	最小/实际抽样数量	检查记录	检查结果
主控项目	1	第11.3.2条	风管的规格、尺寸应符合设计要求	10/10	抽查10处，合格10处	√
	2	第11.3.3条	风管无贯穿性裂缝，不返卤，玻璃丝布无裸露	10/10	抽查10处，合格10处	√
一般项目	1	第11.3.4条	风管外观质量应符合规定	10/10	抽查10处，合格10处	100%
	2	第11.3.5条	风管外观应符合规定	10/10	抽查10处，合格10处	100%
	3	第11.3.6条	风管制作的允许偏差和检验方法应符合规定	10/10	抽查10处，合格10处	100%

施工单位检查结果	主控项目全部合格，一般项目满足规范要求。 专业工长：××× 项目专业质量检查员：××× ××××年××月××日
监理单位验收结论	验收合格。 专业监理工程师：××× ××××年××月××日

220

无机玻璃钢风管制作检验批质量验收记录表填表说明

检查数量

按制作数量抽查20%，且不得少于10件。

主控项目

11.3.2 风管的规格、尺寸必须符合设计要求。

检验方法：尺量和观察检查。

11.3.3 风管无贯穿性裂缝，不返卤，玻璃丝布无裸露。

检验方法：观察检查。

一般项目

11.3.4 风管外观质量应符合下列规定：

    1 折角平直，圆弧均匀，两端面平行，表面凹凸不大于8mm；

    2 风管与法兰连接牢固，翻边基本平整，宽度不小于10mm。

检验方法：观察和拉线、尺量检查。

11.3.5 风管外观应符合下列规定：风管表面无破损、缺棱掉角；无裂痕、划痕、凹凸等缺陷。

检验方法：观察检查。

11.3.6 风管制作的允许偏差和检验方法应符合表11.3.6的规定。

表11.3.6 无机玻璃钢风管制作的允许偏差和检验方法

序号	项目		允许偏差（mm）	检验方法
1	圆形风管外径	≤300mm	±1	用尺量互成90°的直径
		>300mm	±2	
2	矩形风管大边	≤300mm	±1	尺量检查
		>300mm	±2	

表 3.10.3 通风部件制作检验批质量验收记录表

编号：001

单位工程名称	××大厦地下室人防工程		分项工程名称	通风部件制作	分部工程名称	通风与空调工程
施工单位	××建设集团有限公司		项目负责人	×××	检验批容量	20件
分包单位	/		分包单位项目负责人	/	检验批部位	地下一层～/～轴防火分区十四
验收依据	《人民防空工程质量验收与评价标准》（RFJ01—2015）					

		验收项目	设计要求及规范规定	最小/实际抽样数量	检查记录	检查结果
主控项目	1	第11.4.2条	各类部件的规格、尺寸应符合设计要求	5/5	抽查5处，合格5处	√
	2	第11.4.3条	风阀的组合件尺寸准确，叶片与外表无碰撞	5/5	抽查5处，合格5处	√
一般项目	1	第11.4.4条	部件组装应符合规定	5/5	抽查5处，合格5处	100%
	2	第11.4.5条	风口的外观质量应符合规定	5/5	抽查5处，合格5处	100%
	3	第11.4.6条	各类风阀的制作应符合规定	5/5	抽查5处，合格5处	100%
	4	第11.4.7条	罩类的制作应符合规定	5/5	抽查5处，合格5处	100%
	5	第11.4.8条	风口制作的允许偏差和检验方法应符合规定	5/5	抽查5处，合格5处	100%
施工单位检查结果	主控项目全部合格，一般项目满足规范要求。				专业工长：××× 项目专业质量检查员：××× ××××年××月××日	
监理单位验收结论	验收合格。				专业监理工程师：××× ××××年××月××日	

通风部件检验批质量验收记录表
填表说明

检查数量

按制作数量抽查10%，且不得少于5件。

主控项目

11.4.2 各类部件的规格、尺寸必须符合设计要求。

检验方法：尺量和观察检查。

11.4.3 各类风阀的组合件尺寸必须准确，叶片与外壳无碰撞。

检验方法：操作检查。

一般项目

11.4.4 部件组装应符合下列规定：

连接牢固，活动件灵活可靠、松紧适度。

检验方法：手扳和观察检查。

11.4.5 风口的外观质量应符合下列规定：

格、孔、片、扩散圈间距一致，边框和叶片平直整齐；外观光滑、美观。

检验方法：观察和尺量检查。

11.4.6 各类风阀的制作应符合下列规定：

有启闭标记，多叶阀叶片贴合、搭接一致，轴距偏差不大于2mm。

检验方法：观察和尺量检查。

11.4.7 罩类的制作应符合下列规定：

罩类尺寸偏差每1m不大于4mm，连接处牢固，无尖锐的边缘。

检验方法：观察和尺量检查。

11.4.8 风口制作的允许偏差和检验方法应符合表11.4.8的规定。

表11.4.8 风口制作的允许偏差和检验方法

序号	项目	允许偏差（mm）	检验方法
1	外形尺寸	2	尺量检查
2	圆形风口最大与最小直径之差	2	用尺量互成90°的直径
3	矩形风口两角线之差	3	尺量检查

表 3.10.4 风管及部件安装检验批质量验收记录表

编号：001

单位工程名称	××大厦地下室人防工程	分项工程名称	风管及部件安装	分部工程名称	通风与空调工程
施工单位	××建设集团有限公司	项目负责人	×××	检验批容量	50件
分包单位	/	分包单位项目负责人	/	检验批部位	地下一层～/～轴防火分区十四
验收依据	《人民防空工程质量验收与评价标准》(RFJ01—2015)				

		验收项目	设计要求及规范规定	最小/实际抽样数量	检查记录	检查结果
主控项目	1	第11.5.2条	支架的型式等应符合设计要求和规定，部件方向正确	5/5	抽查5处，合格5处	√
	2	第11.5.3条	支架严禁设在风口、阀门及检视门处	5/5	抽查5处，合格5处	√
	3	第11.5.4条	支管单独设支架，法兰两侧、加镀锌垫圈。螺栓做防腐处理	5/5	抽查5处，合格5处	√
	4	第11.5.5条	按斜插板安装方式，限定阀板拉启方向	5/5	抽查5处，合格5处	√
一般项目	1	第11.5.6条	风管安装应符合规定	5/5	抽查5处，合格5处	100%
	2	第11.5.7条	风管的法兰连接应符合规定	5/5	抽查5处，合格5处	100%
	3	第11.5.8条	风口安装应符合规定	2/2	抽查2处，合格2处	100%
	4	第11.5.9条	柔性短管安装应符合规定	5/5	抽查5处，合格5处	100%
	5	第11.5.10条	罩类的安装应符合规定	5/5	抽查5处，合格5处	100%
	6	第11.5.11条	风管、风口安装的允许偏差和检验方法应符合规定	5/5	抽查5处，合格5处	100%

施工单位检查结果	主控项目全部合格，一般项目满足规范要求。	专业工长：××× 项目专业质量检查员：××× ××××年××月××日
监理单位验收结论	验收合格。	专业监理工程师：××× ××××年××月××日

风管及部件安装检验批质量验收记录表
填表说明

检查数量

按安装数量抽查10%，且不得少于5件（另有规定的除外）。

主控项目

11.5.2 支（吊、托）架的型式、规格、位置、间距及固定应符合设计要求和施工规范的规定，安装牢固，部件方向正确，操作方便。

检验方法：观察检查。

11.5.3 支（吊、托）架严禁设在风口、阀门及检视门处。不锈钢板、铝板风管采用碳素钢支架时，必须进行防腐及隔热处理。

检验方法：观察、尺量和手板检查。

11.5.4 无机玻璃钢风管的支管必须单独设支（吊、托）架，法兰两侧必须加镀锌垫圈。螺栓按设计要求作防腐处理。

检验方法：观察检查。

11.5.5 斜插板阀垂直安装时，阀板必须向上拉启；水平安装时，阀板顺气流方向插入，并不得向下拉启。

检验方法：观察检查。

一般项目

11.5.6 风管安装应符合下列规定：

轴线和标高正确，与支架接触紧密牢固；管线平直，接缝表面平整。

检验方法：观察和尺量检查。

11.5.7 风管的法兰连接应符合下列规定：

对接平行、严密，螺栓紧固；螺栓露出长度适宜一致，同一管段的法兰螺母均在同一侧。垫片应与法兰平齐、连接紧密，染毒区应采用厚度不小于4mm无接口橡胶密封垫片。

检验方法：观察和扳手拧试检查。

11.5.8 风口安装应符合下列规定：

位置正确，同一房间内标高一致，排列整齐，外露部分平整。

检查数量：按系统抽查20%，且不得少于2个房间的风口。

检验方法：观察和尺量检查。

11.5.9 柔性短管安装应符合下列规定：

松紧适度，长度符合设计要求和施工规范规定，无开裂和扭曲现象。

检验方法：观察和尺量检查。

11.5.10 罩类的安装应符合下列规定：

位置正确，排列整齐，牢固可靠。

检验方法：观察和尺量检查。

11.5.11 风管、风口安装的允许偏差和检验方法应符合表11.5.11的规定。

表11.5.11 风管、风口安装的允许偏差和检验方法

序号	项目		允许偏差（mm）	检验方法
1	风管	水平度 每1m	3	拉线和尺量检查
		水平度 全长	20	
2		垂直度 每1m	2	吊线和尺量检查
		垂直度 全长	20	
3	风口	水平度	5	拉线和尺量检查
4		垂直度	2	吊线和尺量检查

表 3.10.5 滤尘器、过滤吸收器安装检验批质量验收记录表

编号：001

单位工程名称	××大厦地下室人防工程		分项工程名称	滤尘器、过滤吸收器安装	分部工程名称	通风与空调工程
施工单位	××建设集团有限公司		项目负责人	×××	检验批容量	4台
分包单位	/		分包单位项目负责人	/	检验批部位	地下一层～/～轴防火分区十四
验收依据	《人民防空工程质量验收与评价标准》（RFJ01—2015）					

		验收项目	设计要求及规范规定	最小/实际抽样数量	检查记录	检查结果
主控项目	1	第11.6.2条	设备的型号等应符合设计要求、检查合格证和图纸	全/4	共4处，全部检查，合格4处；质量证明文件齐全、符合要求	√
	2	第11.6.3条	设备与管路连接不得漏气、固定支架应平正、稳定	全/4	共4处，全部检查，合格4处	√
	3	第11.6.4条	过滤吸收器外壳应无损伤等影响密闭效果的情况	全/3	共3处，全部检查，合格3处	√
	4	第11.6.5条	风管法兰焊接应符合规定	全/10	共10处，全部检查，合格10处	√
	5	第11.6.6条	油网滤尘器的安装应符合规定	全/1	共1处，全部检查，合格1处	√
	6	第11.6.7条	过滤吸收器的安装应符合规定	全/3	共3处，全部检查，合格3处	√
一般项目	1	第11.6.8条	纸除尘器等安装的允许偏差和检验方法应符合规定	/	/	/

施工单位检查结果	主控项目全部合格。	专业工长：××× 项目专业质量检查员：××× ××××年××月××日
监理单位验收结论	验收合格。	专业监理工程师：××× ××××年××月××日

滤尘器过滤吸收器安装检验批质量验收记录表填表说明

检查数量
全数检查。

主控项目

11.6.2 各种设备的型号、规格、额定风量必须符合设计要求。

检验方法：检查产品合格证和对照设计图纸检查。

11.6.3 设备与管路连接不得漏气，固定支架应平正、稳定。

检验方法：观察检查。

11.6.4 过滤吸收器外壳应无损伤、碰伤或穿孔等影响密闭效果的情况。

检验方法：观察检查。

11.6.5 风管法兰焊接应符合下列规定：

法兰表面与风管中心线垂直，法兰外径与所连接设备的法兰外径相等；焊缝严密，无漏焊；法兰外沿光滑，焊缝均匀、无气孔。

检验方法：观察，吊线和尺量检查。

11.6.6 油网滤尘器的安装应符合下列规定：

1. 滤尘器管式安装时，设备与管道采用柔性连接；
2. 当滤尘器数量不大于4块时，采用管式安装；当滤尘器数大于4块时，采用立式安装；
3. 滤尘器安装时应将网孔大的一端迎风，网孔小的一端背风；
4. 滤尘器安装前应对每块滤尘器作加固处理：在网孔小的一侧四周外框上用扁钢作"井"字型加固；
5. 安装时，滤尘器要平正；管道间、管道与法兰间均应采用焊接，焊缝应满焊，严密不漏气。滤尘器之间的连接应严密，漏风处应用浸油麻丝或腻子填实；
6. 滤尘器的前后应设测压管，并连接在微压计上，当测定设备阻力升至终阻力时，应清洗或更换滤尘器。

检验方法：观察，吊线和尺量检查。

11.6.7 过滤吸收器的安装应符合下列规定：

1. 固定牢固，位置准确，连接严密，不漏气；螺母在同一侧，排列整齐；
2. 当需选择多台过滤吸收器时，宜选择同型号设备，并宜保持空气通过每台过滤吸收器的路径相等；
3. 过滤吸收器应安装在支架上，并同周围留有一定的间距，以便安装和检修。当多台设备垂直安装时，叠设的支架不应妨碍设备的拆装；
4. 过滤吸收器与风管的连接应采用柔性连接；
5. 过滤吸收器的总出风口处应设置尾气监测取样管。

检验方法：观察，吊线和尺量检查。

一般项目

11.6.8 纸除尘器、油网滤尘器、过滤吸收器安装的允许偏差和检验方法应符合表11.6.8的规定。

表11.6.8 纸除尘器、油网滤尘器、过滤吸收器安装的允许偏差和检验方法

序号	项目			允许偏差（mm）	检验方法
1	纸除尘器	坐标（水平）		10	尺量检查
		标高		±10	
2	油网滤尘器	水平度	单个	3	拉线、水平尺和尺量检查
			成组	5	
		垂直度	单个	4	吊线和尺量检查
			成组	6	
3	过滤吸收器	坐标		10	尺量检查
		罐体中心距		5	
		垂直度	单个	2	吊线和尺量检查
			成组	3	

表3.10.6 密闭阀门安装检验批质量验收记录表

编号：001

单位工程名称	××大厦地下室人防工程	分项工程名称	密闭阀门安装	分部工程名称	通风与空调工程
施工单位	××建设集团有限公司	项目负责人	×××	检验批容量	4个
分包单位	/	分包单位项目负责人	/	检验批部位	地下一层～/～轴防火分区十四
验收依据	《人民防空工程质量验收与评价标准》（RFJ01—2015）				

		验收项目	设计要求及规范规定	最小/实际抽样数量	检查记录	检查结果
主控项目	1	第11.7.2条	密闭阀门的型号、规格应符合设计要求	全/4	共4处，全部检查，合格4处	√
	2	第11.7.3条	密闭阀门标志压力的箭头方向与冲击波方向一致	全/4	共4处，全部检查，合格4处	√
	3	第11.7.4条	密闭阀门安装应符合规定	全/4	共4处，全部检查，合格4处	√
	4	第11.7.5条	阀门支架及支墩的安装应符合规定	全/4	共4处，全部检查，合格4处	√
一般项目	1	第11.7.6条	预埋短管直径与阀门实际内径一致。阀门尺寸应符合规定	全/4	共4处，全部检查，合格4处	100%
	2	第11.7.7条	密闭阀门安装允许偏差和检验方法应符合规定	全/4	共4处，全部检查，合格4处	100%

施工单位检查结果	主控项目全部合格，一般项目满足规范要求。	专业工长：××× 项目专业质量检查员：××× ××××年××月××日
监理单位验收结论	验收合格。	专业监理工程师：××× ××××年××月××日

表 3.10.7 现场验收检查原始记录

共1页第1页

单位工程名称	××大厦地下室人防工程		
分部工程名称	通风与空调工程	分项工程名称	密闭阀门安装
检验批名称	密闭阀门安装检验批	检验批编号	001

验收规范条文编号	验收项目（设计要求及规范规定）	检查部位及质量情况	备注
11.7.2	密闭阀门的型号、规格应符合设计要求	～/～轴、～/～轴、～/～轴、～/～轴，均为 DN800	
11.7.3	密闭阀门标志压力的箭头方向与冲击波方向一致	部位同上，阀门标志压力的箭头方向均与冲击波方向一致	
11.7.4	密闭阀门安装应符合规定	部位同上，位置准确，固定牢固，连接紧密	
11.7.5	阀门支架及支墩的安装应符合规定	部位同上，支、吊架埋设平正、牢固，支架与阀门接触紧密，吊杆垂直，排列整齐	
11.7.6	预埋短管直径与阀门实际内径一致。阀门尺寸应符合规定	部位同上，预埋短管直径与阀门实际内径一致	

验收规范条文编号	验收项目（设计要求及规范规定）	测量部位/测量数据							备注
		～/～轴	～/～轴	～/～轴	～/～轴				
11.7.7	坐标（3mm）	1	2	2	3				
	标高（±3mm）	－2	2	－1	3				

监理校核：×××　　　检查：×××　　　记录：×××　　　验收日期：××××年××月××日
本表由施工单位手工填写并保存。

密闭阀门安装检验批质量验收记录表和现场验收检查原始记录填表说明

检查数量

全数检查。

主控项目

11.7.2 密闭阀门的型号、规格必须符合设计要求。

检验方法：对照设计图纸检查。

11.7.3 密闭阀门安装，阀门标志压力的箭头方向必须与冲击波方向一致。

检验方法：观察检查。

11.7.4 密闭阀门安装应符合下列规定：

1. 位置准确，固定牢靠，垫片与法兰平齐、连接紧密；
2. 安装前应进行检查，其气密性能应符合产品技术要求；
3. 通风管段上，两个串联密闭阀门中心距不小于阀门内径；
4. 开关指示针的位置与阀门板的实际开关位置应相同，启闭手柄的操作位置应准确；
5. 阀门应用吊钩或支架固定，吊钩不得吊在手柄及锁紧位置上；
6. 阀门安装时手柄端应留有一定的操作距离，阀门距墙或顶板150mm～200mm；
7. 所有连接螺栓应均匀旋紧，密闭不漏风。

检验方法：观察，尺量检查。

11.7.5 阀门支（吊、托）架及支墩的安装应符合下列规定：构造正确，埋设平正、牢固，支架与阀门接触紧密；吊杆垂直，排列整齐。

检验方法：观察检查。

一般项目

11.7.6 密闭阀门安装时，预埋短管直径应与阀门实际内径相一致。双连杆型密闭阀门主要尺寸应符合表11.7.6-1的规定。D40J-0.5型密闭阀门主要尺寸应符合表11.7.6-2的规定。

表11.7.6-1 双连杆型密闭阀门主要尺寸表（mm）

阀门规格（公称直径）	阀门实际内径	阀门长度
DN200	200	152
DN300	300	170
DN400	400	216
DN500	500	229
DN600	664	275
DN800	860	300
DN1000	1100	380

表 11.7.6-2 D40J-0.5型密闭阀门主要尺寸表 (mm)

阀门规格（公称直径）	阀门实际内径	阀门长度
DN150	166	92
DN200	215	118
DN300	315	145
DN400	441	175
DN500	560	225
DN600	666	275
DN800	870	290
DN1000	1090	300

检验方法：尺量检查。

11.7.7 密闭阀门安装允许偏差和检验方法应符合表11.7.7的规定。

表 11.7.7 密闭阀门安装允许偏差和检验方法

序号	项目	允许偏差（mm）	检验方法
1	坐标	3	尺量检查
2	标高	±3	

表 3.10.8 消声设备制作与安装检验批质量验收记录表

编号：001

单位工程名称	××大厦地下室人防工程	分项工程名称	消声设备制作与安装	分部工程名称	通风与空调工程
施工单位	××建设集团有限公司	项目负责人	×××	检验批容量	2台
分包单位	/	分包单位项目负责人	/	检验批部位	地下一层～/～轴防火分区十四
验收依据	《人民防空工程质量验收与评价标准》（RFJ01—2015）				

		验收项目	设计要求及规范规定	最小/实际抽样数量	检查记录	检查结果
主控项目	1	第11.8.2条	消声器的型号、尺寸应符合设计要求，标明气流方向	全/2	共2处，全部检查，合格2处	√
	2	第11.8.3条	消声器框架必须牢固，外壳严密不漏	全/2	共2处，全部检查，合格2处	√
	3	第11.8.4条	消声片单体安装后固端必须牢固，片距均匀	全/2	共2处，全部检查，合格2处	√
	4	第11.8.5条	消声器安装方向正确，单独设置支架	全/2	共2处，全部检查，合格2处	√
	5	第11.8.6条	减振器的型号、规格应符合设计要求	全/2	共2处，全部检查，合格2处	√
	6	第11.8.7条	安装减振器处的地面和支托板板面必须找平	全/2	共2处，全部检查，合格2处	√
一般项目	1	第11.8.8条	消声材料的敷设应符合规定	全/2	共2处，全部检查，合格2处	100%
	2	第11.8.9条	消声材料的复面应符合规定	全/2	共2处，全部检查，合格2处	100%
	3	第11.8.10条	风机减振台座制作应符合规定	全/2	共2处，全部检查，合格2处	100%
	4	第11.8.11条	减振器安装应符合规定	全/2	共2处，全部检查，合格2处	100%
	5	第11.8.12条	减振器安装等允许偏差和检验方法应符合规定	全/2	共2处，全部检查，合格2处	100%
施工单位检查结果	主控项目全部合格，一般项目满足规范要求。			专业工长：××× 项目专业质量检查员：××× ××××年××月××日		
监理单位验收结论	验收合格。			专业监理工程师：××× ××××年××月××日		

消声设备制作与安装检验批质量验收记录表
填表说明

检查数量

全数检查。

主控项目

11.8.2 消声器的型号、尺寸必须符合设计要求，并标明气流方向。

检验方法：观察和尺量检查。

11.8.3 消声器框架必须牢固，共振腔的隔板尺寸正确，隔板与壁板结合处贴紧，外壳严密不漏。

检验方法：观察和尺量检查。

11.8.4 消声片单体安装后固端必须牢固，片距均匀。

检验方法：观察和手扳检查。

11.8.5 消声器安装方向必须正确，并单独设支（吊）架。

检验方法：观察检查。

11.8.6 减振器的型号、规格必须符合设计要求。

检验方法：对照设计图纸检查。

11.8.7 安装减振器处的地面和支托板板面，在安装前必须找平。

检验方法：尺量和用水平仪检查。

一般项目

11.8.8 消声材料的敷设应符合下列规定：

片状材料粘贴牢固，平整；散状材料充填均匀，无下沉。

检验方法：观察检查。

11.8.9 消声材料的复面应符合下列规定：

复面材料顺气流方向拼接，无损坏；穿孔板无毛刺，孔距排列均匀。

检验方法：观察检查。

11.8.10 风机减振台座制作应符合下列规定：

钢支架尺寸准确，焊接牢固；焊缝均匀、饱满，其高度不小于5mm；焊件平直，表面光滑、洁净。

检验方法：观察和开动风机运行检查。

11.8.11 减振器安装应符合下列规定：

位置准确，固定牢靠；各减振器压缩后高度相等，钢架保持水平。

检验方法：观察、用水平尺和尺量检查。

11.8.12 风机减振台座制作安装和减振器安装允许偏差和检验方法应符合表11.8.12的规定。

表 11.8.12 风机减振台座制作安装和减振器安装允许偏差和检验方法

序号	项目		允许偏差（mm）	检验方法
1	减振台座	钢支架长、宽尺寸	±3	尺量检查
		钢支架上孔距定位尺寸	±1	
		安减振器处钢架任意两点的相对高差	2	
2	两减振器之间地面高差		±3	

第3章 人防工程质量验收

表3.10.9 通风机、空调机安装检验批质量验收记录表

编号：001

单位工程名称	××大厦地下室人防工程	分项工程名称	通风机、空调机安装	分部工程名称	通风与空调工程
施工单位	××建设集团有限公司	项目负责人	×××	检验批容量	2台
分包单位	/	分包单位项目负责人	/	检验批部位	地下一层～/～轴防火分区十四
验收依据	《人民防空工程质量验收与评价标准》（RFJ01—2015）				

	验收项目		设计要求及规范规定	最小/实际抽样数量	检查记录	检查结果
主控项目	1	第11.9.2条	通风机与配用电机、空调机的型号等应符合设计要求	全/2	共2处，全部检查，合格2处；质量证明文件齐全、符合要求	√
	2	第11.9.3条	风机叶轮严禁与壳体碰擦	全/2	全部检查，合格2处	√
	3	第11.9.4条	通风机进风斗与叶轮的间隙均匀，符合技术要求	全/2	共2处，全部检查，合格2处	√
	4	第11.9.5条	空调安装的位置、朝向等应符合设计要求	/	/	/
	5	第11.9.6条	叶轮旋转方向正确，运转后轴承温升不超过规定	全/2	共2处，全部检查，合格2处；试运行记录编号××	√
一般项目	1	第11.9.7条	离心风机的安装应符合规定	全/2	共2处，全部检查，合格2处	100%
	2	第11.9.8条	管道风机安装应符合规定	/	/	/
	3	第11.9.9条	空调机安装应放置平稳；连接螺栓排列整齐	/	/	/
	4	第11.9.10条	电动脚踏两用风机安装应符合规定	/	/	/
	5	第11.9.11条	通风机等安装的允许偏差和检验方法应符合规定	全/2	共2处，全部检查，合格2处	100%
施工单位检查结果	主控项目全部合格，一般项目满足规范要求。				专业工长：××× 项目专业质量检查员：××× ××××年××月××日	
监理单位验收结论	验收合格。				专业监理工程师：××× ××××年××月××日	

通风机、空调机安装检验批质量验收记录表填表说明

检查数量
全数检查。
主控项目
11.9.2 通风机与配用电机的型号、规格、叶轮转向和空调机的型号、规格必须符合设计要求。

检验方法：产品合格证和对照设计图纸检查。

11.9.3 风机叶轮严禁与壳体碰擦。

检验方法：转动叶轮检查。

11.9.4 通风机进风斗与叶轮的间隙必须均匀，并符合技术要求。

检验方法：观察检查。

11.9.5 空调机安装的位置、朝向和进风口、出风口方向必须符设计要求。

检验方法：观察和对照设计图纸检查。

11.9.6 风机试运行时叶轮旋转方向必须正确，经不少于2h运转后，滑动轴承温升不超过35℃，最高温度不超过70℃；滚动轴承温升不超过40℃，最高温度不超过80℃。

检验方法：检查试运行记录或试车检查。

一般项目
11.9.7 离心风机的安装应符合下列规定：
  1 型号、规格应符合设计要求，其出口方向应正确；
  2 叶轮旋转应平稳，停转后不应每次停留在同一位置上；
  3 固定通风机的地脚螺栓应拧紧，并有防松动措施。

检验方法：观察和手扳检查。

11.9.8 管道风机安装应符合下列规定：
  1 采用减振吊架安装时，风机与减振吊架连接紧密，牢固可靠；
  2 采用支、托架安装时，风机与减振器及支、托架连接紧密，稳固可靠。

检验方法：观察和手扳检查。

11.9.9 空调机安装应放置平稳，固定牢靠，两法兰在同一轴线上自然平齐相对，无强制连接，连接紧密，不漏风；垫片均匀，连接螺栓在同一侧，排列整齐。

检验方法：观察检查。

11.9.10 电动脚踏两用风机安装应符合下列规定：
  1 风机安装应保持水平放置，机壳内无遗留物件，各部件连接牢固、转动灵活；
  2 风机机座固定应采用预埋钢板。

检验方法：观察和扳动检查。

11.9.11 通风机和空调机安装的允许偏差和检验方法应符合表11.9.11的规定。

表11.9.11　通风机和空调机安装的允许偏差和检验方法

序号	项目			允许偏差（mm）	检验方法
1	通风机	中心线的平面位置		10	经纬仪或拉线和尺量检查
2		标高		±10	水准仪或水平仪、直尺、拉线和尺量检查
3		皮带轮轮宽中心平面位置		1	在主、从动皮带轮端面拉线和尺量检查
4		传动轴水平度		0.2/1000	在轴或皮带轮0°和180°的两个位置上，用水平仪检查
5	空调机	联轴器同心度	径向位移	0.05	在联轴器相互垂直的四个位置上，用百分表检查
			轴向位移	0.2/1000	
6		坐标		3	用拉线和尺量检查
7		垂直度（每1m）		2	用吊线和尺量检查

表 3.10.10 通风管线安装检验批质量验收记录表

编号：001

单位工程名称	××大厦地下室人防工程	分项工程名称	通风管线安装	分部工程名称	通风与空调工程
施工单位	××建设集团有限公司	项目负责人	×××	检验批容量	30根
分包单位	/	分包单位项目负责人	/	检验批部位	地下一层～/～轴防火分区十四
验收依据	《人民防空工程质量验收与评价标准》（RFJ01—2015）				

		验收项目	设计要求及规范规定	最小/实际抽样数量	检查记录	检查结果
主控项目	1	第11.10.2条	压差测量管的安装应符合规定	全/5	共5处，全部检查，合格5处	√
	2	第11.10.3条	放射性监测取样管的安装应符合规定	全/5	共5处，全部检查，合格5处	√
	3	第11.10.4条	尾气监测取样管的安装应符合规定	全/5	共5处，全部检查，合格5处	√
	4	第11.10.5条	增压管的安装应符合规定	全/5	共5处，全部检查，合格5处	√
	5	第11.10.6条	测压管的安装应符合规定	全/5	共5处，全部检查，合格5处	√
	6	第11.10.7条	气密性测量管的安装应符合规定	全/5	共5处，全部检查，合格5处	√
一般项目	1	第11.10.8条	通风管线穿墙应采取防护密闭措施	全/5	共5处，全部检查，合格5处	100%
	2	第11.10.9条	通风管线不使用时，应将末端的阀门关闭	全/15	共15处，全部检查，合格15处	100%
施工单位检查结果	主控项目全部合格，一般项目满足规范要求。			专业工长：××× 项目专业质量检查员：××× ××××年××月××日		
监理单位验收结论	验收合格。			专业监理工程师：××× ××××年××月××日		

通风管线检验批质量验收记录表
填表说明

检查数量

全数检查。

主控项目

11.10.2 压差测量管的安装应符合下列规定：

  1 测量管设在滤尘器的前后两端。滤尘器管式安装时，测量管分别设在滤尘器前后的风管上；滤尘器立式安装时，测量管分别伸至安装滤尘器墙的两侧；

  2 测量管采用热镀：锌钢管，管径$DN15mm$，每根管的末端均设球阀；

  3 测量管与风管连接处采用焊接方式，焊缝处均满焊，密闭不漏气。

检验方法：观察检查。

11.10.3 放射性监测取样管的安装应符合下列规定：

  1 放射性监测取样管设在滤尘器的前端，取样管末端设在滤毒室内；

  2 取样管采用热镀锌钢管，管径$DN32mm$，管口位于风管中心，并有迎气流的90°弯头，管的末端设球阀；

  3 取样管与风管连接处采用焊接方式，焊缝处均满焊，密闭不漏气。

检验方法：观察检查。

11.10.4 尾气监测取样管的安装应符合下列规定：

  1 在过滤吸收器的总出风口处，设尾气监测取样管；

  2 取样管采用热镀锌钢管，管径$DN15mm$，管口位于风管中心，并有迎气流的90°弯头，管的末端设截止阀；

  3 取样管与风管连接处采用焊接方式，焊缝处均满焊，密闭不漏气。

检验方法：观察检查。

11.10.5 增压管的安装应符合下列规定：

  1 增压管入口设在进风机总出口处风管上，出口设在清洁式进风两道密闭阀门之间的风管上；

  2 增压管采用热镀锌钢管，管径$DN25mm$，管路中设球阀；

  3 增压管与风管连接处采用焊接方式，焊缝处均满焊，密闭不漏气。

检验方法：观察检查。

11.10.6 测压管的安装应符合下列规定：

  1 测压装置设在值班室或防化通信值班室，测压管一端引至室外空气压力零点处，管口朝下。测压管可预埋在顶板内，也可在顶板下明设；

  2 测压管采用热镀锌钢管，管径$DN15mm$，清洁区内连接测压装置的一端设球阀或旋塞阀；

  3 测压管与测压计的连接采用橡胶软管连接。

检验方法：观察检查。

11.10.7 气密性测量管的安装应符合下列规定：
　1 测量管设置在工程口部防毒（密闭）通道每道防护密闭门和密闭门的门框墙上；
　2 测量管采用热镀锌钢管，管径 $DN50$mm；
　3 测量管两端可采用套外丝加管帽或套内丝加丝堵的封堵方式。
检验方法：观察和尺量检查。

一般项目

11.10.8 各种通风管线穿过防护密闭墙、密闭墙时，应采取防护密闭措施。
检验方法：观察检查。

11.10.9 各种通风管线不使用时，应将末端的阀门关闭。
检验方法：观察检查。

第3章 人防工程质量验收

表 3.10.11 防烟排烟部件制作与安装检验批质量验收记录表

编号:001

单位工程名称	××大厦地下室人防工程		分项工程名称	防烟排烟部件制作与安装	分部工程名称	通风与空调工程
施工单位	××建设集团有限公司		项目负责人	×××	检验批容量	10件
分包单位	/		分包单位项目负责人	/	检验批部位	地下一层～/～轴防火分区十四
验收依据	《人民防空工程质量验收与评价标准》(RFJ01—2015)					

		验收项目	设计要求及规范规定	最小/实际抽样数量	检查记录	检查结果
主控项目	1	第11.11.2条	防火阀和排烟阀应符合规定,具有产品合格证明文件	2/2	抽查2处,合格2处;质量证明文件齐全、符合要求	√
	2	第11.11.3条	防排烟系统柔性短管的制作材料为不燃材料	全/10	共10处,全部检查,合格10处;质量证明文件齐全、符合要求	√
	3	第11.11.4条	防火阀等的安装方向、位置正确。防火阀距墙表面合格	5/5	抽查5处,合格5处	√
一般项目	1	第11.11.5条	风阀手动或电动操作装置灵活、可靠,阀板关闭严密	5/5	抽查5处,合格5处	100%

施工单位检查结果	主控项目全部合格,一般项目满足规范要求。	专业工长:××× 项目专业质量检查员:××× ××××年××月××日
监理单位验收结论	验收合格。	专业监理工程师:××× ××××年××月××日

防烟排烟部件制作与安装检验批质量验收记录表
填表说明

主控项目

11.11.2 防火阀和排烟阀（排烟口）必须符合有关消防产品的规定，并具有相应的产品合格证明文件。

　　检查数量：按种类、批抽查10％，且不得少于2个。

　　检验方法：核对产品的合格证明文件、性能检测报告。

11.11.3 防排烟系统柔性短管的制作材料必须为不燃材料。

　　检查数量：全数检查。

　　检验方法：核对材料品种的合格证明文件。

11.11.4 防火阀、排烟阀（口）的安装方向、位置应正确。防火分区隔墙两侧的防火阀，距墙表面不应大于200mm。

　　检查数量：按数量抽查20％，且不得少于5件。

　　检验方法：尺量、观察检查，动作试验。

一般项目

11.11.5 各类风阀应安装在便于操作及检修的部位，安装后的手动或电动操作装置应灵活、可靠，阀板关闭应保持严密。

　　防火阀直径或长边尺寸大于等于630mm时，宜设独立支吊架。

　　排烟阀（排烟口）及手控装置（包括预埋套管）的位置应符合设计要求。预埋套管不得有死弯及瘪陷。

　　检查数量：按数量抽查10％，且不得少于5件。

　　检验方法：尺量，观察检查。

表 3.10.12 防腐与油漆工程等检验批质量验收记录表

编号：001

单位工程名称	××大厦地下室人防工程		分项工程名称	防腐与油漆工程	分部工程名称	通风与空调工程
施工单位	××建设集团有限公司		项目负责人	×××	检验批容量	50件
分包单位	/		分包单位项目负责人	/	检验批部位	地下一层～/～轴防火分区十四
验收依据	《人民防空工程质量验收与评价标准》(RFJ01—2015)					
		验收项目	设计要求及规范规定	最小/实际抽样数量	检查记录	检查结果
主控项目	1	第11.12.2条	喷、涂油漆的漆膜，应均匀、无堆积等缺陷	5/5	抽查5处，合格5处	√
	2	第11.12.3条	涂料的品种及涂层遍数、标记应符合设计要求和规定	5/5	抽查5处，合格5处；质量证明文件齐全，符合要求；施工记录编号××	√
一般项目	1	第11.12.4条	涂膜应符合规定	5/5	抽查5处，合格5处	100%
	2	第11.12.5条	部件油漆后应符合规定	5/5	抽查5处，合格5处	100%
	3	第11.12.6条	支（吊、托）架的防腐与油漆应符合规定	5/5	抽查5处，合格5处	100%
	4	第11.12.7条	油漆喷涂不得遮盖铭牌标志和影响使用	5/5	抽查5处，合格5处	100%
施工单位检查结果	主控项目全部合格，一般项目满足规范要求。				专业工长：××× 项目专业质量检查员：××× ××××年××月××日	
监理单位验收结论	验收合格。				专业监理工程师：××× ××××年××月××日	

防腐与油漆工程等检验批质量验收记录表
填表说明

主控项目

11.12.2 喷、涂油漆的漆膜,应均匀、无堆积、皱纹、气泡、掺杂、混色与漏涂等缺陷。

  检查数量:按面积抽查10%。

  检验方法:观察检查。

11.12.3 涂料的品种及涂层遍数、标记必须符合设计要求和施工规范的规定。

  检查数量:按部件抽查10%。

  检验方法:检查涂料牌号、合格证、施工记录及观察检查。

一般项目

11.12.4 漆膜应符合下列规定:

漆膜附着牢固、光滑均匀,无漏涂、削落、气泡、透锈等缺陷。

  检查数量:按部件抽查10%,且不得少于3件。

  检验方法:观察检查。

11.12.5 部件油漆后应符合下列规定:

油漆后各活动部件保持灵活,阀门有启闭标记。

  检查数量:按部件抽查10%,且不得少于3件。

  检验方法:观察检查。

11.12.6 支(吊、托)架的防腐与油漆应符合下列规定:

防腐处理及颜色符合设计要求,色泽基本一致,无漏涂。

  检查数量:按部件抽查10%,且不得少于3件。

  检验方法:观察检查。

11.12.7 各类通风、空调设备、部件的油漆喷、涂,不得遮盖铭牌标志和影响部件的功能使用。

  检查数量:按部件抽查10%,且不得少于3件。

  检验方法:观察检查。

3.11 建筑电气安装工程检验批填写示例及说明

表 3.11.1 电缆线路工程检验批质量验收记录表

编号：001

单位工程名称	××大厦地下室人防工程	分项工程名称	电缆线路工程	分部工程名称	建筑电气安装工程
施工单位	××建设集团有限公司	项目负责人	×××	检验批容量	100m
分包单位	/	分包单位项目负责人	/	检验批部位	地下一层～/～轴防火分区十四，照明系统
验收依据	《人民防空工程质量验收与评价标准》(RFJ01—2015)				

		验收项目	设计要求及规范规定	最小/实际抽样数量	检查记录	检查结果
主控项目	1	第12.2.1条	动力、照明线路采用电缆或护套线	全/10	共10处，全部检查，合格10处；施工记录编号××	√
	2	第12.2.2条	防密门、密闭门门框墙上预埋备用管，采取防护密闭措施	全/4	共4处，全部检查，合格4处；施工记录编号××	√
	3	第12.2.3条	母线不得直接穿过临空墙等；穿过时采取防护密闭措施	全/10	共10处，全部检查，合格10处；施工记录编号××	√
	4	第12.2.4条	电缆桥架不得直接穿过临空墙等；穿过时采取防护密闭措施	全/10	共10处，全部检查，合格10处；施工记录编号××	√
	5	第12.2.5条	金属电缆导管必须接地或接零可靠，应符合规定	5/5	抽查5处，合格5处	√
	6	第12.2.6条	电线敷设严禁有绞拧、铠装压扁等缺陷	全/10	抽查10处，合格10处；隐蔽验收合格，记录编号××	√
一般项目	1	第12.2.7条	电缆桥架安装应符合规定	5/5	抽查5处，合格5处	100%
	2	第12.2.8条	桥架内电缆敷设应符合规定	10/10	抽查10处，合格10处；隐蔽验收合格，记录编号××	100%
施工单位检查结果	主控项目全部合格，一般项目满足规范要求。				专业工长：××× 项目专业质量检查员：××× ××××年××月××日	
监理单位验收结论	验收合格。				专业监理工程师：××× ××××年××月××日	

电缆线路工程检验批质量验收记录表
填表说明

主控项目

12.2.1 进出工程的动力、照明线路，应采用电缆或护套线。电缆和电线应采用铜芯电缆和电线。

  检查数量：全数检查。

  检验方法：观察和检查施工记录。

12.2.2 各人员出入口和连通口的防密门门框墙、密闭门门框墙上均应预埋4～6根备用管，管径为50mm～80mm，管壁厚度不小于2.5mm的热镀锌钢管，并应采取防护密闭措施。

  检查数量：全数检查。

  检验方法：观察和检查施工记录。

12.2.3 各类母线不得直接穿过临空墙、防护密闭隔墙、密闭隔墙；当必须穿过时，需采用防护密闭母线，并应采取防护密闭措施。

  检查数量：全数检查。

  检验方法：观察和检查施工记录。

12.2.4 电缆桥架不得直接穿过临空墙、防护密闭隔墙、密闭隔墙；当必须穿过时，应改为穿管敷设，并应采取防护密闭措施。

  检查数量：全数检查。

  检验方法：观察和检查施工记录。

12.2.5 金属电缆桥架及其支架和引入或引出的金属电缆导管必须接地或接零可靠，且必须符合下列规定：

  1 金属电缆桥架及其支架每隔至多100m且全长不少于2处与接地或接零干线相连接；

  2 非镀锌电缆桥架间连接板的两端跨接铜芯接地线，接地线最小允许截面积不小于$4mm^2$；

  3 镀锌电缆桥架间连接板的两端不跨接接地线，但连接板两端不少于2个有防松螺帽或防松垫圈的连接固定螺栓。

检查数量：按不同部位抽查5处。

检验方法：观察检查。

12.2.6 电缆敷设严禁有绞拧、铠装压扁、护层断裂和表面严重划伤等缺陷。

  检查数量：全数检查。

  检验方法：观察和检查隐蔽工程记录。

一般项目

12.2.7 电缆桥架安装应符合下列规定：

  1 直线段钢制电缆桥架长度超过30m、铝合金或玻璃钢制电缆桥架长度超过15m设有伸缩节；电缆桥架跨越建筑物变形缝处设置补偿装置；

2 电缆桥架转弯处的弯曲半径，不小于桥架内电缆最小允许弯曲半径，电缆最小允许弯曲半径见表12.2.7；

表12.2.7 电缆最小允许弯曲半径

序号	电缆种类	最小允许弯曲半径
1	无铅包钢铠护套的橡皮绝缘电力电缆	10D
2	有铜铠护套的橡皮绝缘电力电缆	20D
3	聚氯乙烯绝缘电力电缆	10D
4	交联聚氯乙烯绝缘电力电缆	15D
5	多芯控制电缆	10D

注：D为电缆外径。

3 当设计无具体要求时，电缆桥架水平安装的支架间距为1.5m～3m；垂直安装的支架间距不大于2m；

4 桥架与支架间螺栓、桥架连接板螺栓固定紧固无遗漏，螺母位于桥架外侧；当铝合金桥架与钢支架固定时，有相互间绝缘的防电化腐蚀措施；

5 敷设在竖井内和穿越不同防火区的桥架，按设计要求位置，有防火隔断措施；一级负荷两电源在同一桥架敷设时，在桥架中设置防火隔断措施；

6 支架与预埋件焊接固定时，焊缝饱满；膨胀螺栓固定时，选用螺栓适配，连接紧固，防松零件齐全。

检查数量：支架按不同类型各抽查5段，电缆按不同类别各抽查5处。

检验方法：观察检查。

12.2.8 桥架内电缆敷设应符合下列规定：

1 大于45°倾斜敷设的电缆每隔2m处设固定点；

2 电缆出入电缆沟、竖井、建筑物、柜（盘）、台处以及管口处等做密封处理；

3 电缆敷设排列整齐，水平敷设的电缆，首尾两端、转弯两侧及每隔5m～10m处设固定点；敷设于垂直桥架内的电缆固定点间距，不大于表12.2.8的规定；

表12.2.8 电缆固定点的间距

电缆种类		固定点的间距（mm）
电力电缆	全塑型	1000
	除全塑型外的电缆	1500
控制电缆		1000

4 电缆的首端、末端和分支处应设标志牌；

5 电缆桥架穿过防护密闭或密闭墙体时，应在墙体两侧断开，改为穿过密闭穿墙管。

检查数量：按不同敷设方式各抽查5处。

检验方法：观察和检查隐蔽工程记录及简图。

表 3.11.2 导管及线槽敷设工程检验批质量验收记录表

编号：001

单位工程名称	××大厦地下室人防工程	分项工程名称	导管及线槽敷设工程	分部工程名称	建筑电气安装工程
施工单位	××建设集团有限公司	项目负责人	×××	检验批容量	300m
分包单位	/	分包单位项目负责人	/	检验批部位	地下一层～/～轴防火分区十四，墙体，照明系统
验收依据	《人民防空工程质量验收与评价标准》(RFJ01—2015)				

		验收项目	设计要求及规范规定	最小/实际抽样数量	检查记录	检查结果
主控项目	1	第12.3.1条	金属导管和线槽必须接地或接零可靠，应符合规定	5/5	抽查5处，合格5处	√
	2	第12.3.2条	金属导管严禁对口熔焊连接；镀锌和薄壁的钢导管不得套管熔焊连接	5/5	抽查5处，合格5处	√
	3	第12.3.3条	防爆导管不采用倒扣连接；连接困难时，采用防爆活接头	/	/	/
	4	第12.3.4条	设置过线盒，盒内不得有接线头。过线盒穿线密封加盖板	全/5	共5处，全部检查，合格5处	√
	5	第12.3.5条	防爆波电缆井施工应符合规定	/	/	/
一般项目	1	第12.3.6条	电缆导管、电缆最小允许弯曲半径应符合规定	10/10	抽查10处，合格10处	100%
	2	第12.3.7条	导管埋设深度与工程表面的距离、管卡间的最大距离应符合规定	全/5	共5处，全部检查，合格5处	100%
	3	第12.3.8条	线槽安装牢固，紧固件的螺母在线槽外侧	/	/	/
	4	第12.3.9条	防爆导管敷设应符合规定	/	/	/
	5	第12.3.10条	绝缘导管敷设应符合规定	/	/	/

施工单位检查结果	主控项目全部合格，一般项目满足规范要求。	专业工长：××× 项目专业质量检查员：××× ××××年××月××日
监理单位验收结论	验收合格。	专业监理工程师：××× ××××年××月××日

导管及线槽敷设工程检验批质量验收记录表填表说明

主控项目

12.3.1 金属导管和线槽必须接地或接零可靠，并符合下列规定：

1. 镀锌钢导管、可挠性导管和金属线槽不得熔焊跨接接地线，以专用接地跨接的两卡间边线为铜芯软导线，截面积不小于4mm^2；
2. 当非镀锌钢导管采用螺纹连接时，连接处的两端焊跨接接地线；当镀锌钢导管采用螺纹连接时，连接处的两端用专用接地卡固定跨接接地线；
3. 金属线槽不作设备的接地导体，当设计无具体要求时，金属线槽全长不少于2处与接地或接零干线连接；
4. 非镀锌金属线槽间连接板的两端跨接铜芯接地线，镀锌线槽间连接板的两端不跨接接地线，但连接板两端不少于2个有防松螺帽或防松垫圈的连接固定螺栓。

检查数量：按管子不同材质各抽查5处。

检验方法：明设的观察检查；暗设的检查隐蔽工程记录。

12.3.2 金属导管严禁对口熔焊连接；镀锌和壁厚小于等于2mm的钢导管不得套管熔焊连接。

检查数量：抽查5处。

检验方法：观察检查。

12.3.3 防爆导管不应采用倒扣连接；当连接有困难时，应采用防爆活接头，其接合面应严密。

检查数量：抽查5处。

检验方法：观察检查。

12.3.4 电缆、电线暗配管穿越防护密闭或密闭墙体时，应在墙体两侧设置过线盒，盒内不得有接线头。过线盒穿线后应密封，并加盖板。

检查数量：全数检查。

检验方法：观察检查。

12.3.5 防爆波电缆井施工应符合下列规定：

1. 由室外地下进、出人防工程的强电或弱电线路，应分别设置强电或弱电防爆波电缆井；
2. 防爆波电缆井宜设置在紧靠外墙外侧；
3. 井内不得有渗漏水；
4. 井内除应有设计需要的穿墙管数量外，还应预埋4～6根备用管，管径为50mm～80mm，管壁厚度不小于2.5mm的热镀锌钢管。

检查数量：全数检查。

检验方法：观察检查。

一般项目

12.3.6 电缆导管的弯曲半径不应小于电缆最小允许弯曲半径,电缆最小允许弯曲半径应符合本标准表12.2.7的规定。

检查数量:按不同检查部位、内容各抽查10处。

检验方法:观察检查。

12.3.7 暗配的导管,埋设深度与工程表面的距离不应小于15mm;明配的导管应排列整齐,固定点间距均匀,安装牢固;在终端、弯头中点或柜、台、箱、盘等边缘的距离150mm~500mm范围内设有管卡,中间直线段管卡间的最大距离应符合表12.3.7的规定。

检查数量:全数检查。

检验方法:测量检查、观察检查。

表12.3.7 管卡间最大距离

敷设方式	导管种类	导管直径(mm)				
		15~20	25~32	32~40	50~65	65以上
		管卡间最大距离(m)				
支架或沿墙明敷	壁厚>2mm刚性钢导管	1.5	2.0	2.5	2.5	2.5
	壁厚≤2mm刚性钢导管	1.0	1.5	2.0	—	—
	刚性绝缘导管	1.0	1.5	1.5	2.0	2.0

12.3.8 线槽应安装牢固,无扭曲变形,紧固件的螺母应在线槽外侧。

检查数量:全数检查。

检验方法:观察检查。

12.3.9 防爆导管敷设应符合下列规定:

1 导管间及与灯具、开关、线盒等的螺纹连接处紧密牢固,除设计有特殊要求外,连接处不跨接接地线,在螺纹上涂以电力复合酯或导电性防锈酯;
2 安装牢固顺直,镀锌层锈蚀或剥落处做防腐处理。

检查数量:按管子不同材质、不同敷设方式各抽查10处。

检验方法:观察,检查隐蔽工程记录。

12.3.10 绝缘导管敷设应符合下列规定:

1 管口平整光滑;管与管、管与盒(箱)等器件采用插入法连接时,连接处结合面涂专用胶合剂,接口牢固密封;
2 直埋于地下或楼板内的刚性绝缘导管,在穿出地面或楼板易受机械损伤的一段,采取保护措施;
3 当设计无具体要求时,埋设在墙内或混凝土内的绝缘导管,采用中型以上的导管。

检查数量:按管子不同材质、不同敷设方式各抽查10处。

检验方法:明设的观察检查;暗设的检查隐蔽工程记录。

表 3.11.3 变压器安装检验批质量验收记录表

编号：001

单位工程名称	××大厦地下室人防工程		分项工程名称	变压器安装	分部工程名称	建筑电气安装工程
施工单位	××建设集团有限公司		项目负责人	×××	检验批容量	1台
分包单位	/		分包单位项目负责人	/	检验批部位	地下一层~/~轴防火分区十四
验收依据	《人民防空工程质量验收与评价标准》（RFJ01—2015）					

		验收项目	设计要求及规范规定	最小/实际抽样数量	检查记录	检查结果
主控项目	1	第12.4.1条	变压器安装位置正确，附件齐全	全/1	共1处，全部检查，合格1处	√
	2	第12.4.2条	接地干线与低压侧中性点直接连接；支架或外壳接地	全/1	共1处，全部检查，合格1处	√
一般项目	1	第12.4.3条	传动部分润滑应良好，自动调节应符合技术文件要求	全/1	共1处，全部检查，合格1处	100%
	2	第12.4.4条	绝缘件无裂纹等缺陷，外表清洁，测温仪表指示准确	全/1	共1处，全部检查，合格1处	100%
	3	第12.4.5条	有滚轮的变压器用能拆卸的制动部件固定	/	/	/
	4	第12.4.6条	变压器按产品技术文件要求检查器身	全/1	共1处，全部检查，合格1处	100%

施工单位检查结果	主控项目全部合格，一般项目满足规范要求。	专业工长：××× 项目专业质量检查员：××× ××××年××月××日
监理单位验收结论	验收合格。	专业监理工程师：××× ××××年××月××日

变压器安装检验批质量验收记录表
填表说明

主控项目

12.4.1 变压器安装应位置正确,附件齐全。

检查数量:全数检查。

检验方法:观察检查。

12.4.2 接地装置引出的接地干线与变压器的低压侧中性点应直接连接;干式变压器的支架或外壳应接地。所有连接应可靠,紧固件及防松零件齐全。

检查数量:全数检查。

检验方法:观察检查。

一般项目

12.4.3 有载调压开关的传动部分润滑应良好,动作灵活,点动给定位置与开关实际位置一致,自动调节符合产品的技术文件要求。

12.4.4 绝缘件应无裂纹、缺损和瓷件瓷釉损坏等缺陷,外表清洁,测温仪表指示准确。

检查数量:全数检查。

检验方法:观察检查。

12.4.5 装有滚轮的变压器就位后,应将滚轮用能拆卸的制动部件固定。

检查数量:全数检查。

检验方法:观察检查。

12.4.6 变压器应按产品技术文件要求检查器身,当满足下列条件之一时,可不检查器身:

1 制造厂规定不检查器身者;
2 就地生产仅做短途运输的变压器,且在运输过程中有效监督,无紧急制动、剧烈振动、冲撞或严重颠簸等异常情况者。

检查数量:全数检查。

检验方法:观察检查。

第3章 人防工程质量验收

表3.11.4 成套配电柜及动力、照明配电箱（盘）安装检验批质量验收记录表

编号：001

单位工程名称	××大厦地下室人防工程	分项工程名称	成套配电柜及动力、照明配电箱（盘）安装	分部工程名称	建筑电气安装工程
施工单位	××建设集团有限公司	项目负责人	×××	检验批容量	10台
分包单位	/	分包单位项目负责人	/	检验批部位	地下一层～/～轴防火分区十四，照明系统
验收依据	《人民防空工程质量验收与评价标准》（RFJ01—2015）				

		验收项目	设计要求及规范规定	最小/实际抽样数量	检查记录	检查结果
主控项目	1	第12.5.1条	金属框架等接地可靠；可开启门和接地端子用铜线连接	3/3	抽查3处，合格3处	√
	2	第12.5.2条	低压成套配电柜等有电击保护。保护导体应有端子	3/3	抽查3处，合格3处	√
	3	第12.5.3条	绝缘电阻值、馈电线路大于0.5MΩ；二次回路大于1MΩ	10/10	抽查10处，合格10处	√
	4	第12.5.4条	二次回路交流工频耐压试验，应无闪络击穿现象	/	/	/
	5	第12.5.5条	照明配电箱安装应符合规定	5/5	抽查5处，合格5处；隐蔽验收合格，记录编号××	√
	6	第12.5.6条	动力配电箱等不得在防护密闭或密闭墙体上嵌墙暗装	全/2	共2处，全部检查，合格2处	√
	7	第12.5.7条	三种通风方式信号装置安装应符合规定	全/3	共2处，全部检查，合格2处	√
	8	第12.5.8条	防爆音响信号按钮安装位置应符合设计要求，防护可靠	/	/	/
一般项目	1	第12.5.9条	基础型钢安装允许偏差应符合规定	/	/	/
	2	第12.5.10条	应用镀锌螺栓连接，防松零件齐全	/	/	/
	3	第12.5.11条	安装垂直度允许偏差应符合规定，成列盘面偏差应符合规定	3/3	抽查3处，合格3处	100%
	4	第12.5.12条	柜、屏、台、箱、盘内检查试验应符合规定	3/3	抽查3处，合格3处	100%
	5	第12.5.13条	柜、屏、台、箱、盘间配线应符合规定	10/10	抽查10处，合格10处	100%
	6	第12.5.14条	照明配电箱安装应符合规定	5/5	抽查5处，合格5处；隐蔽验收合格，记录编号××	100%
施工单位检查结果	主控项目全部合格，一般项目满足规范要求。				专业工长：××× 项目专业质量检查员：××× ××××年××月××日	
监理单位验收结论	验收合格。				专业监理工程师：××× ××××年××月××日	

成套配电柜及动力、照明配电箱（盘）安装检验批质量验收记录表填表说明

主控项目

12.5.1 柜、屏、台、箱、盘的金属框架及基础型钢必须接地可靠；基础安装高度不得小于100mm；装有电器的可开启门和框架的接地端子间应用裸编织铜线连接，且有标识。

检查数量：按不同类型各抽查1～3台。

检验方法：观察检查。

12.5.2 低压成套配电柜、控制柜（屏、台）和动力、照明配电箱（盘）应有可靠的电击保护。柜（屏、台、箱、盘）内保护导体应有裸露的连接外部保护导体的端子，当设计无要求时，柜（屏、台、箱盘）内保护导体最小截面积S_p不应小于表12.5.2的规定。

检查数量：按不同类型各抽查1～3台。

检验方法：观察和尺量检查。

表12.5.2 保护导体的截面积

相线的截面积 S （mm²）	相应保护导体的最小截面积 S_p （mm²）
$S \leqslant 16$	S
$16 < S \leqslant 35$	16
$35 < S \leqslant 400$	$S/2$
$400 < S \leqslant 800$	200
$S > 800$	$S/4$

注：S指柜（屏、台、箱、盘）电源进线相线截面积，且两者（S、S_p）材质相同。

12.5.3 柜、屏、台、箱、盘间线路的线间和线对地间绝缘电阻值，馈电线路必须大于0.5MΩ；二次回路必须大于1MΩ。

检查数量：抽查10个回路。

检验方法：实测或检查绝缘电阻测试记录。

12.5.4 柜、屏、台、箱、盘间二次回路交流工频耐压试验，当绝缘电阻值大于10MΩ时，用2500V兆欧表摇测1min，应无闪络击穿现象；当绝缘电阻值在1～10MΩ时，做1000V交流工频耐压试验，1min，应无闪络击穿现象。

检查数量：按不同类型各抽查1～3台。

检验方法：检查试验调整记录。

12.5.5 照明配电箱（盘）安装应符合下列规定：

1. 箱（盘）内配线整齐，无绞接现象。导线连接紧密，不伤芯线，不断股。垫圈下螺丝两侧压的导线截面积相同，同一端子上导线连接不多于2根，

防松垫圈等零件齐全；

    2 箱（盘）内开关动作灵活可靠，带有漏电保护的回路，漏电保护装置动作电流不大于30mA，动作时间不大于0.1s；

    3 照明箱（盘）内，分别设置零线和地线汇流排，零线和地线经汇流排配出。

检查数量：抽查5台。

检验方法：观察检查和检查隐蔽工程记录。

12.5.6 工程内各种动力配电箱、照明箱、控制箱不得在防护密闭或密闭墙体上嵌墙暗装。若必须设置时，应采取挂墙式明装。

检查数量：全数检查。

检验方法：观察检查。

12.5.7 三种通风方式信号装置安装应符合下列规定：

    1 三种通风方式信号控制箱应设置在值班室或防化通信值班室内；

    2 灯光信号和音响应采用集中或自动控制；

    3 根据设计要求，在需要设置的地方应设置显示三种通风方式的灯箱和音响装置，应采用红色灯光表示隔绝式，黄色灯光表示滤毒式，绿色灯光表示清洁式，并宜加注文字标识。

检查数量：全数检查。

检验方法：观察检查。

12.5.8 防爆音响信号按钮安装位置应符合设计要求，按钮应固定牢固、防护可靠、联络顺畅。

检查数量：全数检查。

检验方法：观察检查。

一般项目

12.5.9 基础型钢安装允许偏差应符合表12.5.9的规定。

表12.5.9 基础型钢安装允许偏差

项目	允许偏差	
	(mm/m)	(mm/全长)
不直度	1	5
水平度	1	5
不平行度	—	5

检查数量：全数检查。

检验方法：尺量检查。

12.5.10 柜、屏、台、箱、盘相互间或与基础型钢间应用镀锌螺栓连接，且防松零件齐全。

检查数量：按不同类型各抽查1~3台。

检验方法：观察检查。

12.5.11 柜、屏、台、箱、盘安装垂直度允许偏差为1.5‰，相互间接缝不应大于2mm，成列盘面偏差不应大于5mm。

检查数量：按不同类型各抽查1～3台。

检验方法：尺量和观察检查。

12.5.12 柜、屏、台、箱、盘内检查试验应符合下列规定：

    1 控制开关及保护装置的规格、型号符合设计要求；

    2 闭锁装置动作准确、可靠；

    3 主开关的辅助开关切换动作与主开关动作一致；

    4 柜、屏、台、箱、盘上的标识器件标明被控设备编号及名称，或操作位置，接线端子有编号，且清晰、工整、不易脱色；

    5 回路中的电子元件不应参加交流工频耐压试验；48V及以下回路可不做交流工频耐压试验。

检查数量：按不同类型各抽查1～3台。

检验方法：观察检查。

12.5.13 柜、屏、台、箱、盘间配线应符合下列规定：

电流回路应采用额定电压不低于750V、芯线截面积不小于2.5mm^{2}的铜芯绝缘电线或电缆；除电子元件回路或类似回路外，其他回路的电线应采用额定电压不低于750V、芯线截面不小于1.5mm^{2}的铜芯绝缘电线或电缆。

二次回路连线应成束绑扎，不同电压等级、交流、直流线路及计算机控制线路应分别绑扎，且有标识；固定后不应妨碍手车开关或抽出式部件的拉出或推入。

检查数量：抽查10处。

检验方法：观察检查。

12.5.14 照明配电箱（盘）安装应符合下列规定：

    1 位置正确，部件齐全，箱体开孔与导管管径适配，暗装配电箱箱盖紧贴墙面，箱（盘）涂层完整；

    2 箱（盘）内接线整齐，回路编号齐全，标志正确；

    3 箱（盘）不采用可燃材料制作；

    4 箱（盘）安装牢固，垂直度允许偏差为1.5‰；底边距地面为1.5m，照明配电板底边距地面不小于1.8m。

检查数量：抽查5台。

检验方法：观察检查和检查隐蔽工程记录。

表 3.11.5 开关、插座安装检验批质量验收记录表

编号：001

单位工程名称	××大厦地下室人防工程		分项工程名称	开关、插座安装	分部工程名称	建筑电气安装工程
施工单位	××建设集团有限公司		项目负责人	×××	检验批容量	100个
分包单位	/		分包单位项目负责人	/	检验批部位	地下一层～/～轴防火分区十四
验收依据	《人民防空工程质量验收与评价标准》（RFJ01—2015）					

		验收项目	设计要求及规范规定	最小/实际抽样数量	检查记录	检查结果
主控项目	1	第12.6.1条	插座安装应有明显的区别，配套的插头区别使用	10/10	抽查10处，合格10处	√
	2	第12.6.2条	插座接线应符合表格	10/10	抽查10处，合格10处	√
	3	第12.6.3条	特殊情况下插座安装应符合规定	/	/	/
一般项目	1	第12.6.4条	插座安装应符合规定	全/65	共65处，全部检查，合格65处	100%
	2	第12.6.5条	照明开关安装应符合规定	10/10	抽查10处，合格10处	100%

施工单位检查结果	主控项目全部合格，一般项目满足规范要求。	专业工长：××× 项目专业质量检查员：××× ××××年××月××日
监理单位验收结论	验收合格。	专业监理工程师：××× ××××年××月××日

开关、插座安装检验批质量验收记录表
填表说明

主控项目

12.6.1 当交流、直流或不同电压等级的插座安装在同一场所时，应有明显的区别，且必须选择不同结构、不同规格和不能互换的插座；配套的插头应按交流、直流或不同电压等级区别使用。

  检查数量：抽查器具总数的10%。

  检验方法：观察检查。

12.6.2 插座接线应符合下列规定：

  1 单相两孔插座，面对插座的右孔或上孔与相线连接，左孔或下孔与零线连接；单相三孔插座，面对插座的右孔与相线连接，左孔与零线连接；

  2 单相三孔、三相四孔及三相五孔插座的接地或接零线接在上孔。插座的接地端子不与零线端子连接。同一场所的三相插座，接线的相序一致；

  3 接地或接零线在插座间不串联连接。

  检查数量：抽查器具总数的10%。

  检验方法：观察检查。

12.6.3 特殊情况下插座安装应符合下列规定：

  1 当接插有触电危险家用电器的电源时，采用能断开电源的带开关插座，开关断开相线；

  2 潮湿场所采用密封型并带保护地线触头的保护型插座，安装高度不低于1.5m。

  检查数量：抽查器具总数的10%。

  检验方法：观察检查。

一般项目

12.6.4 插座安装应符合下列规定：

  1 暗装的插座面板紧贴墙面，四周无缝隙，安装牢固，表面光滑整洁、无碎裂、划伤，装饰帽齐全；

  2 插座安装高度距地面不小于0.3m；特殊场所暗装的插座不小于0.15m；同一室内插座安装高度一致；

  3 地插座面板与地面齐平或紧贴地面，盖板固定牢固，密封良好。

  检查数量：全数检查。

  检验方法：观察检查。

12.6.5 照明开关安装应符合下列规定：

  1 开关安装位置便于操作，开关边缘距门框边缘的距离0.15m～0.2m，开关距地面高度不小于1.3m；拉线开关距地面高度2m～3m，层高小于3m时，拉线开关距顶板不小于100mm，拉线出口垂直向下；

  2 相同型号并列安装同一室内开关安装高度一致，且控制有序不错位。并列安装的拉线开关的相邻间距不小于20mm；
3 暗装的开关面板应紧贴墙面，四周无缝隙，安装牢固，表面光滑整洁、无碎裂、划伤，装饰帽齐全。

检查数量：抽查器具总数的10%。

检验方法：观察检查。

表3.11.6 电气照明灯具安装检验批质量验收记录表

编号：001

单位工程名称	××大厦地下室人防工程	分项工程名称	电气照明灯具安装	分部工程名称	建筑电气安装工程
施工单位	××建设集团有限公司	项目负责人	×××	检验批容量	40个
分包单位	/	分包单位项目负责人	/	检验批部位	地下一层～/～轴防火分区十四，照明系统
验收依据	《人民防空工程质量验收与评价标准》(RFJ01—2015)				

		验收项目	设计要求及规范规定	最小/实际抽样数量	检查记录	检查结果
主控项目	1	第12.7.1条	灯具的固定应符合规定	全/40	共40处，全部检查，合格40处；隐蔽验收合格，记录编号××	√
	2	第12.7.2条	当灯具为Ⅰ类灯具时，灯具的外露可导电部分可靠接地	/	/	/
	3	第12.7.3条	应急照明灯具安装应符合规定	4/4	抽查4处，合格4处	√
一般项目	1	第12.7.4条	灯具的外形、灯头及其接线应符合规定	4/4	抽查4处，合格4处	100%
	2	第12.7.5条	应急照明灯具安装应符合规定	4/4	抽查4处，合格4处	100%

施工单位检查结果	主控项目全部合格，一般项目满足规范要求。	专业工长：××× 项目专业质量检查员：××× ××××年××月××日
监理单位验收结论	验收合格。	专业监理工程师：××× ××××年××月××日

电气照明灯具安装检验批质量验收记录表
填表说明

主控项目

12.7.1 灯具的固定应符合下列规定：
1. 灯具质量大于3kg时，固定在螺栓或预埋吊钩上；
2. 软线吊灯，灯具质量在0.5kg及以下时，采用软电线自身吊装；大于0.5kg的灯具采用吊链，且软电线编叉在吊链内，使电线不受力；
3. 灯具固定牢固可靠，不使用木楔。每个灯具固定用螺钉或螺栓不少于2个；当绝缘台直径小于75mm时，采用1个螺钉或螺栓固定。

检查数量：大（重）型灯具全数检查。

检验方法：观察检查和检查隐蔽工程记录。

12.7.2 当灯具为Ⅰ类灯具时，灯具的外露可导电部分应可靠接地。

检查数量：全数检查。

检验方法：观察检查。

12.7.3 应急照明灯具安装应符合下列规定：
1. 应急照明灯的电源除正常电源外，另有一路电源供电；或者是独立于正常电源的柴油发电机组供电；或由蓄电池柜供电或选用自带电源型应急灯具；
2. 疏散照明由安全出口标志灯和疏散标志灯组成。安全出口标志灯距地面高度不小于2.5m，且安装在疏散出口和楼梯口里侧的上方；
3. 疏散标志灯安装在安全出口的顶部，楼梯间、疏散走道及其转角处应安装在1m以下的墙面上。不易安装的部位可安在上部。疏散通道上的标志灯间距不大于15m；
4. 疏散标志灯的设置，不影响正常通行，且不在其周围设置容易混同疏散标志灯的其他标志牌等；
5. 应急照明线路在每个防火分区有独立的应急照明回路，穿越不同防火分区的线路有防火隔堵措施；
6. 疏散照明线路采用耐火电线、电缆，穿管明敷设或在非燃烧体内穿刚性导管暗敷，暗敷保护层厚度不小于30mm。电线采用额定电压不低于750V的铜芯绝缘电线。

检查数量：抽查器具总数的10%。

检验方法：观察检查。

一般项目

12.7.4 灯具的外形、灯头及其接线应符合下列规定：
1. 灯具及其配件齐全，无机械损伤、变形、涂层剥落和灯罩破裂等缺陷；
2. 软线吊灯的软线两端做保护扣，两端芯线搪锡；当装升降器时，套塑料软管，采用安全灯头；
3. 除敞开式灯具外，其他各类灯具灯泡容量在100W及以上者采用瓷质灯头；

  4 连接灯具的软线盘扣、搪锡压线，当采用螺口灯头时，相线接于螺口灯头中间的端子上；

  5 灯头的绝缘外壳不破损和漏电；带有开关的灯头，开关手柄无裸露的金属部分。

检查数量：抽查器具总数的10%。

检验方法：观察检查。

12.7.5 应急照明灯具安装应符合下列规定：

  1 疏散照明采用荧光灯或白炽灯；安全照明采用卤钨灯，或采用瞬时可靠点燃的荧光灯；

  2 安全出口标志灯和疏散标志灯装有玻璃或非燃材料的保护罩，面板亮度均匀度为1∶10（最低∶最高），保护罩应完整、无裂纹。

检查数量：抽查器具总数的10%。

检验方法：观察检查。

表3.11.7 接地装置安装检验批质量验收记录表

编号：001

单位工程名称	××大厦地下室人防工程	分项工程名称	接地装置安装	分部工程名称	建筑电气安装工程
施工单位	××建设集团有限公司	项目负责人	×××	检验批容量	10处
分包单位	/	分包单位项目负责人	/	检验批部位	地下一层～/～轴防火分区十四，配电室接地
验收依据	《人民防空工程质量验收与评价标准》（RFJ01—2015）				

		验收项目	设计要求及规范规定	最小/实际抽样数量	检查记录	检查结果
主控项目	1	第12.8.1条	工程内将导电部分做等电位连接	2/2	抽查2处，合格2处；检查合格，安装记录编号××	√
	2	第12.8.2条	接地装置的设置应符合规定	5/5	抽查5处，合格5处	√
	3	第12.8.3条	接地装置应设测试点。接地电阻值应符合设计要求	全/10	共10处，全部检查，合格10处；检查合格，测试记录编号××	√
	4	第12.8.4条	接地干线埋地深度不应小于1m，采取均压措施或覆盖	/	/	/
	5	第12.8.5条	接地模板顶面埋深合格，接地模块间距足够	/	/	/
一般项目	1	第12.8.6条	接地极垂直埋入，间距足够。搭接焊搭接长度应符合规定	全/10	共10处，全部检查，合格10处；检查合格，安装记录编号××	100%
	2	第12.8.7条	接地装置的材料最小允许规格、尺寸应符合规定	5/5	抽查5处，合格5处	100%
	3	第12.8.8条	接地模块集中引线，焊成环路，引出线不少于2处	/	/	/
施工单位检查结果	主控项目全部合格，一般项目满足规范要求。				专业工长：××× 项目专业质量检查员：××× ××××年××月××日	
监理单位验收结论	验收合格。				专业监理工程师：××× ××××年××月××日	

接地装置安装检验批质量验收记录表
填表说明

主控项目

12.8.1 工程内应将下列导电部分做等电位连接：
1 保护接地干线；
2 电气装置人工接地极的接地干线或点接地端子；
3 室内的公用金属管道，如通风管、给水管、排水管、电缆或电线的穿线管；
4 工程结构中的金属构件，如防密门、密闭门、防爆波活门的金属门框等；
5 室内的电气设备金属外壳；
6 电缆金属外护层。

检查数量：抽查总数的10%。
检验方法：观察检查和检查安装记录。

12.8.2 接地装置的设置应符合下列规定：
1 应利用工程结构钢筋和桩基内钢筋做自然接地体。当接地电阻值不能满足要求时，宜在室外增设人工接地体装置；
2 利用结构钢筋网做接地体时，纵横钢筋交叉点宜采用焊接，所有接地装置必须连接成电气通路；所有接地装置的焊接必须牢固可靠；
3 保护线（PE）应与接地体相连，并应有完好的电气通路，宜采用不小于25mm×4mm热镀锌扁钢或直径不小于12mm的热镀锌圆钢作为保护线的干线；
4 设有消防控制室和通信设备的工程应设专用接地干线引至总接地体。

检查数量：按不同材料抽查5处。
检验方法：观察检查。

12.8.3 人工接地装置或利用工程结构钢筋的接地装置应在地面以上按设计要求位置设测试点。测试接地装置的接地电阻值应符合设计要求。

检查数量：全数检查。
检验方法：观察，检查测试记录。

12.8.4 防雷接地的人工接地装置的接地干线埋设，经人行通道处埋地深度不应小于1m，且应采取均压措施或在其上方铺设卵石或沥青地面。

检查数量：全数检查。
检验方法：观察，检查隐蔽工程记录。

12.8.5 接地模板顶面埋深不应小于0.6m，接地模块间距不应小于模块长度的3～5倍。接地模块埋设基坑，一般为模块外形尺寸的1.2～1.4倍，且在开挖深度内详细记录地层情况。

检查数量：抽查设备、器具总数的10%。
检验方法：观察检查和检查安装记录。

一般项目

12.8.6 当设计无具体要求时，接地装置顶面埋设深度不应小于0.6m。圆钢、角

钢及钢管接地极应垂直埋入地下,间距不应小于5m。接地装置的焊接应采用搭接焊,搭接长度应符合下列规定:

1 扁钢与扁钢搭接为扁钢宽度的2倍,不少于三面施焊;
2 圆钢与圆钢搭接为圆钢直径的6倍,双面施焊;
3 圆钢与扁钢搭接为圆钢直径的6倍,双面施焊;
4 扁钢与钢管,扁钢与角钢焊接,紧贴角钢外侧两面,或紧贴3/4钢管表面,上下两侧施焊;
5 除埋设在混凝土中的焊接接头外,有防腐措施。

检查数量:全数检查。
检验方法:观察检查和检查安装记录。

12.8.7 当设计无具体要求时,接地装置的材料采用为钢材,热浸镀锌处理,最小允许规格、尺寸应符合表12.8.7的规定。

检查数量:按不同材料抽查5处。
检验方法:观察检查。

表12.8.7 最小允许规格、尺寸

种类、规格及单位		敷设位置及使用类别	
		交流电回路	直流电回路
圆钢直径(mm)		10	12
扁钢	截面(mm)	100	100
	厚度(mm)	4	6
角钢厚度(mm)		4	6
钢管管壁厚度(mm)		3.5	4.5

12.8.8 接地模块应集中引线,用干线把接地模块并联焊接成一个环路,干线的材质与接地模块焊接点的材质应相同,钢制的采用热浸镀锌扁钢,引出线不少于2处。

检查数量:全数检查。
检验方法:观察检查。

表 3.11.8 柴油发电机组安装检验批质量验收记录表

编号：001

单位工程名称	××大厦地下室人防工程	分项工程名称	柴油发电机组安装	分部工程名称	建筑电气安装工程
施工单位	××建设集团有限公司	项目负责人	×××	检验批容量	1台
分包单位	/	分包单位项目负责人	/	检验批部位	地下一层～/～轴防火分区十四
验收依据	《人民防空工程质量验收与评价标准》（RFJ01—2015）				

		验收项目	设计要求及规范规定	最小/实际抽样数量	检查记录	检查结果
主控项目	1	第12.9.1条	绝缘电阻值应大于0.5MΩ；塑料绝缘电缆无击穿现象	全/1	共1处，全部检查，合格1处；检查合格，绝缘电阻测试记录编号××	√
	2	第12.9.2条	柴油发电机馈电线路的相序与原供电系统的相序一致	全/1	共1处，全部检查，合格1处	√
	3	第12.9.3条	发电机工作零线与接地干线直接连接，螺栓防松零件齐全	全/1	共1处，全部检查，合格1处	√
一般项目	1	第12.9.4条	控制柜接线正确，紧固件紧固状态良好，无遗漏脱落	全/1	共1处，全部检查，合格1处	100%
	2	第12.9.5条	发电机本体和可接近裸露导体接地或接零可靠	全/1	共1处，全部检查，合格1处	100%
	3	第12.9.6条	开关设备等试验合格，机组连续运行12h无障碍	全/1	共1处，全部检查，合格1处；试运转记录编号××	100%

施工单位检查结果	主控项目全部合格，一般项目满足规范要求。	专业工长：××× 项目专业质量检查员：××× ××××年××月××日
监理单位验收结论	验收合格。	专业监理工程师：××× ××××年××月××日

柴油发电机组安装检验批质量验收记录表填表说明

主控项目

12.9.1 发电机组至低压配电柜馈电线路的相间、相对地间的绝缘电阻值应大于 0.5MΩ；塑料绝缘电缆馈电线路直流耐压试验为 2.4kV，15min，泄漏电流稳定，无击穿现象。

检查数量：全数检查。

检验方法：实测或检查绝缘电阻测试记录。

12.9.2 柴油发电机馈电线路连接后，两端的相序必须与原供电系统的相序一致。

检查数量：全数检查。

检验方法：观察检查。

12.9.3 发电机工作零线应与接地干线直接连接，螺栓防松零件齐全，且有标识。

检查数量：全数检查。

检验方法：观察检查。

一般项目

12.9.4 发电机组随带的控制柜接线应正确，紧固件紧固状态良好，无遗漏脱落。开关、保护装置的型号、规格正确，验证出厂试验的锁定标记应无位移，有位移应重新按制造厂要求试验标定。

检查数量：全数检查。

检验方法：观察检查。

12.9.5 发电机本体和机械部分的可接近裸露导体应接地或接零可靠，且有标识。

检查数量：全数检查。

检验方法：观察检查。

12.9.6 受电侧低压配电柜的开关设备、自动或手动装置和保护装置等试验合格，应按设计的自备电源使用分配预案进行试验，机组连续运行 12h 无故障。

检查数量：全数检查。

检验方法：观察检查和检查试运转记录。

表 3.11.9 火灾自动报警装置安装检验批质量验收记录表

编号：001

单位工程名称	××大厦地下室人防工程	分项工程名称	火灾自动报警装置安装	分部工程名称	建筑电气安装工程
施工单位	××建设集团有限公司	项目负责人	×××	检验批容量	15套
分包单位	/	分包单位项目负责人	/	检验批部位	地下一层～/～轴防火分区十四
验收依据	《人民防空工程质量验收与评价标准》(RFJ01—2015)				

		验收项目	设计要求及规范规定	最小/实际抽样数量	检查记录	检查结果
主控项目	1	第12.10.1条	火灾探测器等的型号、安装位置应符合设计要求和规定	全/15	共15处，全部检查，合格15处质量证明文件齐全、符合要求	√
	2	第12.10.2条	区域报警等控制器的基本功能应符合标准要求	全/15	共15处，全部检查，合格15处	√
	3	第12.10.3条	火灾自动报警系统随时处于完好的运行状态	全/2	共2处，全部检查，合格2处	√
一般项目	1	第12.10.4条	火灾探测器安装应符合规定	全/15	共15处，全部检查，合格15处	100%
	2	第12.10.5条	手动火灾报警按钮安装应符合规定	全/4	共4处，全部检查，合格4处	100%
	3	第12.10.6条	火灾报警控制器安装应符合规定	全/4	共4处，全部检查，合格4处	100%

施工单位检查结果	主控项目全部合格，一般项目满足规范要求。	专业工长：××× 项目专业质量检查员：××× ××××年××月××日
监理单位验收结论	验收合格。	专业监理工程师：××× ××××年××月××日

火灾自动报警装置安装检验批质量验收记录表填表说明

主控项目

12.10.1 各种火灾探测器、手动报警按钮的型号、安装位置必须符合设计要求和施工规范的规定。

检查数量：全数检查。

检验方法：检查产品合格证，对照图纸检查。

12.10.2 区域报警控制器和集中报警控制器的基本功能必须符合现行国家标准《火灾报警控制器》（GB 4717）的要求。

检查数量：全数检查。

检验方法：对每个功能进行试验。

12.10.3 火灾自动报警系统安装后，必须保证随时处于完好的运行状态。

检查数量：全数检查。

检验方法：观察和进行试验检查。

一般项目

12.10.4 火灾探测器安装应符合下列规定：

位置准确，底座固定牢固；穿线孔封堵严密，顶棚不露孔洞；导线连接可靠，导线颜色一致。

检查数量：全数检查。

检验方法：观察检查。

12.10.5 手动火灾报警按钮安装应符合下列规定：

安装牢固、竖直，位置准确；导线连接可靠，标志明显。

检查数量：全数检查。

检验方法：观察检查。

12.10.6 火灾报警控制器安装应符合下列规定：

安装牢固、竖直，接地可靠，配线整齐；系统配套设备与部件齐全，功能可靠；分路灯标号与探测器部位号一致，信号传递灵敏，显示正确。

检查数量：全数检查。

检验方法：观察和进行信号显示检查。

表 3.11.10 火灾事故广播、消防通讯设备安装检验批质量验收记录表

编号：001

单位工程名称	××大厦地下室人防工程	分项工程名称	火灾事故广播、消防通讯设备安装	分部工程名称	建筑电气安装工程
施工单位	××建设集团有限公司	项目负责人	×××	检验批容量	10套
分包单位	/	分包单位项目负责人	/	检验批部位	地下一层～/～轴防火分区十四
验收依据	《人民防空工程质量验收与评价标准》RFJ01—2015				

		验收项目	设计要求及规范规定	最小/实际抽样数量	检查记录	检查结果
主控项目	1	第12.11.1条	火灾事故广播等设备的产品质量应符合设计要求	/	质量证明文件齐全、符合要求	√
	2	第12.11.2条	火灾事故广播等设备的功能必须正常，语音必须清晰	全/10	共10处，全部检查，合格10处；质量证明文件齐全、符合要求	√
一般项目	1	第12.11.3条	火灾事故广播设备安装应符合规定	全/10	共10处，全部检查，合格10处	100%
	2	第12.11.4条	扬声器安装应位置合理，固定牢固，整齐美观	全/10	共10处，全部检查，合格10处	100%

施工单位检查结果	主控项目全部合格，一般项目满足规范要求。 专业工长：××× 项目专业质量检查员：××× ××××年××月××日
监理单位验收结论	验收合格。 专业监理工程师：××× ××××年××月××日

第3章 人防工程质量验收

表 3.11.11 现场验收检查原始记录

共1页第1页

单位工程名称	××大厦地下室人防工程		
分部工程名称	建筑电气安装工程	分项工程名称	火灾事故广播、消防通讯设备安装
检验批名称	火灾事故广播、消防通讯设备安装检验批	检验批编号	001

验收规范条文编号	验收项目（设计要求及规范规定）	检查部位及质量情况	备注
12.11.2	火灾事故广播等设备的功能必须正常，语音必须清晰	对防火分区十四所有设备进行检查，功能正常、语音清晰	
12.11.3	火灾事故广播设备安装应符合规定	对防火分区十四密闭通道和前室火灾事故广播设备进行检查，系统配套设备与部件齐全，功能可靠，显示准确，布线整齐，盘面洁净	
12.11.4	扬声器安装应位置合理，固定牢固，整齐美观	对防火分区十四密闭通道和前室扬声器进行检查，位置合理，固定牢固，整齐美观	

验收规范条文编号	验收项目（设计要求及规范规定）	测量部位/测量数据								备注

监理校核：×××　　　　检查：×××　　　　记录：×××　　　　验收日期：××××年××月××日
本表由施工单位手工填写并保存。

火灾事故广播、消防通讯设备安装检验批质量验收记录表和现场验收检查原始记录
填表说明

主控项目

12.11.1 火灾事故广播设备、消防通讯设备的产品质量必须符合设计要求。

检查数量：全数检查。

检验方法：检查产品合格证。

12.11.2 火灾事故广播设备、消防通讯设备的功能必须正常，语音必须清晰。

检查数量：全数检查。

检验方法：检查产品合格证和进行操作检查。

一般项目

12.11.3 火灾事故广播设备安装应符合下列规定：系统配套设备与部件齐全，功能可靠，显示准确，布线整齐，盘面洁净。

检查数量：全数检查。

检验方法：观察和进行操作检查。

12.11.4 扬声器安装应位置合理，固定牢固，整齐美观。

检查数量：全数检查。

检验方法：观察检查。

3.12 隐蔽工程质量验收记录填写示例

表 3.12.1 主体结构隐蔽工程检查验收记录表

工程名称：<u>××大厦地下室人防工程</u>　建设单位：<u>××投资发展有限公司</u>　图号：<u>结施－28、29</u>
隐蔽部位：<u>地下一层～/～轴防护单元三填充墙</u>
施工单位：<u>　　××建设集团有限公司　　</u>　隐蔽日期：<u>××××</u> 年 <u>××</u> 月 <u>××</u> 日

隐蔽检查内容： 砌体留直槎处加设 2φ6 拉结钢筋，间距沿墙高 500mm，埋入长度 1000mm，末端设 90°弯钩。				
监理工程师核查意见： 隐蔽工程验收合格。 核查人：×××	试验单、合格证、焊件编号	名称或直径	出厂合格证编号	试验单编号
^	^	φ6	××	××
^	^			
^	^			
^	^			

专业技术负责人：×××　　质量检查员：×××　　填表人：×××

注：
1. 本表适用于混凝土、钢筋、防水等隐蔽工程。当用于基坑验槽记录时，表头填写"验槽"二字，并应增加设计、地质勘察单位参加人签字栏。
2. 隐蔽部位
钢筋、混凝土：防护单元，底板、顶板、梁、柱、墙；
基坑：防护单元或某某轴。
3. 隐蔽检查内容
（1）基坑验槽
① 基坑内地下水、地表水情况及其处理；
② 基坑开挖尺寸（长度，上、下口宽度，深度）；
③ 遇坑、井、电缆、管道、障碍物等的数量、位置、清除情况；
④ 遇流沙、杂填土等不良地基情况，换土情况；
⑤ 护坡方法、材料、检查情况。
（2）钢筋工程
① 施工图号、设计变更单编号；
② 钢筋直径、根数、钢号、间距、保护层、拉结筋、斜向加强筋、门框受力筋、穿梁筋、钢筋代换等。
（3）混凝土工程
① 混凝土设计强度等级、浇筑方法；
② 几何尺寸；外防水做法；
③ 抗压、抗渗试验报告单编号。

表 3.12.2　管道隐蔽工程检查验收记录表

制表日期：　××××　年　××　月　××　日

工程名称：　××大厦地下室人防工程　　　　　　施工单位：　××建设集团有限公司
建设单位：　××投资发展有限公司　　　　　　　分项工程名称：　排水管道安装
隐蔽部位：　～/～轴防护单元三，地下一层基础底板
设计图号：　水施1.5、9　　　　管道材质：　排水铸铁管　　　　规格：　DN80
隐蔽段的划分及数量：　集水坑9座　　　　　操作班（组）长：　×××

隐蔽检查情况	位置标记	符合设计要求
	标高、坡度、坡向	－5.98m，i＝0.015，坡向集水坑
	基座、支架	/
	管材、阀件材质、接口、接头材质	排水铸铁管，不锈钢卡箍连接
	防腐措施	刷两道热沥青防腐
	保温方式	/
	管洞处理	专用管帽封堵
	试压、灌水试验结果	灌水试验合格
	安全距离	/
	冲洗吹扫清洗	/
说明或草图	（草图）	监理工程师核查意见： 隐蔽工程验收合格。 核查人：×××

专业技术负责人：×××　　质检员：×××　　施工员：×××　　填表人：×××

注：本表适用于给水排水、通风空调等管道工程。

填写说明：

位置标记：给水、排水管平行铺设，水平最小净距500mm；交叉铺设、垂直铺设净距150mm。通常给水管在上；若在下面，必须加套管，套管长度不小于排水管直径的3倍。

标高、坡度、坡向：埋深；0.00X 或 0.0X

管材、阀件材质、接口、接头材质：法兰，给排水管宜用橡胶垫；承插口，麻丝填充，水泥或石棉水泥捻口，不得用水泥砂浆抹口。

防腐措施：实际做法。

保温方式：实际做法。

管洞处理：穿变形缝、防护、密闭墙做法。

试压、灌水试验结果：无压管做灌水试验，有压管做水压试验。

第3章 人防工程质量验收

表 3.12.3　电气隐蔽工程检查验收记录表

分项工程名称：接地装置安装　　　　　　　　　　　　　　　　　××××年××月××日

单位工程名称	××大厦地下室人防工程	建设单位	××投资发展有限公司
部位及图号	电施－18	施工单位	××建设集团有限公司

内容及草图
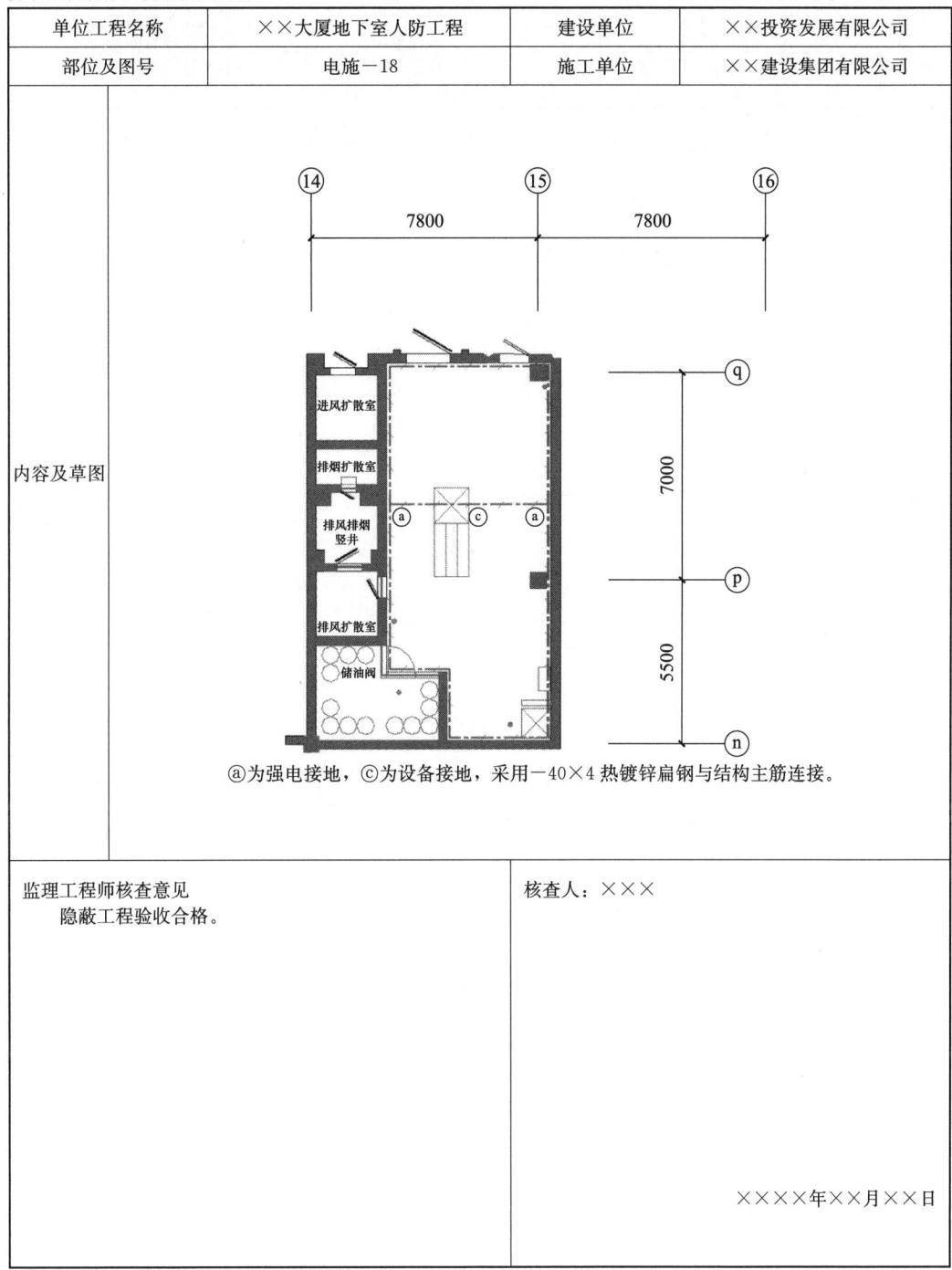ⓐ为强电接地，ⓒ为设备接地，采用－40×4热镀锌扁钢与结构主筋连接。

监理工程师核查意见 　隐蔽工程验收合格。	核查人：××× ××××年××月××日

专业施工技术负责人：×××　　质量检查员：×××　　班（组）长：×××　　施工员：×××

注：本表适用于照明管线、通信管线、接地等工程。
检查验收内容。
1. 穿墙管、套管预埋方式、位置、数量；
2. 暗埋电缆规格、型号、埋设方式（套管、铠装电缆）；
3. 电缆接地情况（保护、工作、重复接地、保护接零）。

表 3.12.4 给水排水管道通水试验记录表

制表日期：××××年 ×× 月 ×× 日

工程名称：××大厦地下室人防工程　　施工单位：××建设集团有限公司
建设单位：××投资发展有限公司　　　监理单位：××建设监理有限公司
分项工程名称：给水管道安装　　　　　采用设备名称：手摇泵
通水时间：××××年 ×× 月 ×× 日 9 时起至 ×× 月 ×× 日 11 时止

通水情况		情况说明及问题处理：无。
通水系统	防护单元五给水系统	
通水方法	/	
供水压力	0.9MPa	
总供水点	14个	
通水结果	合格	班（组）长：×××　主要操作人：×××
监理工程师核查意见	通水试验合格。 核查人：×××	项目经理：××× 专业技术负责人：××× 专业工长：×××

注：排水管灌水试验，埋地排水管，满水 15min 后，再灌满延续 5min，液面不下降为合格。

表 3.12.5 管道系统试压灌水记录表

制表日期：××××年 ××月 ××日

工程名称：××大厦地下室人防工程　　施工单位：××建设集团有限公司
建设单位：××投资发展有限公司　　　监理单位：××建设监理有限公司
分项工程名称：排水管道安装　　　　　试压（灌水）系统：防护单元三1#集水坑排水系统
试压灌水部位：防护单元三1#集水坑排水系统　　　设计图号：水施5、8
管道材质：机械排水铸铁管　　　规格：DN80　　　数量：12m
通水时间：××××年 ××月 ××日 9 时起至 ××月 ××日 9 时止

通水情况		情况说明及问题处理：
试压依据	/	放气囊封堵下游出水口，向管道内灌水与集水坑面齐平，满水15min液面无下降，再观察5min，液面无下降。
试压类别	/	
工作压力	/	
试验压力	/	
稳压时间（水位观察时间）	/	
允许压降	/	
实际压降[水位降落（mm）]	/	班（组）长：×××　　主要操作人：×××
灌水高度	与集水坑顶面齐平	
外观检查	无渗漏	
监理工程师核查意见	灌水试验合格。	项目经理：××× 专业技术负责人：××× 专业工长：×××
	核查人：×××	

注：给水系统试压，工作压力不大于0.6MPa时，试验压力不小于0.6MPa；水压试验时，在10min内压力降不大于0.05MPa，然后将试验压力降至工作压力，不漏为合格。

表 3.12.6 排水管道通球试验记录表

制表日期：××××年××月××日

工程名称：××大厦地下室人防工程　　　　施工单位：××建设集团有限公司
建设单位：××投资发展有限公司　　　　　监理单位：××建设监理有限公司
分项工程名称：排水管道安装　　　　　　　采用设备名称：　／
通水时间：××××年××月××日 9 时起至 ××月××日 11 时止

系统部位		管径（mm）		皮球直径（mm）	通球时间	通球结果	操作人	检验人	备注
地下干管编号及长度（m）	立管编号及长度（m）	起端	末端						
F－2，8m	YF－2，3.8m	80	80	65	5s	合格	×××	×××	

排水管通球试验：
　　分段进行通球试验，将直径为 65 的塑料球从立管检查口放入，能顺利从排水口排出。

管道材质及接口形式： 　　排水管道采用热镀锌钢管，采用法兰连接。	通球方法与记事： 　　通球率为 100%，合格。 班组长：×××	监理工程师核查意见： 　　合格。 核查人：×××

项目经理：×××　　　专业技术负责人：×××　　　专业工长：×××

注：排水管通球试验，皮球直径约为排水管直径的 2/3，从起端投入，从集水池中捞出为合格。

表3.12.7 通风系统风口的风量测定记录表

工程名称	××大厦地下室人防工程	建设单位	××投资发展有限公司
分项工程名称	通风管线安装	施工单位	××建设集团有限公司
部位（或系统）	地下一层防火分区十三通风系统	测定时间	××××年××月××日

风口编号	实测风量（m³/h）	设计风量（m³/h）	偏差（%）	备注
1	2824	3085	9.23	
2	2824	3084	9.22	
3	2824	3087	9.31	
4	2824	3094	9.56	
5	2824	3091	9.45	
6	2824	3083	9.17	
7	2824	3103	9.87	
8	2824	3094	9.55	
9	2824	3091	9.45	
10	2824	3087	9.31	
11	2824	3080	9.08	
12	2824	3081	9.11	
13	2824	3083	9.17	
14	2824	3084	9.21	
15	2824	3085	9.23	
16	2824	3080	9.05	
17	2824	3089	9.38	

监理工程师查核意见： 检查合格。	核查人：×××	项目经理：××× 专业技术负责人：××× 专业工长：×××

注：系统与风口的风量应经过调整达到平衡，各风口风量实测值与设计值偏差不大于15%。

表3.12.8 电气接地电阻测试记录表

工程名称：__××大厦地下室人防工程__　　施工单位：__××建设集团有限公司__
仪表型号：__ZC－7__　　　　　　　　　　引下形式：__结构主筋__
测试时间：__××××__年__××__月__××__日

接地类型	保护接地		重复接地		接零		测试布置简图（注明测试点位置）
组别	实测数据						
	实测值	计算值	实测值	计算值	实测值	计算值	
1	0.4	0.48					2/A轴人防C区基础底板
2	0.4	0.48					2/E轴人防C区基础底板
3	0.5	0.6					5/B轴人防C区基础底板
4							
5							
6							
7							
8							
9							
10							
设计要求	≤1 Ω		≤ Ω		≤ Ω		

测试结论：
　　测试合格。

参加人员签字	监理工程师	施工员	质检员	测试（二人）
	×××	×××	×××	×××
				×××

3.13 单位工程质量竣工验收记录填写示例

表 3.13.1 单位工程质量竣工验收记录表

工程名称	××大厦地下室人防工程	结构类型	框剪结构	建筑面积（m²）	50610.2
施工单位	××建设集团有限公司	技术负责人	×××	开工日期	××××年××月××日
项目负责人	×××	项目技术负责人	×××	完工日期	××××年××月××日

序号	项目	验收记录	验收结论
1	分部工程验收	共7分部，经查符合标准及设计规定7分部	验收合格
2	质量控制资料核查	共52项，经核查符合规定52项	检查合格
3	功能检测	共核查7项，符合规定7项，共抽查3项，符合规定3项，经返工处理符合规定0项	检查合格
4	观感质量验收	共抽查41项，达到"好"和"一般"的41项，经返修处理符合要求的0项	好
5	综合验收结论	验收合格。	

参加验收单位	建设单位	监理单位	施工单位	设计单位	勘察单位
	（投资发展有限公司项目负责人）×××　××××年××月××日	（建设监理有限公司总监理工程师）×××　××××年××月××日	（建设集团有限公司项目负责人）×××　××××年××月××日	（规划设计研究院项目负责人）×××　××××年××月××日	（地质工程勘察项目负责人）×××　××××年××月××日

注：单位工程验收时，验收签字人员应由相应单位的法人代表书面授权。

表 3.13.2 单位工程质量控制资料核查记录表

工程名称		××大厦地下室人防工程	施工单位		××建设集团有限公司	
序号	项目	资料名称	施工单位		监理单位	
			核查意见	核查人	核查意见	核查人
1	结构	图纸会审、设计变更、洽商记录	齐全	×××	合格	×××
2		工程定位测量、放线记录	齐全		合格	
3		材料出厂合格证书及进场检（试）验报告	齐全		合格	
4		施工试验报告及见证取样检测报告	齐全		合格	
5		隐蔽工程验收记录	齐全		合格	
6		施工记录	齐全		合格	
7		预制构件、预拌混凝土合格证	齐全		合格	
8		主体结构检验及抽样检测资料	齐全		合格	
9		检验批、分项、分部工程质量验收记录	齐全		合格	
10		混凝土结构实体强度检测记录	齐全		合格	
11		结构实体钢筋保护层厚度检测记录	齐全		合格	
12		工程质量事故调查处理资料	/		/	
1	孔口防护	图纸会审、设计变更、洽商记录	齐全	×××	合格	×××
2		材料出厂合格证书及进场检（试）验报告	齐全		合格	
3		隐蔽工程验收表	齐全		合格	
4		施工记录	齐全		合格	
5		防护设备出厂合格证书	齐全		合格	
6		防护门防密门密闭门使用性能检测记录	齐全		合格	
7		检验批、分项、分部工程质量验收记录	齐全		合格	
1	防水	图纸会审、设计变更、洽商记录	齐全	×××	合格	×××
2		材料出厂合格证书及进场检（试）验报告	齐全		合格	
3		隐蔽工程验收表	齐全		合格	
4		施工记录	齐全		合格	
5		工程渗漏水检测记录	齐全		合格	
6		防水混凝土抗渗等级检测记录	齐全		合格	
7		检验批、分项、分部工程质量验收记录	齐全		合格	
1	建筑装饰装修	图纸会审、设计变更、洽商记录	齐全	×××	合格	×××
2		材料出厂合格证书及进场检（试）验报告	齐全		合格	
3		隐蔽工程验收表	齐全		合格	
4		施工记录	齐全		合格	
5		装饰装修质量检测记录	齐全		合格	
6		检验批、分项、分部工程质量验收记录	齐全		合格	

续表

工程名称	××大厦地下室人防工程		施工单位	××建设集团有限公司	
序号	项目	资料名称	施工单位		监理单位	
			核查意见	核查人	核查意见	核查人
1	给水排水	图纸会审、设计变更、洽商记录	齐全	×××	合格	×××
2		材料、设备出厂合格证书及进场检（试）验报告	齐全		合格	
3		管道、设备强度试验、严密性试验记录	齐全		合格	
4		隐蔽工程验收表	齐全		合格	
5		给水管道通水试验记录	齐全		合格	
6		排水管道通球试验记录	齐全		合格	
7		施工记录	齐全		合格	
8		检验批、分项、分部工程质量验收记录	齐全		合格	
1	通风与空调	图纸会审、设计变更、洽商记录	齐全	×××	合格	×××
2		材料、设备出厂合格证书及进场检（试）验报告	齐全		合格	
3		施工记录	齐全		合格	
4		隐蔽工程验收表	齐全		合格	
5		通风、空调系统测试记录	齐全		合格	
6		检验批、分项、分部工程质量验收记录	齐全		合格	
1	建筑电气	图纸会审、设计变更、洽商记录	齐全	×××	合格	×××
2		材料、设备出厂合格证书及进场检（试）验报告	齐全		合格	
3		设备调试记录	齐全		合格	
4		施工记录	齐全		合格	
5		隐蔽工程验收表	齐全		合格	
6		接地电阻测试记录	齐全		合格	
7		检验批、分项、分部工程质量验收记录	齐全		合格	

结论：工程质量控制资料验收合格。
施工单位项目负责人　×××　　　　　　　　　总监理工程师　×××
　　　　　　　　××××年××月××日　　　　　　　　××××年××月××日

注：抽查项目由验收组协商确定。

表 3.13.3 单位工程功能检测记录表

工程名称	××大厦地下室人防工程			施工单位	××建设集团有限公司	
序号	项目	检测项目	份数	核查意见	核查结果	核查人
1	结构工程	结构实体混凝土强度	2	符合要求	合格	×××
2		结构实体钢筋保护层厚度	2	符合要求	合格	×××
1	孔口防护工程	防护门、防护密闭门、密闭门使用性能	4	符合要求	合格	×××
1	防水工程	工程渗漏水	4	符合要求	合格	×××
2		防水混凝土抗渗等级	4	符合要求	合格	×××
1	建筑装饰装修工程	装饰装修质量	10	符合要求	合格	×××
1	给排水	给水管道通水试验	5	符合要求	合格	×××
2		排水管道通球试验	5	符合要求	合格	×××
1	通风与空调	通风、空调系统测试	5	符合要求	合格	×××
1	电气	接地电阻测试	5	符合要求	合格	×××

结论：

功能检验资料核查结果符合规范及设计要求。

施工单位项目负责人　×××　　　　　　　　　　　　　总监理工程师　×××
　　　　　　　　　　××××年××月××日　　　　　　　　　　　××××年××月××日

注：抽查项目由验收组协商确定。

第3章 人防工程质量验收

表 3.13.4 单位工程观感质量检查记录表

工程名称		××大厦地下室人防工程	施工单位	××建设集团有限公司
序号	项目		抽查质量状况	质量评价
1	结构工程	混凝土 露筋	共检查10点，好9点，一般1点，差0点	好
2		混凝土 蜂窝	共检查10点，好8点，一般2点，差0点	好
3		混凝土 孔洞	共检查10点，好8点，一般2点，差0点	好
4		混凝土 缝隙夹渣层	共检查10点，好7点，一般3点，差0点	一般
5		砌体 砌筑错缝	共检查10点，好8点，一般2点，差0点	好
6		砌体 砌体接槎	共检查10点，好9点，一般1点，差0点	好
7		砌体 砌体表面质量	共检查10点，好9点，一般1点，差0点	好
1	孔口防护工程	防护门	共检查10点，好9点，一般1点，差0点	好
2		防护密闭门	共检查10点，好8点，一般2点，差0点	好
3		密闭门	共检查10点，好8点，一般2点，差0点	好
4		门框墙	共检查10点，好9点，一般1点，差0点	好
5		防爆波活门	共检查10点，好9点，一般1点，差0点	好
6		防爆超压排气活门、自动排气活门	共检查10点，好8点，一般2点，差0点	好
1	防水工程	防水混凝土	共检查10点，好8点，一般2点，差0点	好
2		水泥砂浆防水层	共检查10点，好7点，一般3点，差0点	一般
3		涂料防水层	共检查10点，好9点，一般1点，差0点	好
1	装饰装修工程	抹灰	共检查10点，好7点，一般3点，差0点	好
2		涂饰	共检查10点，好9点，一般1点，差0点	好
3		饰面板（砖）	共检查10点，好9点，一般1点，差0点	好
4		地面面层	共检查10点，好7点，一般2点，差1点	一般
5		门窗	共检查10点，好9点，一般1点，差0点	好
6		室内观感	共检查10点，好8点，一般2点，差0点	好
1	给水排水工程	管道坡度	共检查10点，好9点，一般1点，差0点	好
2		接口	共检查10点，好8点，一般2点，差0点	好
3		支架	共检查10点，好9点，一般1点，差0点	好
4		卫生器具	共检查10点，好7点，一般3点，差0点	好
5		配件	共检查10点，好9点，一般1点，差0点	好
6		地漏	共检查10点，好8点，一般2点，差0点	好
7		阀门	共检查10点，好9点，一般1点，差0点	好
1	通风与空调工程	通风管道	共检查10点，好9点，一般1点，差0点	好
2		通风管线	共检查10点，好7点，一般3点，差0点	好
3		风口	共检查10点，好8点，一般2点，差0点	好
4		风阀	共检查10点，好9点，一般1点，差0点	好
5		密闭阀门	共检查10点，好7点，一般3点，差0点	好

续表

工程名称		××大厦地下室人防工程	施工单位	××建设集团有限公司
序号	项目		抽查质量状况	质量评价
6	通风与空调工程	滤尘器、过滤吸收器	共检查10点，好9点，一般1点，差0点	好
7		通风机	共检查10点，好8点，一般2点，差0点	好
1	建筑电气安装工程	线路敷设	共检查10点，好8点，一般2点，差0点	好
2		配电箱（盘）	共检查10点，好9点，一般1点，差0点	好
3		开关、插座	共检查10点，好9点，一般1点，差0点	好
4		接地	共检查10点，好7点，一般3点，差0点	好
5		柴油发电机组	共检查10点，好9点，一般1点，差0点	好
观感质量综合评价			好	
结论：工程观感质量综合评价为好。 施工单位项目负责人　×××　　　　　　　　　总监理工程师　××× 　　　　　　　　　××××年××月××日　　　　　　　　　　××××年××月××日				

注：1. 质量评价为"差"的项目，应进行返修；
　　2. 各分部观感质量现场检查原始记录应作为本表附件。

第4章 人防工程质量评价

4.1 一般规则

1. 实行质量评价的人防工程，应在施工组织设计中制定具体的创优措施。
2. 工程质量评价，应由建设单位组织，施工单位先自行检查评定，然后由监理或相关单位进行评价。
3. 工程质量评价应分为工程主体结构和单位工程两个阶段。工程主体结构包括结构工程、孔口防护工程、防水工程。
4. 工程主体结构质量评价，应在施工过程中对施工现场进行必要的抽查，以验证其验收资料的准确性。现场抽查应做好记录，对抽查项目的质量状况进行详细记载。现场抽查采取随机抽样的方法。
5. 单位工程质量评价应在工程主体结构质量评价的基础上进行，工程主体结构质量未达到优良的，单位工程质量不能评为优良。
6. 单位工程质量评价，应对工程实体质量和工程档案进行全面的检查。
7. 单位工程质量评价应分为结构工程、孔口防护工程、防水工程、建筑装饰装修工程、给水排水工程、通风与空调工程、建筑电气安装工程七个分部工程。
8. 每个分部工程根据其在该工程中所占工作量大小及重要程度给出相应的权重值，各分部工程权重值分配应符合表4.1.1的规定。

表 4.1.1 工程权重值分配

分部工程	权重分值	分部工程	权重分值
结构工程	33	给水排水工程	7
孔口防护工程	30	通风与空调工程	11
防水工程	5	建筑电气安装工程	9
建筑装饰装修工程	5		

9. 分部工程质量评价应包括施工现场质量保证条件、功能检测、质量记录、尺寸偏差、观感质量五项评价内容。每项评价内容根据其在该分部工程内所占的工作量大小及重要程度给出相应的权重值，各项评价内容的权重值分配应符合表4.1.2的规定。

表 4.1.2 评价项目权重值分配

序号	评价项目	结构工程评价得分	孔口防护工程评价得分	防水工程评价得分	建筑装饰装修工程评价得分	给水排水工程评价得分	通风与空调工程评价得分	建筑电气安装工程评价得分
1	施工现场质量保证条件	10	10	10	10	10	10	10
2	功能检测	30	30	40	20	30	30	30
3	质量记录	25	30	30	20	30	30	30
4	尺寸偏差	20	15	10	10	10	10	10
5	观感质量	15	15	10	30	20	20	20

10. 每个评价项目包括若干项具体检查内容，对每一具体检查内容应按其重要性给出标准分值，其判定结果分为一、二、三共三个档次（功能检测分为一、三两个档次）。一档为100％的标准分值；二档为85％的标准分值；三档为70％的标准分值。

11. 工程主体结构、单位工程质量优良工程的评价总得分均应大于等于85分。总得分达到92分及以上时为高质量等级的优良工程。

4.2 评价方法

1. 施工现场质量保证条件评价方法

检查标准。

（1）质量管理及责任制度健全，能落实的为一档，取100％的标准分值；质量管理及责任制度健全，能基本落实的为二档，取85％的标准分值；有主要质量管理及责任制度，能基本落实的为三档，取70％的标准分值；

（2）施工操作标准及质量验收规范配置。工程所需的工程质量验收规范齐全、主要工序有施工工艺标准（企业标准、操作规程）的为一档，取100％的标准分值；工程所需的工程质量验收规范齐全、1/2及以上主要工序有施工工艺标准（企业标准操作规程）的为二档，取85％的标准分值；主要项目有相应的工程质量验收规范、主要工序施工工艺标准（企业标准、操作规程）达到1/4不足1/2的为三档，取70％的标准分值；

（3）施工组织设计（施工方案）审批手续齐全、可操作性好、针对性强，并认真落实的为一档，取100％的标准分值；审批手续齐全，可操作性、针对性好，并基本落实的为二档，取85％的标准分值；经过审批，落实一般的为三档，取70％的标准分值；

（4）质量目标及措施明确、切合实际，实施好的为一档，取100％的标准分值；实施较好的为二档，取85％的标准分值；实施一般的为三档，取70％的标准分值。

检查方法：检查有关制度措施资料，抽查其实施情况，综合进行判定。

2. 分部工程功能检测检查评价方法

检查标准：检查项目的检测指标一次检测达到设计要求及规范规定的为一档，取100％的标准分值；按有关规范规定，经过处理后，达到设计要求及规范规定的为三档，取70％的标准分值。

检查方法：现场检测或检查检测报告。

3. 分部工程质量记录检查评价方法

检查标准：材料、设备合格证（出厂质量证明书）、进场验收记录、施工记录、施工试验记录等资料完整、数据齐全并能满足设计及规范要求，真实有效、内容填写正确，分类整理规范，审签手续完备的为一档，取100％的标准分值；资料完整、数据齐全并能满足设计及规范要求，真实有效，整理基本规范，审签手续基本完备的为二档，取85％的标准分值；资料基本完整并能满足设计及规范要求，真实、有效，审签手续基本完备的为三档，取70％的标准分值。

检查方法：检查资料的数量及内容。

4. 分部工程尺寸偏差实测检查评价方法

检查标准：检查项目各测点实测值均达到规范规定值，且80％及以上的测点平均实测值小于等于规范规定值0.8倍的为一档，取100％的标准分值；检查项目各测点实测值均达到规范规定值，且50％及以上、但不足80％的测点平均实测值小于等于规范规定值0.8倍的为二档，取85％的标准分值；检查项目各测点实测值均达到规范规定的为三档，取70％的标准分值。

检查方法：在各相关同类检验批或分项工程中，随机抽取10个检验批或分项工程，不足10个的取全部进行分析计算。必要时，可进行现场抽测。

5. 分部工程观感质量检查评价方法

检查标准：每个检查项目的检查点按"好""一般""差"给出评价，项目检查点90％及以上达到"好"，其余检查点达到一般的为一档，取100％的标准分值；项目检查点"好"的达到70％及以上但不足90％，其余检查点达到"一般"的为二档，取85％的标准分值；项目检查点"好"的达到30％及以上但不足70％，其余检查点达到"一般"的为三档，取70％的标准分值。

检查方法：观察辅以必要的量测和检查分部工程质量验收记录，并进行分析计算。

表 4.2.1 施工现场质量保证条件评分表

工程名称	××大厦地下室人防工程		施工阶段	孔口防护工程施工	检查日期	××××年××月××日	
施工单位	××建设集团有限公司			评价单位		××建设监理有限公司	
序号	检查项目		应得分	判定结果			实得分	备注
				100%	85%	70%		
1	施工现场质量管理及质量责任制度	现场组织机构、质保体系，材料、设备进场验收制度、抽样检验制度，岗位责任制及奖罚制度	30		√		25.5	
2	施工操作标准及质量验收规范		30	√			30	
3	施工组织册、施工方案		20	√			20	
4	质量目标及措施		20	√			20	

检查结果	权重值10分。 应得分合计：100 实得分合计：95.5 　　　　　　　　施工现场质量保证条件评分 = $\dfrac{实得分}{应得分} \times 10 = 9.55$ 　　　　　　　　　　　评价人员：×××　　　　　　　　　××××年××月××日

第4章 人防工程质量评价

表 4.2.2 结构工程功能检测评分表

工程名称	××大厦地下室人防工程	施工阶段	结构工程施工	检查日期	××××年××月××日
施工单位	××建设集团有限公司		评价单位	××建设监理有限公司	

序号	检查项目	应得分	判定结果 100%	判定结果 70%	实得分	备注
1	结构实体混凝土强度	50	√		100	
	结构实体钢筋保护层厚度	50	√			

检查结果	权重值30分。 应得分合计：100 实得分合计：100 结构工程功能检测评分 $=\dfrac{实得分}{应得分}\times 30 = 30$ 评价人员：×××　　　　　　　　　　　　　　××××年××月××日

表 4.2.3 结构工程质量记录评分表

工程名称	××大厦地下室人防工程		施工阶段	结构工程施工	检查日期	××××年××月××日	
施工单位	××建设集团有限公司			评价单位	××建设监理有限公司		
序号	检查项目		应得分	判定结果			实得分	备注
				100%	85%	70%		
1	土方	施工记录	验槽、钎探施工记录	10	√			10	
2	混凝土	材料合格证及进场验收记录	砂石、碎（卵）石、掺合料、水泥、钢筋、外加剂合格证（出厂检验报告）、进场验收记录及水泥、钢筋复试报告	14	√			14	
			预制构件合格证（出厂检验报告）及进场验收记录	13	√			13	
		施工记录	预拌混凝土合格证及进场坍落度试验报告	7	√			7	
			混凝土施工记录	7	√			7	
			隐蔽工程验收记录	7	√			7	
			检验批、分项、分部工程质量验收记录	15	√			15	
		施工试验	混凝土配合比试验报告	9	√			9	
			混凝土试件强度试验报告	9	√			9	
			钢筋连接试验报告	9	√			9	
检查结果	权重值25分。 应得分合计：100 实得分合计：100 结构工程质量记录评分 = $\dfrac{实得分}{应得分} \times 25 = 25$ 评价人员：×××　　　　　　　　　　　　　　　　××××年××月××日							

表 4.2.4 结构工程尺寸偏差实测评分表

工程名称	××大厦地下室人防工程			施工阶段	施工阶段	检查日期	××××年××月××日
施工单位	××建设集团有限公司				评价单位	××建设监理有限公司	
序号	检查项目			应得分	判定结果		实得分	备注

序号	检查项目			应得分	100%	85%	70%	实得分	备注
1	土方	基底标高		40					
		基坑长度		30					
		基坑宽度		30					
2	混凝土	钢筋	受力钢筋保护层厚度 柱、梁	20	√			20	
			受力钢筋保护层厚度 板、墙、壳	20	√			20	
		混凝土	轴线位置 独立基础	20	√			20	
			轴线位置 墙、柱、梁	20	√			20	
			标高 层高	10	√			10	
			标高 全高	10	√			10	
3	砌体	轴线位移		50					
		砌体表面平整度		50					

权重值20分。
应得分合计：100
实得分合计：100

检查结果

$$结构工程尺寸偏差实测评分 = \frac{实得分}{应得分} \times 20 = 20$$

评价人员：×××　　　　　　　　　　　　　　　　××××年××月××日

表 4.2.5　结构工程观感质量评分表

工程名称		××大厦地下室人防工程	施工阶段	孔口防护施工		检查日期	××××年××月××日	
施工单位		××建设集团有限公司		评价单位		××建设监理有限公司		
序号		检查项目	应得分	判定结果			实得分	备注
				100%	85%	70%		
1	混凝土	露筋	25	√			25	
		蜂窝	25	√			25	
		孔洞	25	√			25	
		缝隙夹渣层	25	√			25	
2	砌体	砌筑错缝	30					
		砌体接槎	30					
		砌体表面质量	40					
检查结果		权重值15分。 应得分合计：100 实得分合计：100 结构工程观感质量评分＝$\dfrac{实得分}{应得分}\times 15=15$ 评价人员：×××　　　　　　　　　　　　　　××××年××月××日						

第4章 人防工程质量评价

表 4.2.6 工程主体结构质量评价表

序号	评价项目	结构工程评价得分		孔口防护工程评价得分		防水工程评价得分		备注
		应得分	实得分	应得分	实得分	应得分	实得分	
1	现场质量保证条件	10	9.55	10	10	10	10	
2	功能检测	30	30	30	30	40	40	
3	质量记录	25	25	30	30	30	30	
4	尺寸偏差	20	20	15	15	10	10	
5	观感质量	15	15	15	15	10	10	
6	合计	(100)	99.55	(100)	100	(100)	100	
7	各分部权重值实得分	A=评价得分×0.33=32.85		B=评价得分×0.3=30		C=评价得分×0.05=5		

工程主体结构评价得分（$P_结$）：
工程特色加分（H）：0

$$P_结 = \frac{A+B+C}{0.68} + H = 99.78$$

评价人员：×××　　××××年××月××日

填表说明：
1. 工程主体结构质量评价应在其质量验收合格后进行。
2. 评价人员应在抽查的基础上，按有关评分表格内容进行核查，逐项作出评价。
3. 式中：$P_结$——工程主体结构质量评价得分；A——结构工程权重值实得分；B——孔口防护工程权重值实得分；C——防水工程权重值实得分；H——工程特色加分；0.68——结构工程、孔口防护工程、防水工程在工程权重值中占的比例33%、30%、5%之和。

表 4.2.7 单位工程质量综合评价表

序号	评价项目	结构工程评价得分		孔口防护工程评价得分		防水工程评价得分		建筑装饰装修工程评价得分		给水排水工程评价得分		通风与空调工程评价得分		建筑电气安装工程评价得分		备注
		应得分	实得分	应得分	实得分	应得分	实得分	应得分	实得分	应得分	实得分	应得分	实得分	应得分	实得分	
1	施工现场质量保证条件	10	10	10	10	10	10	10	10	10	10	10	10	10	10	
2	功能检测	30	30	30	30	40	40	20	20	30	30	30	30	30	30	
3	质量记录	25	25	30	30	30	30	20	20	30	30	30	30	30	30	
4	尺寸偏差	20	20	15	15	10	10	20	20	10	10	10	10	10	10	
5	观感质量	15	15	15	15	10	10	30	20	20	20	20	20	20	10	
6	合计	(100)	100	(100)	100	(100)	100	(100)	90	(100)	100	(100)	100	(100)	90	
7	各分部权重实得分	$A=$评价得分×0.33=33		$B=$评价得分×0.3=30		$C=$评价得分×0.05=5		$D=$评价得分×0.05=4.5		$E=$评价得分×0.07=7		$F=$评价得分×0.11=11		$G=$评价得分×0.09=8.1		
8	单位工程质量评价得分($P_{竣}$): 工程特色加分(H):0 $P_{竣}=A+B+C+D+E+F+G+H=98.6$ 评价人员:×××　　　××××年××月××日															

填表说明:

1. 单位工程质量评价包括结构工程、孔口防护工程、防水工程、建筑装饰装修工程、给水排水工程、通风与空调工程、建筑电气安装工程,应在工程竣工验收合格后进行。

2. 评价人员应在工程实体质量和工程档案资料全面检查基础上,分别按有关表格内容进行查对,逐项作出评价。

3. 式中:$P_{竣}$——单位工程质量评价得分;A——结构工程权重值实得分;B——孔口防护工程权重值实得分;C——防水工程权重值实得分;D——建筑装饰装修工程权重值实得分;E——给水排水工程权重值实得分;F——通风与空调工程权重值实得分;G——建筑电气安装工程权重值实得分;H——工程特色加分。

4. 各分部工程相同项目实际评价得分(即横向部分)相加,可根据得分情况评价分析项目的质量水平。各项目实际评价得分(即竖向部分)相加,可根据得分情况评价分析分部工程的质量水平。

4.3 工程质量评价报告

1. 工程主体结构、单位工程质量评价后均应出具评价报告，评价报告应由评价机构编制，应包括下列内容。

（1）工程概况；

（2）工程评价情况；

（3）工程竣工验收情况；

（4）工程主体结构质量评价情况及结果；

（5）单位工程质量评价情况及结果。

2. 工程质量评价报告应符合下列规定。

（1）在工程概况中，应说明人防工程的规模、施工工艺及主要的工程特点、施工过程的质量控制情况；

（2）工程质量评价情况应说明委托评价机构，在组织、人员及措施方面所进行的准备工作和评价工作过程；

（3）说明建设、监理、设计、勘察、施工等单位的竣工验收评价结果和意见，并附评价文件；

（4）工程主体结构和单位工程评价应说明工程评价的否决条件及加分条件等审查情况；

（5）说明工程主体结构和单位工程质量评价得分及等级情况。

××大厦人防地下室工程质量评价报告（参考示例）

一、工程概况

××大厦人防地下室工程位于××市××路。由××投资发展有限公司投资建设，建筑由××规划设计院设计，平战转换由××规划设计院设计。该人防工程平时作为地下停车库使用，战时作为人员掩蔽部。工程总建筑面积约为50610.2m^2，层高3m。人防工程建筑面积约为2453m^2。

本项工程为甲类人防工程，单建掘开式，防核六级、防常规六级、防化等级为丙级。人防总建筑面积约为2453m^2，划分为2个人员防护单元，划分6个防爆单元。本工程掩蔽面积1600m^2，战时可掩蔽1600人。按《人民防空工程设计规范》（GB 50225—2005）设计。人防结构顶板厚度250mm，墙厚300mm，底板厚450mm。

在战时应做好使用功能的转换，清理场所，疏通各出入口，拆除与人防无关的管线、设备等，检修工程内部设备，确保工程内的通风、用电、给排水能正常使用，并构筑战时干厕、防化值班室、战时水箱等，确保人防工程在预定时间内达到战时的使用标准。战时应做好防护功能的转换，连通口部的转换，各防护单元之间的连通口部临战封堵；防空地下室对外连通口部的外部临战封堵。本工程临空墙临战封堵有4处，封堵洞口长×宽分别为2970mm×6000mm、2200mm×2650mm、3070mm×6150mm、2200mm×2450mm；单元间隔墙上封堵共1处，尺寸为2950mm×5700mm，抗爆挡墙长为68.4m。

人防口部转换：防空地下室各防护单元均设一个进风口部、一个排风口部，进风口部由密闭通道、扩散室、滤毒室、进风机房等组成；排风口部由防毒通道、活门室、简易洗消间、排风机房等组成。进风口部和排风口部都采取了防爆波活门＋活门室（或扩散室）的消波方式。除人防部门批准可以缓装的设备材料以外，其他如电动脚踏两用风机、除尘器、过滤吸收器、手摇泵、手动密闭阀、人防门、音响信号系统、防爆波活门和防护阀门、防爆电缆井等均应施工安装到位。施工质量满足设计图纸和人防施工规范要求。人防区平时功能为停车库，能较好地发挥社会效益、经济效益和战备效益。战时快速转换并达到人防工程的使用要求和防护等级，确保在规定的时间内迅速转入战时使用状态。

二、建设项目参建单位

建设单位：××投资发展有限公司

勘察单位：××地质工程勘察院

设计单位：××规划设计院

监理单位：××建设监理有限公司

施工单位：××建设集团有限公司

质量监督站：××建筑工程质量安全监督站

三、评估依据

1. 工程建设监理合同、施工合同及相关合同文件

2. 批准的设计文件和施工图纸、图纸会审纪要，有关的工程技术联系单和设计变更单

3.《人民防空地下室设计规范》GB 50038—2005

4.《人民防空工程设计规范》GB 50225—2005

5.《人民防空工程防护功能平战转换设计标准》RFJ 1（98）—1998

6.《人民防空工程质量验收与评价标准》RFJ 01—2015

7.《建设工程监理规范》GB/T 50319—2013

8.《人防工程防护功能平战转换设计图集》

四、监理单位的质量行为

监理公司依法承揽工程，签订书面合同，资质相符。在施工现场建立了相应的质量保证体系。根据工程实际情况制定了监理规划、监理实施细则、安全监理实施细则及相关质量保证制度。对隐蔽工程、分项工程和分部工程等按要求进行验收。监理人员主要通过巡视、旁站、平行检验等监理手段对施工质量进行监督检查。

五、监理过程中对有关法律法规、规范及工程建设标准强制性条文的执行情况

在施工过程中，执行国家有关法律法规、规范、工程建设强制性条文、设计文件等。监理工程师严格执行各类报审制度，主要有开工报审、施组方案报审、分包单位资质报审、图纸会审交底制度、工程报验制度、隐蔽验收制度、建筑材料进场检验制度、见证取样送样制度、旁站监理制度等。监理管理资料较为齐全，对施工现场所发现的各类质量问题，监理均签发监理工程师通知单或监理工作联系单，并监督施工单位按要求、按时限落实整改，且组织复查、消号。

六、分项和分部工程质量控制情况

1. 地下室钢筋混凝土结构

（1）钢筋工程

地下室结构所采用的钢筋，在正式用于工程前，对所用钢筋的质保书都进行了审

核，并要求施工单位按规范进行原材料复试，结果均合格。

钢筋的连接：梁主要采用单面搭接焊、闪光对焊和绑扎连接，柱子主要采用电渣压力焊和绑扎连接，按规范进行了有关试验，符合质量要求。在钢筋安装施工过程中，监理进行巡视检查，发现问题及时向施工单位指出，施工单位及时进行了整改。在混凝土浇筑前的隐蔽验收中，对钢筋的规格、数量、尺寸、锚固长度及预留孔洞等再一次检查，对不符合要求的及时通知施工整改，整改后进行复查直至合格。隐蔽工程验收合格后，签发混凝土浇捣令同意浇注混凝土。

(2) 模板工程

在模板安装过程中，均按要求复核构件模板的截面尺寸、标高等，模板拆除后，对混凝土构件的尺寸偏差实测和外观质量的检查，基本符合要求。

(3) 混凝土工程

地下室结构混凝土采用商品混凝土，在每一次混凝土浇筑前，对混凝土配比单都进行了审核，在浇筑过程中进行全过程旁站检查，整个浇筑过程基本处于正常状态。该结构部位混凝土强度均能满足设计和规范要求，无重大质量缺陷。

2. 防水工程

在防水混凝土施工过程中，监理对混凝土的浇筑全过程旁站，控制浇筑质量；审查进场的各类防水材料的质量证明资料并进行见证取样，经复试全部合格，施工前均进行基层的隐蔽验收。

3. 孔口防护工程

所采用的防护门、防护密闭门、密闭门、防爆波活门、防火门、普通门的各项性能均符合设计要求，其品种、类型、规格、尺寸、开启方向、安装位置及防腐处理均符合设计要求。在安装过程中，预埋件的数量、位置、埋设方式与框的连接方式均按设计要求组织施工，经查门安装牢固、启闭灵活，符合相关要求。

4. 涂料工程

内墙面涂刷白色防霉涂料，涂料品种、性能及质量符合设计要求，涂饰过程中基层平整，涂刷均匀，粘贴牢固，其涂刷质量符合要求。

5. 地面工程

地面为C20混凝土面层，内配$\phi6@200$钢筋网片。检查配比符合设计要求，振捣密实、光洁，无裂纹、脱皮、麻面和起砂等现象。

6. 给水排水工程

给水管道采用内壁衬塑、热镀锌钢塑复合管，丝扣连接材料及配件的性能和质量符合设计和规范要求。凡穿越地下室临空墙、密闭墙、外墙的管道均预埋了刚性防水套管。给水管道支吊架安装符合要求，管道安装完毕后进行了水压试验，符合规范和设计要求。

洗消排水管采用热镀锌钢管，丝扣连接，材料及配件的质量和性能符合设计要求。所有管道暗敷在地下室底板，至人防集水井内，并由自动潜水泵提升至地面雨水窨井，安装、调试均符合设计与规范要求。

7. 通风工程

采用玻璃钢风管，主要设备及配件、材料品种、规格、性能和厚度等符合设计和现行国家产品标准的规定；风管的制作和安装符合相关规范规定。安装完毕，经施工单位进行系统调试，监理旁站进行了管道严密性试验，各项测试项目均符合设计和规范要求。

8. 建筑电气安装工程

工程内每个人防单元设人防配电箱，平时使用正常电源，并设人防区域移动柴油电站一个。人防区域移动柴油电站引至每个人防单元人防配电箱的导线采用 WDZB-YJY 电缆桥架敷设，其他导线一般采用 ZB-BV 绝缘导线穿热镀锌厚壁管暗敷，敷设在底板和墙板内，钢管连接及管子与配电箱连接处均焊有接地跨接线，管线的敷设符合规范和设计要求。所有直接穿过人防工程结构墙体或防护门的管线均作了严格的防护密闭处理。

战时用配电箱挂墙明装，接地经绝缘电阻测试符合要求。照明器具、信号指示灯、开关、插座安装基本控制在规范允许范围之内，经通电试验，其结果符合规范要求。

9. 防火设备安装工程

防火门的耐火等级及其附件质量符合设计要求，安装质量符合要求；灭火器具均经过国家消防产品质量监督检验中心认证，产品质量和安装质量符合设计要求和施工规范的规定；防排烟部件制作均采用不燃或难燃材料，安装符合要求；火灾自动报警装置、火灾事故报警、消防通讯设备均按设计要求和规范安装，经联动调试符合要求。

七、质量控制资料核查情况

经核查，材料、设备及配件等质量保证书和试验报告齐全，施工质量验收及检测记录完善。质量控制资料完整。

八、监理综合质量评估

本人防工程共7个分部，各分部工程施工质量均符合设计和规范要求，质量控制资料完整，观感质量一般。按《人民防空工程质量验收与评价标准》（RFJ 01—2015）中单位工程的质量等级评定标准规定，本人防工程质量等级为合格。

××建设监理有限公司
××××年××月××日

第5章　人防工程竣工验收及备案

建设单位收到工程竣工报告后，应当组织设计、施工、监理等有关单位进行竣工验收。

人防工程竣工验收合格后，建设单位应当按照国家、省、市有关规定，报人民防空主管部门和建设行政主管部门备案。

这里以北京市人民防空办公室发布的文件为例。

5.1　北京市人民防空工程竣工验收办法

京人防发〔2019〕4号

第一条　为规范本市人民防空工程（以下简称人防工程）竣工验收工作，依据《中华人民共和国人民防空法》《北京市人民防空条例》《北京市建设工程质量条例》《房屋建筑和市政基础设施工程竣工验收规定》等法律、法规、规章，制订本办法。

第二条　本市行政区域内新建、改建、扩建人防工程的竣工验收及其监督管理，应当遵守本办法。轨道交通人防工程、城市基础设施等兼顾人民防空工程竣工验收可参照执行。

第三条　市人民防空主管部门负责全市人防工程竣工验收工作的监督管理。

市人防工程质量监督机构受市人民防空主管部门委托实施由市人民防空主管部门审批的建设项目的人防工程竣工验收监督工作，指导区人民防空主管部门开展人防工程竣工验收监督工作。

各区人民防空主管部门负责由其审批的建设项目的人防工程竣工验收监督工作。

本办法中市人防工程质量监督机构和各区人民防空主管部门，以下合称人防工程质量监督部门。

第四条　人防工程竣工验收前，各有关单位应当完成以下工作：

（一）施工单位在人防工程完工后对人防工程质量进行了检查，确认人防工程质量符合相关法律、法规和技术标准，符合设计文件及合同要求，并提出人防工程竣工报告。人防工程竣工报告已经项目经理和施工单位有关负责人审核签认，并加盖执业人员印章和单位公章。

（二）对于委托监理的人防工程，在收到施工单位提交的人防工程竣工报告后，总监理工程师应当按照规范要求组织人防工程质量竣工预验收。预验收合格后，总监理工程师应当及时在施工单位提交的人防工程竣工报告上签署意见，并提出人防工程质量评估报告。人防工程质量评估报告已经总监理工程师和监理单位有关负责人审核签认，并加盖执业人员印章和单位公章。

（三）设计单位对相关设计文件及施工过程中的设计变更文件进行了检查，并提出人防工程质量检查报告。人防工程质量检查报告已经该项目设计负责人和设计单位有关负责人审核签认，并加盖执业人员印章和单位公章。

（四）建设单位在收到设计、施工、监理单位各自提交的验收合格报告后，应当按照规范要求组织人防工程质量竣工验收，并形成人防工程质量竣工验收记录。

第五条 人防工程竣工验收应当具备下列条件：

（一）人防工程质量监督部门要求整改的质量问题全部整改完毕；
（二）人防工程已按施工图设计文件施工完成；
（三）有完整的人防工程竣工图纸；
（四）已按规定完成人防工程建筑面积测绘；
（五）有完整的人防工程施工质量控制资料；
（六）人防工程质量竣工验收合格；
（七）有人防工程质量保修书；
（八）已完成人防工程移交预验收，并形成人防工程移交意向书；
（九）对于涉及易地建设的工程，有人防工程易地建设缴费证明。

第六条 人防工程具备竣工验收条件后，建设单位应当及时组织设计、施工、监理等单位组成验收组，制定人防工程竣工验收方案，对该人防工程进行竣工验收。对于重大和技术复杂的人防工程，可邀请有关专家参加验收组。

建设、设计、施工、监理等单位的项目负责人或本单位法定代表人应参加人防工程竣工验收。项目负责人应持有本单位授权委托书。

第七条 未申请建设工程竣工联合验收项目的人防工程具备竣工验收条件后，建设单位应于人防工程竣工验收 5 个工作日前，登录北京市人民防空办公室官方网站，向负责监督该人防工程的人防工程质量监督部门提交人防工程竣工验收通知书（见附件 1）和人防工程竣工验收方案（见附件 2）。

申请建设工程竣工联合验收项目的人防工程具备竣工验收条件后，建设单位应在人防工程竣工验收 5 个工作日前，通过"北京市建设工程联合验收管理平台系统"申报人防工程竣工验收，通过该平台提交下列资料：

（一）人防工程质量竣工验收记录（见附件 3）；
（二）人防工程设防指标核对记录（见附件 4）；
（三）人防工程移交意向书（见附件 5）；
（四）涉及易地建设的人防工程缴费证明，即"北京市非税收入一般缴款书"（见附件 6）。

第八条 建设单位组织人防工程竣工现场验收应当按以下程序进行：

（一）建设、设计、施工、监理等单位分别汇报人防工程合同履约情况和人防工程建设各环节执行法律、法规及人防工程建设强制性标准的情况；
（二）验收组审阅建设、设计、施工、监理单位的人防工程档案资料；
（三）验收组实地查验人防工程质量；
（四）验收组对人防工程设计、施工、设备安装质量和各管理环节作出全面评价，并达成人防工程竣工验收是否合格的一致意见。

第九条 人防工程竣工验收合格后，应及时形成经验收组人员共同签署意见并加盖各单位公章的人防工程竣工验收记录（见附件 7），作为人防工程竣工验收合格的证明文件。人防工程竣工验收记录中最迟签署意见的日期为人防工程竣工时间。

第十条　未申请建设工程竣工联合验收项目的人防工程竣工验收合格后，建设单位应当及时提出人防工程竣工验收报告。人防工程竣工验收报告主要包括人防工程概况，建设单位执行相关基本建设程序情况，对人防工程设计、施工、监理等方面的评价，人防工程竣工验收时间、程序、内容和组织形式，人防工程竣工验收意见等内容。

申请建设工程竣工联合验收项目的人防工程竣工验收合格后，建设单位无需提出人防工程竣工验收报告。

第十一条　人防工程质量监督部门应当对人防工程竣工验收的组织形式、验收程序、执行验收标准等情况进行现场监督，发现有违反人防工程质量管理规定行为的，应当责令改正，并将对人防工程竣工验收的监督情况作为人防工程质量监督报告的重要内容。

第十二条　对于未申请建设工程竣工联合验收项目的人防工程，人防工程质量监督部门应当在人防工程竣工验收合格之日起 5 个工作日内，向负责该人防工程竣工验收备案管理的人防工程主管部门提交人防工程质量监督报告；建设单位应当自人防工程竣工验收合格之日起 15 日内，到负责该人防工程竣工验收备案管理的人防工程主管部门办理人防工程竣工验收备案。

对于申请建设工程竣工联合验收项目的人防工程，建设单位无需办理人防工程竣工验收备案。

第十三条　人防工程竣工验收不合格，建设工程不得交付使用或者投入试运营。

人防工程未经竣工验收或者竣工验收不合格，交付使用或者投入试运营，出现问题的，由建设单位承担责任。

第十四条　人防工程交付使用前，建设单位应按照《北京市人民政府办公厅转发市人防办公室〈关于对新建防空地下室实行统一管理的请示〉的通知》《北京市人民防空工程和普通地下室安全使用管理办法》等规定和人民防空主管部门有关规定，与人民防空主管部门办理人防工程竣工移交手续和人防工程平时使用许可手续。

第十五条　当人防工程具备本办法规定的竣工验收条件后，建设单位可在组织人防工程竣工验收前向人防工程质量监督部门预约人防工程现场验收的"前置监督服务"。

人防工程质量监督部门收到该预约后应及时到工程现场进行监督服务。

第十六条　建设工程项目申请联合验收的，人防工程竣工验收按《北京市建设工程竣工联合验收实施细则（试行）》的规定和本办法的规定组织实施。

第十七条　本办法由北京市人民防空办公室负责解释。

第十八条　本办法自 2019 年 3 月 1 日起施行。

附件：1. 人防工程竣工验收通知书（略）
　　　2. 人防工程竣工验收方案（略）
　　　3. 人防工程质量竣工验收记录（略）
　　　4. 人防工程设防指标核对记录（略）
　　　5. 人防工程移交意向书（略）

6. 人防工程易地建设缴费证明（略）

7. 人防工程竣工验收记录（略）

5.2 北京市人防工程竣工验收备案管理办法

京民防发〔2014〕70号

第一条 为加强北京市人防工程竣工验收备案管理工作，保障人防工程建设质量，根据《中华人民共和国人民防空法》《建设工程质量管理条例》《北京市人民防空条例》和《北京市人民防空工程建设与使用管理规定》及其他相关法律、法规，结合本市实际情况，制定本办法。

第二条 在本市行政区域内新建、改建、扩建人防工程（除中直机关、国家机关和驻京部队所属工程外）的竣工验收备案，适用本办法。

第三条 北京市民防局负责全市人防工程竣工验收备案的管理工作，同时承担市级人防指挥所、重大特殊项目的人防工程竣工验收备案工作。

第四条 区县民防局负责本行政区域内人防工程竣工验收备案工作。

第五条 建设单位应当自人防工程竣工验收合格之日起15个工作日内，到负责人防工程竣工验收备案管理的民防部门（以下简称备案机关）办理人防工程竣工验收备案手续。

第六条 建设单位办理竣工验收备案时应提交下列文件：

（一）人防工程竣工验收备案申请表（详见附录1）；

（二）人防工程竣工验收报告（复印件）；

（三）施工单位签署的人防工程质量保修书；

（四）人防工程竣工图及必要的设计变更文件（一套）。

第七条 人防工程质量监督机构应当在人防工程竣工验收合格之日起5个工作日内，向备案机关提交人防工程质量监督报告。

第八条 人防工程竣工验收备案文件合格的，备案机关应于受理之日起5个工作日内出具《人防工程竣工验收备案通知单》（详见附录2）。通知单一式三份，一份交建设单位，一份由备案机关存档，一份交市民防局。

竣工验收备案文件不合格的，备案机关应出具《人防工程竣工验收不予备案通知单》。

第九条 人防工程竣工验收备案档案管理应符合北京市人防工程建设档案管理的相关规定。

第十条 建设单位在人防工程竣工验收合格之日起15个工作日内未按规定向人防工程备案机关备案的，由备案机关依法进行行政处罚。

第十一条 本办法由北京市民防局负责解释。

第十二条 本办法自发布之日起施行。原北京市民防局发布的《北京市人民防空工程质量监督、竣工认可和竣工验收备案管理规定》（京民防发〔2009〕83号）有关竣工认可和竣工验收备案的部分废止。

附件：1. 人防工程竣工验收备案申请表（略）

2. 人防工程竣工验收备案通知单（略）

5.3 人防工程竣工验收及备案文件参考示例

人防工程竣工验收报告

单位工程名称：　××大厦地下室人防工程　

建设单位名称：　××投资发展有限公司　

竣工验收时间：　××××　年　××　月　××　日

××市人防工程质量监督站制

工程名称	××大厦地下室人防工程	工程地点	××路××号
工程规模（人防面积）	2453m²	工程造价（万元）	××万元
结构类型	框剪结构	层数	1
施工许可证	××	开工日期	××××年××月××日
监督单位	××市人防工程质量监督站	监督登记号	××
建设单位	××投资发展有限公司	总承包单位	××建设集团有限公司
勘察单位	××地质工程勘察院	施工单位（土建）	××建设集团有限公司
设计单位	××规划设计研究院	施工单位（设备安装）	××防护设备有限公司
监理单位	××建设监理有限公司	施工单位（装修）	
工程检测单位	××工程质量检测中心	其他主要参建单位	
专项验收意见			
专项验收名称	证明文件发出日期	文件编号	对验收的意见
单位（子单位）工程质量验收记录	××××年××月××日	××	合格
规划验收合格证	××××年××月××日	××	合格
环保验收认可文件			
消防验收合格证	××××年××月××日	××	合格
燃气验收合格证			

人防工程竣工验收报告

工程名称	××大厦地下室人防工程		
工程地址	××路××号		
地下建筑面积	2500m²	人防建筑面积	2453m²
工程防护等级	防核六级、防常规六级、防化等级为丙级	工程类型	建筑
地下层数	1	人防层数	1
工程造价	××万元	出入口数量	4
平时用途	小型车停车库	战时用途	二等人员隐蔽部
开工时间	××××年××月××日	竣工时间	××××年××月××日
工程报监时间	××××年××月××日	监督注册号	××
施工单位名称	××建设集团有限公司		
勘察单位名称	××地质工程勘察院		
设计单位名称	××规划设计研究院		
监理单位名称	××建设监理有限公司		

工程简图：

图略

对勘察单位评价：
　　勘察单位按合同要求完成工程的地质工程勘察工作，并出具有关工程地质情况报告、文件等资料，工程服务到位。

对设计单位评价：
　　设计单位按合同要求完成工程设计文件的编制与审批工作，对施工过程中遇到的问题能够及时解决。

对施工单位评价：
　　施工单位按照施工合同的设计文件要求完成各项内容施工，工程质量达到设计的规范要求。

续表

对监理单位评价： 　　监理单位按照监理合同要求完成工程施工阶段的监理工作，现场监理人员对工程进度、质量、投资三大目标的控制到位，达到业主的要求。
竣工验收程序： 　　1. 工程竣工后，施工单位在 15 个工作日内，向建设单位提交了完整的工程竣工资料，并且竣工报告经总监理工程师签认同意竣工； 　　2. 建设单位收到竣工资料后，在规定工作日内，制定验收方案，成立竣工验收小组； 　　3. 提前七个工作日将竣工验收的时间、地点和竣工验收小组名单书面通知负责工程监理的工程质量监督站及相关单位，并向质量监督站提交一份完整的竣工资料供审查。
竣工验收内容： 　　1. 听取建设、设计、施工、监理单位汇报有关工程建设强制性标准的执行情况； 　　2. 审阅建设、设计、施工和监理的工程资料； 　　3. 实地勘察工程质量； 　　4. 召开工程竣工会议，形成竣工验收意见，签署有关资料文件。
竣工验收组织： 　　工程竣工验收由建设单位组织，设计、勘察、监理的施工单位参加，工程质量监督站人员到场进行监督。
竣工验收标准： 　　《建筑工程施工质量验收统一标准》（GB 50300—2013）和《人民防空工程质量验收与评价标准》（RFJ 01—2015）

续表

建设单位执行基本建设程序情况：
本工程按规定报建、报监，无先开工再报建，报监现象，工程竣工后取得规划、消防和环保部门的准用文件。

工程竣工验收意见：符合规范要求
质量等级：合格

工程竣工验收结论：
符合国家质量标准，同意使用。

	验收组职务	姓名	工作单位	技术职务	单位职务
竣工验收人员签字	验收组组长				
	副组长				
	验收组成员				

建设单位项目负责人：×××
建设单位法定代表人：×××

××××年××月××日
（公章）

勘察单位工程质量报告

单位工程名称	××大厦地下室人防工程		
勘察单位名称	××地质工程勘察院		
勘察单位地址	××区××路××号		
勘察单位邮编	××	联系电话	××

质量验收意见：
　　工程地质的实际情况与勘察报告一致，基础落在勘察文件推荐的持力层上，对设计采用的持力层和基础形式无异议。

项目负责人：×××	××××年××月××日	
企业技术负责人：×××	××××年××月××日	
企业法人代表：×××	××××年××月××日	

设计单位工程质量检查报告

单位工程名称	××大厦地下室人防工程		
设计单位名称	××规划设计研究院		
设计单位地址	××区××路××号		
设计单位邮编	××	联系电话	××
设计合理使用年限	50年		
设计允许最终沉降量	50mm		

质量验收意见：
　　结构形式和构件位置均符合设计文件要求，有变更，各项变更均经设计单位及设计负责人认可，已完成的设计层数、面积及功能与设计文件相符。

项目负责人：×××	××××年××月××日	
注册建筑师：×××	××××年××月××日	
注册结构师：×××	××××年××月××日	
单位法人代表：×××	××××年××月××日	

监理单位工程质量评估报告

单位工程名称	××大厦地下室人防工程		
监理单位名称	××建设监理有限公司		
监理单位地址	××区××路××号		
监理单位邮编	××	联系电话	××

质量验收意见：
　　本工程按施工图纸施工，符合设计及规范要求，无未经设计单位同意的结构施工。

总监理工程师：×××	××××年××月××日	
企业技术负责人：×××	××××年××月××日	
企业法人代表：×××	××××年××月××日	

施工单位工程质量竣工报告

单位工程名称	××大厦地下室人防工程		
地下建筑面积	2500m²	人防建筑面积	2453m²
工程防护等级	防核六级、防常规六级、防化等级为丙级	工 程 类 型	建筑
平时用途	停车库	战时用途	二等人员掩蔽部
地 下 层 数	1	人防层数	1
施工单位名称	××建设集团有限公司		
施工单位地址	××区××路××号		
施工单位邮编	××	联系电话	××

质量验收意见：
本工程已按人防行政主管部门和建设行政主管部门审定的施工图、合同约定的内容及设计变更通知要求完成了全部工程项目，无未经设计单位同意的结构变更。

项目负责人：×××	××××年××月××日	
企业技术负责人：×××	××××年××月××日	
企业法人代表：×××	××××年××月××日	

人防工程竣工验收整改通知书

人防质监站××××年第×号

××投资发展有限公司 ：

  你单位___××大厦地下室人防___工程，经审查发现如下问题：①通风预埋件、防护设备预埋件和防爆地漏未做防锈处理；②进风风管应做90°弯头；③防护区内底板出现渗水现象，应作防水处理；④应处理防护区内消防管渗水问题。不符合竣工验收要求，请在七日内整改完毕后交我办复查。

                ××市人防工程质量监督站
                签发人：×××
                 ××××年××月××日

人民防空工程

竣工验收备案表

人民防空工程竣工验收备案表

建设单位名称	××投资发展有限公司		
备案日期	××××年××月××日		
工程名称	××大厦地下室人防工程		
工程地点	××路××号		
工程规模（建筑面积、层数）	建筑总面积50610.2m²，人防地下室建筑面积2453m²；地下一层		
结构类型	框剪结构		
工程用途	商住		
开工日期	××××年××月××日		
竣工验收日期	××××年××月××日		
施工许可证号	××		
施工图审查意见	符合要求		
勘察单位名称	××地质工程勘察院	资质等级	甲级
设计单位名称	××规划设计研究院	资质等级	甲级
施工单位名称	××建设集团有限公司	资质等级	特级
监理单位名称	××建设监理有限公司	资质等级	乙级
工程质量监督机构名称	××市人防工程质量监督站		
竣工验收意见	勘察单位意见	合格，同意验收备案。 项目负责人：××× （××地质工程勘察院 章） ××××年××月××日	
	设计单位意见	合格。 项目负责人：××× 结构设计负责人：××× （××规划设计研究院 章） ××××年××月××日	
	施工单位意见	合格。 技术负责人：××× 项目经理：××× （××建设集团有限公司 章） ××××年××月××日	
	监理单位意见	施工质量优良，同意验收备案。 总监理工程师：××× （盖注册章） （××建设监理有限公司 章） ××××年××月××日	
	建设单位意见	同意验收备案。 单位（项目）负责人：××× （××投资发展有限公司 章） ××××年××月××日	

续表

工程竣工验收备案文件目录	1. 人防工程竣工验收报告； 2. 施工许可证； 3. 施工图设计文件审查意见； 4. 单位工程质量综合验收文件 ①工程验收申请表； ②工程质量评估报告； ③勘察、设计文件质量检查报告； ④单位（子单位）工程质量验收报告。 5. 设备、设施的有关质量检测和功能性试验资料； 6. 规划、公安消防、环保部门出具的认可文件或者准许使用文件（复印件加盖公章）； 7. 施工单位签署的工程质量保修书； 8. 人防工程《质量保证书》和《使用说明书》； 9. 法规、规章、规定必须提供的其他文件 ①单位工程施工安全评价书； ②建设工程竣工档案认可书。
备案意见	××投资发展有限公司建设的××大厦地下室人防工程的竣工验收备案文件已于××××年××月××日收讫，文件齐全。 （公章） ××××年××月××日
备案机关负责人	×××　　　　备案经手人　×××

备案机关处理意见：
　　经审核，位于××路××号的××大厦地下室人防工程竣工验收备案文件齐全。根据《建设工程质量管理条例》的规定，予以备案。

（公章）
××××年××月××日